逃避自由

透視現代人最深的孤獨與恐懼

ESCAPE FROM FREEDOM

埃里希・佛洛姆 Erich Fromm 著

劉宗為——譯

目錄

【導讀】從逃避到追尋——自由倫理與自我藝術之間

林耀盛（臺灣大學心理學系教授）

思想觀點的孕生背景

埃里希．佛洛姆（Erich Fromm，一九〇〇年三月二十三日至一九八〇年三月十八日）可謂二十世紀關鍵思想的領航者，他是美籍德國猶太人。在如此的背景下，他的治學風格與思維模式，涵蓋了德國法蘭克福學派的批判精神與美國實用主義的傳統色彩，是當代重要的人本主義哲學家與精神分析家。他曾在法蘭克福精神分析研究所和社會研究所工作，成為法蘭克福學派的重要代表。

希特勒掌權時期，佛洛姆赴美講學、開設私人診所。在從事心理諮詢工作的同時，也在哥倫比亞大學、耶魯大學等學術機構講學。後來，為了照顧他第二任太太的病情而移民墨西哥，並成立墨西哥精神分析機構，於此處服務至一九七六年。同時期，他先後執教於墨西哥國立大學、密西根州立大學、紐約州立大學等知名高等學府。一九七四年移居瑞士，繼續從事研究和著述，一九八〇年在瑞士因病逝世。

如此的背景描述，反映出他的思想從孕生到成熟的環境，讓我們重回十八、十九世紀，從當時德國心理學的發展面貌加以理解。根據研究指出，德國傳統從赫德（Gottfried Herder）開始以歷史取向研究社會，強調文化社會或民俗（Volk）對形塑個人人格的重要性。而後，由黑格爾（Friedrich Hegel）的精神現象學、馬克思（Karl Marx）的唯物史觀，以及佛洛伊德（Sigmund Freud）的古典精神分析等所建構的世紀理論，都產生跨區域的深邃影響。

然而，當時馮德（Wilhelm Wundt）的文化或民俗心理學，則為美國社會所忽略。德意志邦聯由諸多民族組成，因此統合不同民族以形構國家性格，是當時社會心理學者之志業。至於美國基本上是以社會達爾文主義的改良為主，但後來又發展出實用主義，認為思考是在具體活動的過程中發生，試圖以更理性的方式解決社會問題與進行決策。

美國實用主義的立場是奉行「科學心理學」的典範，這是文化現代主義（cultural modernism）的副產品，現代主義的源起通常可溯往於文化由中世紀黑暗大陸年代到啟蒙運動的時期。由於美國是科學心理學知識的主要生產中心，加上學術政治經濟的強力後盾，以及衛星媒體／資訊網路的跨國傳輸力量，因此很快取得知識主導權之優勢。然而，就過往長期以北美心理學為養料的臺灣學界來說，對心理學的引介經常停留「美國（科學）心理學」的樣版化面貌，因此忽略佛洛姆的著作觀點對心理學多元論發展所做出的卓越貢獻。

佛洛姆置身如此兼具批判傳統與實用色彩的氛圍下，他所創發開展的精神分析觀點既深且廣地鍛鍊出其思考理路的特殊性，不僅在理論上有所突破，更顧及實用脈絡的契合性，影響後代的層面廣大而深遠，迄今仍產生後遺效應。繼佛洛伊德的「個體潛意識」與榮格（Carl Jung）的「集體潛意識」概念，他提出「社會潛意識」觀點，把脈時代政治的病徵，全面性地分析社會的自由追尋和自我發展的議題。

如果個體潛意識與集體潛意識是一種心靈受創的遺址，以及心理原型的考古學（archeology），指向「過去」深度面向的探勘；那麼社會潛意識就是一門當代建築學（architecture），將人類心靈活動地景的探索，與時代氛圍相互構築成一個具「未來性」的發展藍圖。佛洛姆融合當代西方哲學、馬克思主義理論、社會學、人類學、倫理學、史學和宗教等多種學科的思想成果，探索人性和人格的奧祕，在精神分析的社會文化學派的脈絡中具有極高的辨識度。

從精神分析的視角論述社會人格

儘管佛洛姆的精神分析觀點與佛洛伊德不同，甚至被歸類為新佛洛伊德學派（Neo-Freudian），但透過《逃避自由》與《自我的追尋》二書，可捕捉到佛洛姆社會取向的精神分析手法，仍無可避免地與佛洛伊德進行對話，這顯示在此脈絡下，不可繞道佛洛伊德所打造的精神分析里程碑。事實上，每隔一段時間，佛洛伊德是騙徒（Freud as fraud）的質問總會被提出來討論。有人認為佛洛伊德是世紀遺產，正如心理歷史學家波寧（Edwin Boring）所言：「佛洛伊德是一位思想領域的開拓者，思考著用一種新的方法了解人性。即使他的概念是從文化的場合汲取而來，他也不失為一位首創者……幾百年後，如果不提佛洛伊德的名字，就不能寫出一部堪稱心理學歷史的書籍。到那個時候，就會出現評定偉人的最佳標準——永垂不朽。」

當然，這是禮讚、保衛精神分析的論點，認為精神分析是治本的深層療法，而其他的治療法則是治標的「紙巾療法」（Kleenex），只能暫時消除表面的病症。但是，反對精神分析者則認為這是一種幻覺騙術。佛洛伊德建構的精神分析，被有些人認為是偉大虛構的神話；也有人認為精神分析是黑皮書，雖然打破了神話的宏構，但也只是另一種神話。該陣營指出，精神分析所獲得的成果類似於一種宗教或偽科學，精神分析是某種宗派性的習慣做法，而非科學。反對佛洛伊德的論述圈，批評教士做學問的方法，是唯一可以使精神分析專家達成臨床共識的方法。如果精神分析群體不是透過其所灌輸的教學分析，以及本質上非科學的思想體系，而是在社會上所形成的，就完全沒有共識。

所以，反對論者認為精神分析最慘重的失敗在於，它拋棄了科學的方法。沒有進行自我評論和自我修正方法的學科，將無可避免地從一種偽科學的信仰體系，飄移到另一種偽科學的信仰體系，成為可悲的遺產。但是果真如此嗎？

就精神分析學派的系譜來看，佛洛姆認為，佛洛伊德的泛性觀點忽略了人格基礎與社會處境的關係。他指出，佛洛伊德受到所處時代文化的影響，導致他的理論無法超越某些限制，不但局限了對患者的理解，也使他無法對正常個體與發生於社會生活中的非理性現象，做出正確的判斷。然而，誠如《逃避自由》一書所彰顯的，佛洛姆關注心理因素在社會活動中所扮演的角色，也因這類分析必須奠基於佛洛伊德所提出的某些重大發現，特別是無意識力量在人類性格中的運作，以及造成無意識力量的外在影響，所以佛洛伊德對佛洛姆的影響是無可忽視的；但佛洛姆並非採取「全是或全無」的二元對立態度面對佛洛伊德的思想遺產，而是以批判性的思考，融入政治經濟物質基礎的建造描繪，從精神分析的角度來探討人格的心理社會層面。

透過《逃避自由》的論述，佛洛姆對歐洲中世紀乃至當代社會做了歷史性分析，爬梳經濟、政治、宗教等結構如何在自由與控制之間爭奪權力。他敏銳地觀察到，人類為了安全生活，而有秩序結構的需求，但這樣的秩序結構取得權力後，反而帶給個體疏離的深層焦慮，因而產生逃避自由的現象。他深入剖析希特勒政權是如何在已有民主概念的社會中逐漸生成。相對地，在美國的民主社會，自由的意涵也並非全然是積極性的意義，人們有時會產生一方面追求自由，另一方面又不免陷入與自由掙扎的矛盾狀態。

佛洛姆以其擅長的社會取向精神分析與人格觀點，指出逃避自由具有深度心理上的根源。例如，如此逃避自由的方式，容易流於相信權威主義，或陷入不健康的宗教狂熱崇拜，因為個體相信透過權威的秩序控制或是經由權威管理，可以取消自由選擇的內心衝突，以減緩本體上的焦慮不安。個體或是透過納入自動性機械模仿的團體規範，以減除自由選擇的焦慮；或生成群眾服從的新權威主義代理人模式，以逃避自由的不確定感；或是透過自我貶抑的低度自尊與自我詆毀的方式（從物質性成癮問題到極端的自殺手段）來逃避自由。佛洛姆認為，威權主義、自動機械模仿和自我詆毀等議題，都具有心理人格上的基礎。而這本書的脈絡，便詳細闡述了這樣的論點。

而後，《自我的追尋》一書更直指自我不是一種孤立的單位，而是一種不可忽視他人存在的觀點。他認為，我們是否有理由感到自豪與懷抱希望，完全取決於我們能夠認真地關切自己、生活與幸福；願意面對自己及所置身的道德問題，以及擁有做自己與為自己而生活的勇氣。如此的自我不是自私，而是一種進入存有處境來面對困境的勇氣與決斷。他認為，一個人的人格構造，就是他為自己而生，而這也是一個人最大的潛力資產。

由此，就批判傳統來看，心理治療領域的生成源於受苦的處境，而非知識系統，但這並不意謂著心理學知識無關緊要，只是它的生產方式被顛倒了。心理學知識並非作為學理的根據，而是註腳，真實的心理學知識只能在實踐裡生產，而不是各種心理治療學派的競技展示場。透過《逃避自由》與《自我的追尋》這兩本可稱為姊妹作的經典，佛洛姆擘畫出一條從自我本體的反思到倫理實踐的通道，讓我們更可以理解他的獨特性論點，在於一種勾連社會脈絡的人性分析，深切地召喚人本倫理的時代回應。

從自由倫理到自我藝術

佛洛姆是當代西方精神分析學派的理論重鎮，他在論述中常採用雙元概念的對比（例如積極自由、消極自由；靜態適應、動態適應；性格類型的自發創造性指向、性格類型的非自發創造性指向等），如此論點不在於形成對立性的主張，而是一種對話張力的拓展。換言之，透過對比的論述，更可以呼應心理分析學的觀點不是一種唯心論，而是如佛洛姆在《逃避自由》中開宗明義所指出的，藉由分析自由與權威主義的人性面，使我們不得不考慮一個普遍性問題，也就是心理因素在社會演進過程中所扮演的積極角色。這個提問最終指向社會演進的過程中，心理、經濟與意識形態之間互動關係的探討。

按照佛洛姆的說法，個人在現代社會的不安全感和孤獨感，迫使許多人逃避自由，一方面因自覺渺小與無助而必須依賴權威，以致放棄個性與自由；另一方面，個人因放棄自由而成為沒有個性的「機械論」意義下的個體，喪失了自由思想、自由感覺、自由意志與自由行動。機械論是一種隱喻，如同行為論就是一部「刺激—反應」連結效果的簡單機械隱喻的制約觀點。現代社會個體「去個性化」的機械模式，更加深了個人的無助與不安全，個人也更容易把自己交付給任何權威，以此滿足安全感的需求，而這種情境遂形成法西斯主義瀰漫的溫床。

佛洛姆的《逃避自由》一書，精確點出心理社會人格基礎與政治經濟的關聯。他認為，現代人的自由有兩個面向，一方面是衝破權威的束縛而獲得自由，成為「個人」，但同時這種自由也讓個人變得孤立、無能為力；因此反而弔詭地成為自我異化的工具。甚至，由於自我的破壞以及與他人的疏離，個人欣然地屈服於新形態的權威，而成為奴性的客體。另一方面，自由意謂著充分實踐個人潛能，促進積極自發的生活能力。他尖銳地指出，當代的文化與政治危機並非因為個人主義的氾濫所造成，而是因為人們堅信的個人主義已經成為空殼。回到臺灣社會面的反省，自由、孤獨、民主、權威的議題糾葛，依然是當代的幽靈。面對如此的幽靈盤據領空，人本倫理取向的心理學基礎，是重要的呼籲。

進言之，貪婪戀權使人們無限度地開發，演成一種災難性的可怕力量，甚至佛洛姆提到的人就是一種處於災難之中的存在：「有許多人從來不知道幸福。但是沒有任何人從未經歷過痛苦，不管他們怎樣頑強地竭力抑制對痛苦的意識。」不過，苦難不是毀滅的消極面，有時反而會帶來黑暗中思考的力量，只有意識到苦難是何等普遍的受難者，才能感覺到人類締結所帶來的寬慰。生活是如此，面對臺灣的變局亦然。對於社會新世代的現象，我們需要更多的理解與同情。有了這樣的閱讀位置，就能夠置身時代的對話，理解佛洛姆對於各種性格類型的分析，重點不在於分類邏輯的系統規範，而是一種對時代的診斷。

在臺灣，民主與法治；統與獨；本土與外來，已經不是知識上的理性議題（如果是，也是狡猾的理性），而是一種泛信仰化的現象。就如同宗教信仰，精神分析觀點認為那是一種對未來的幻覺，當人們自然地下跪、虔誠膜拜的那一刻起，信仰已經成為一種無意識層次的合理儀式，以及一種物性層次的深信不疑。在現代社會中，人原來的內心信仰、價值與情感，已經被一種客觀物化的程序所取代。遇到紛爭就以「受害人」自居，暴力相向總可以找到信仰的理由，攻占媒介生產自身價值進而物化人性，其實才是動機。

過度的信仰成為一種社會症狀，隱喻一種無法面對真實的擔憂。就像過去的中國也許是遙遠的想像，但當兩岸服務貿易協議引發的爭議成為事實，無論藍綠陣營的基本教義派都陷溺於二元對立的泥淖，有時更以認知裂解的方式因應，認為信仰是內在的價值合理性，而知識只是客觀外在的形式合理性。所以人們繼續篤信崇高的信仰，在面對衝突議題時，各自回到自己固守的認知光譜裡，不去理會公平正義、透明公開、積極自由和民主人權等知識層次的課題思辯。人們的實際有效活動所體現出來的正是信仰本身，而信仰也就更鞏固了自身的意識形態。

處於這樣的歷史時刻，為何社會明明共同面對關鍵處境的關口，有些人卻對於真實置若罔聞，不是逃入認知信仰，就是以替代卸責的方式來宣洩不安。藉由佛洛姆的箴言，無論是社會大事或是個人遭遇，當代社會冷漠疏離的機械連帶，或是工具取向的人格支配，都呼喚我們需要另一種生活型態，需要透過實踐智慧的活動，開發創造性的藝術，重新回到一種自我關切、照顧他人的有機連帶。如此，面對社會的道德議題與倫理處境，產生為自我而生的勇氣，才是人本倫理的呼喚，也是佛洛姆闡釋自我追尋的真諦。二〇一四年太陽花學運與公民運動所催化的時代意涵，是年輕世代對於當代社會不安全感的回應，但他們沒有因此逃避自由，而是更積極地面對社會情境的挑戰。就此而言，太陽花學運與公民運動的智慧動能的活力展現，已經成為一種倫理實踐。

進言之，實踐智慧的活動（praxis）與邏輯實踐（practice）不同，前者是一種實踐活動，建立在實踐智慧（practical wisdom），無法離開現場。實踐智慧的活動包括了人的技藝、研究、實踐等所有活動，甚至人的存有特徵就是實踐活動的操勞。所以，實踐活動或行動，就是一種目的性的活動，是與他人共同生活的意向性活動。如此實踐智慧的活動論點，也呼應了佛洛姆認為唯有人才有能力掌控社會，使經濟機制附屬於個人幸福的目標，並積極參與社會活動，才能擺脫那些迫使人們感到絕望的孤獨與無力等處境。

在今日的社會，人們不再像過往那樣深受物質貧困之苦，但卻苦於自身變成了巨大機制中的一個小齒輪，甚至是一項自動化裝置。個人的生命變得空虛且喪失意義。佛洛姆剴切地指出，民主體制勢必不可退縮，而且要更加積極實踐過往數世紀間自由鬥士拚命爭取的目標，如此人類社會才可能戰勝各種極權制度。而這樣的不退縮與勇往直前的意向性活動，必須建立在社群性的共同生活，才能將機械論的隱喻朝向生機性、技藝性的現場倫理展現。

透過《逃避自由》與《自我的追尋》二書的反覆閱讀，可知佛洛姆的觀點是一種實踐智慧的行動，不但沒有與時代脫節，更與臺灣當前的處境相互呼應。如果說，人本倫理是一帖時代診斷的處遇配方，從這個觀點出發，我們更理解到佛洛姆雙元概念的論述，無非也隱含著「致中和」的倫理性行動。《說文解字》提到：「中，別於外之辭也，別於偏之辭也，亦合宜之辭也。」「中，正也。」《中庸》也提到：「喜怒哀樂之未發，謂之中；發而皆中節，謂之和。中也者，天下之大本也；和也者，天下之達道也。致中和，天地位焉，萬物育焉。」因此，所謂的社會和諧或和睦的人際關係，不是壓抑情緒或掩飾衝突，而是情感能夠有所宣洩或抒發，並能做到適度調節。但真正的問題就難在如何「保合太和」。

人本倫理學的意涵，在於重視人文精神的意義，它不是一種自我個體的中心主義，而是能審時度勢，依據不同的社會脈絡予以適切的回應。這是情境倫理的展現，而不是將倫理行動真空化，成為一種「人道主義」的口號。所以，佛洛姆在《自我的追尋》中的人本倫理學，是高度具有政治策略的批判反思行動。只是，過往我們的訓練往往以實證模式作為前導，逐漸喪失了正反合的縝密思考模式，而習慣依附於二元對立的悖反思考。

佛洛姆思想遺產的當代意義

因此，研究佛洛姆的思想，也是重構心理學內涵新指向的機會。以佛洛姆所批判的資本主義體系來說，心理學的行銷是採取市場作為一種隱喻，顯示心理學知識生產的管道。研究者於學術認可的刊物中發表論文所積累的文化資本，一味地生產知識吸收者的產品種類，卻不問供需是否失衡或契合所需，如此的運作邏輯遮蔽了究竟是由誰來決定市場供需的核心議題。作為批判心理學家的角色，就是去揭顯心理學科中對多元意義的壓抑與象徵性暴力，勇於面對知識與權力的糾結關係，迎向多元化、跨領域的心理學，使沉默的他者發聲，進而思索我們不單在消費中獲得愉悅與遊戲性，以及慶賀心理學商品流動的剩餘價值，更重要的是，我們不可放棄思索「究竟心理學是什麼？心理學又做了什麼？」的責任。

回首心理學人性觀點發展的脈絡，假若心理學科學在歷史裡凍結，孤立於過去半個世紀以來智識的全球性轉化風潮，將面臨更大的挑戰。在這樣一波波「本土全球」席捲世界體系智識的反思聲浪下，重新引介佛洛姆的著作到中文世界，可說正好提供我們去中心、相互承認彼此處境和知識的溝通橋梁，取代單音獨調的理論教條，體現開放性世界體系中多元文化差異性的倫理意涵。

由此，佛洛姆倡議的自由與自我，也是一種愛的藝術。所謂的藝術，更強調一種「藝」的境界，而非著重在「術」的層面。「藝」指向一種生成的可能性，也是一種任之於自然的倫理情懷（ethos），著重於以意識和潛意識混成的感覺作為力量；而「術」是一種過度人為的開發，如科技的人工合成，也是一種挑戰自然的心緒病徵（pathos），強調科學的奮進理性。藝術，當然也存在著困境，但卻是重要的存在經驗。

康德（Immanuel Kant）認為，世界上一直存在著某種形而上學，而且將來也會繼續存在。尼采（Friedrich Nietzsche）也提到，我們擁有藝術，以免我們亡於真理。黑格爾則說，美與真在一個方面是相同的。同為法蘭克福學派的阿多諾（Theodor Adorno）則認為，一切與藝術相關的事物都成了問題：它的內在生命，它與社會的關係，甚至是它存在的權利。他認為藝術不僅是一種表現方式，也是某種更類似於對產生恐懼的原始經驗的一種回憶或記憶的元件。

綜合來看，佛洛姆觀點在二十一世紀的今日形成一種「與時俱進」的動態現象，這樣的現象帶有混成藝術的成分，也含有「薩皮安提亞」（Sapientia）（聖經的箴言）的涵義，亦即一種毫無權勢、一些知識、一些智慧，以及盡可能多元的趣味。Sapientia是由動詞sapere（意為精通、知曉）而來，字尾的entia像是英語的動名詞（ing），所以，這是一種不斷進行的生成智慧與熟練知識的展現。至於心理學（psychology）的意涵，psycho的字根是psyche，這個字在希臘語是psuchě，原意為靈魂（soul）。依此，心理學的意涵同時包含了靈性、魂體、精神意志，以及一種內在存有的活化生命力，而非今日心理學狹隘的心理邏輯（psycho-logic）下的理性化約意義。

由此，經典重譯的時代意義在於回應佛洛姆的人文（本）倫理召喚，透過「薩皮安提亞」的生成智慧與熟練知識觀點，得以同理並了解展現個體具有藝術性格與精神意志的自我實踐方式，必須立足於讓人文心理學的倡議處於與政治經濟的社會基礎相互關聯的高度位置，才可避免陷入一種狹隘的獨我唯心論，而產生逃避疏離的時代病徵，因而成為新權威意識形態醞釀的土壤。

近年來的人格社會層次論述，在「政治正確」的意識形態下，從所謂的「民族大熔爐」到「多元文化論」，這究竟是一種「典範轉移」，或是從一則「神話」代換成另一個「奇蹟」，抑或終究只是海市蜃樓，值得深切地批判與考察。此時重（譯）讀佛洛姆的《逃避自由》與《自我的追尋》這兩本主旨一脈相承的經典，是重新實踐人本倫理處境與尊重多元民主發展的踏腳石。

透過佛洛姆書中引經據典、善於譬喻，又能以實際案例分析的社會人性敘事能力，對精緻建築的未來人性所發展的地景進行反思性的閱讀，讓讀者彷彿進入一段不畏懼權威並勇於接受時代挑戰的時光，而能自我反省思考每個時代積極自由的真諦。這是我們回饋佛洛姆所留給我們的時代良心與人文遺產，一種謙卑的致敬方式。

逃避自由

如果我不為自己，誰又會為我？
如果我只為自己，那我是什麼？
如果不是現在，還要等到何時？

——猶太教經典《塔木德》第一部〈米示拿〉裡的〈先賢訓〉

既非在天上亦非於塵世，既非平庸之輩亦非不朽之身，
我們如此造就了你，使你能依自身的意志與榮耀而自由行動，
成為自己的創造者與建設者。
我們唯獨賦予你成長與發展的可能性，全憑你的自由意志。
你的內在承載著完整生命的種子。

——《論人的尊嚴》，皮科．德拉．米蘭多拉

唯一不可改變的，唯有人與生俱來的、不可剝奪的各項權利。

——美國《獨立宣言》起草人之一湯瑪斯．傑佛遜

前言一

本書廣泛地探究了現代人的性格結構、以及各項心理要素與社會要素之間的相互作用等問題，我已針對這些問題進行了多年的辛苦耕耘，若要完成整個研究，還需更長的時間。然而當前的政治發展及其對於現代文明最偉大的成就——人的個體性與人格獨特性——所帶來的威脅，使我決定暫停對這項宏大課題的研究，進而專注於此間針對當代文化與社會危機至關重要的面向：「自由」對於現代人的意義。如果我能完整地向讀者呈現當代文明中人類性格結構的整體研究，那麼我就較能夠實現撰寫本書的目的，因為唯有奠基於現代人的性格結構的整體分析之上，我們方能充分理解自由的意義。然而就現況來說，由於尚未完成該研究，使我不得不在無法進行充分闡述的情況下頻繁地使用某些概念與結論，如果該項研究更加完整，我將能夠在更大範圍上運用那些概念。此外還有許多極為重要的相關問題，我在本書中只能略作提及，有些甚至必須忍痛放棄。儘管如此，我仍然認為，心理學家應當毫不遲疑地貢獻出自身的智識以解讀當前社會所面臨的各種危機，即便這意謂著不得不犧牲學術上的完整性。

我在本書中指出人的各項心理要素在當前社會局勢中所扮演的重要性，在我看來，這並不代表我過度高估了心理學。在社會的發展過程中，最基本的單位是「個人」——個人的欲望與恐懼、個人的激情與理性，以及個人向善或向惡的習性。若要理解社會演進的動態過程，我們便必須先認識個人內在心理過程的動態發展；同樣地，若要理解個人，我們便必須將其置於塑造出這個人的文化背景之中。本書的核心論點是：前個人主義式的社會結構雖能夠為個人提供安全感，卻也給個人設下限制，如今，現代人雖然擺脫了這樣的社會束縛，但人卻未獲得真正的自由，即個體的自我實現，也就是其理性、情感、與感官潛能的充分展現。自由雖賦予個人獨立性與理性運作，卻也使個人陷入孤立處境，從而產生焦慮感與無力感。這種孤立處境是難以忍受的，此時，個人面臨到兩種選擇：若不是逃避自由的重負，轉向新型態的依附與屈從；就會是邁向真正的積極自由——即以人的獨特性與個體性為基礎的自由。雖然本書的內容在於診斷，而非預測；在於分析現況，而非解決之道，但全書仍對人的行動具有指導意義。唯有理解人為何竟會逃向極權主義以擺脫自身之自由，我們才有可能找到有效的對策，來對抗極權主義勢力的威脅。

我就不在此一一感謝那些對我的思考有所啟發，並提供建設性批評的朋友、同事與學生，儘管這會是一件開心的事。讀者可以在註腳中看到我最感激哪些作者所提出的思想，因為他們的觀點為本書的內容帶來了重要影響。不過我要對這幾位人士特別表達感激之情，他們直接促成了本書的完稿與出版。首先，我要感謝伊麗莎白·布朗（Elizabeth Brown），她向我提出的建議與批評對於本書的結構提供了無可取代的幫助。此外，我也要感謝伍德豪斯（T. Woodhouse）全力幫助我編輯手稿，以及賽德曼（A. Seidemann）博士在本書涉及的哲學問題上所提供的協助。

我希望感謝以下出版社，允許我在本書中大量引用其出版品的內容：費城基督教教育委員會（Board of Christian Education, Philadelphia），我引用其出版的約翰・喀爾文（John Calvin）所著的《基督教要義》（*Institutes of the Christian Religion*），譯者為約翰・艾倫（John Allen）；哥倫比亞大學出版社（Columbia University Press, New York），我引用其出版的雅各布・夏皮羅（Jacob S. Schapiro）所撰寫的《社會改革與宗教改革》（*Social Reform and the Reformation*），屬於哥倫比亞大學歷史、經濟、與公共法律研究系列（Columbia Studies in History, Economics, and Public Law）；威廉・伊爾德曼斯出版社（Wm. B. Eerdmans, Grand Rapids, Michigan），我引用其出版的馬丁・路德（Martin Luther）所著的《意志的奴役》（*The Bondage of the Will*），譯者為亨利・科爾（Henry Cole）；哈考特出版社（Harcourt, Brace and Company, New York），我引用其出版的理察・亨利・陶尼（R. H. Tawney）所著的《宗教與資本主義的興起》（*Religion and the Rise of Capitalism*）；霍頓・米夫林公司（Houghton Mifflin Company, Boston），我引用其出版的阿道夫・希特勒（Adolf Hitler）所撰寫的《我的奮鬥》（*Mein Kampf*）；麥克米倫公司（The Macmillan Company, New York），我引用其出版的雅各布・布克哈特（Jacob Burckhardt）所著的《義大利文藝復興時期的社會文明》（*The Civilization of the Renaissance in Italy*）。

——埃里希・佛洛姆，一九四一年

前言二

自從本書第一版出版至今，已將近二十五年。自初版之後，本書已印行了二十四個譯本，讀者群包含了專業人士、普通讀者、尤其是學生。這次透過Avon Library再版，讓為數眾多的讀者能夠更容易接觸到這部作品，讓我深感欣慰。

《逃避自由》一書分析了人的焦慮現象，這份焦慮感受源自於中世紀社會體制的瓦解——儘管那個時代充滿著各式各樣的生存風險，但人在其中仍然能夠保有一定程度的安全感與穩定感。歷經數百年的奮鬥，人類文明終於成功地創造出前所未有的物質財富，在世界上的大多數地區建立起民主社會，並在近期的幾次大型戰爭中成功抵禦了新的極權主義式陰謀。然而正如本書所試圖揭示的內容，現代人心中依然充滿著焦慮感，並且仍然傾向於將自身的自由權利交付給各種類型的獨裁專權者，或者藉由將自己轉變為大型機器中的一個小齒輪，來讓自己喪失自由——如此雖然能夠衣食無憂，卻不再是一個真正自由的人，而是變成了機械式運作的人。

二十五年過去，我們有必要去探究這個問題：本書的分析內容所依據的各項社會趨勢與心理傾向是否依然存在，抑或是已經有所降低？毫無疑問的是，在過去的四分之一個世紀裡，人類對於「自由」所抱持著的恐懼感、焦慮感、以及甘願變成自動化機器人的傾向，不僅沒有減少，反而大為上升。在這方面來看，最重要的事件莫過於核能的發現，及其成為毀滅性武器的潛在用途。人類在歷史上從未像現在這樣面臨到種族全面毀滅的可能性，更何況這樣的威脅竟然還是來自人類自己雙手所創造出來的事物。就在不久之前的古巴導彈危機期間，數億的歐美民眾在那幾天之內都懷疑自己與孩子是否還能見到明天的太陽。儘管自那時以來，各國皆試圖降低發生類似危機的風險，但毀滅性武器依然存在，發射按鈕依然存在，而那些被賦予在必要時刻按下按鈕之責的人也依然存在。因此，焦慮感與無力感仍舊籠罩著全人類。

除了核能革命之外，控制論革命（cybernetic revolution）的發展速度也遠超過二十五年前的預期。我們如今正進入第二次工業革命，這場革命不僅企圖以機器來取代人類的生理勞動——雙手與手臂的功能——甚至還逐步取代人類的大腦與神經反應，使機器足以執行原本專屬於人類的思考與決策。在美國等工業最為先進的國家裡，結構性失業加劇所造成的威脅，給人們帶來了新的焦慮感；當人面對的不僅是眾多的大型企業集團，還必須處在幾乎能夠進行自我調節的電腦世界底下時，這種焦慮感變得尤為強烈——因為這些機器的思考速度遠比人類更快，甚至常常比人類更準確，使個人在人類自己所創造出的科技面前顯得越發渺小。還有另一項威脅不僅沒有降低，反而持續擴大：人口爆炸。在這方面，科技進步的另一項產物——醫學的發展——雖然極大幅提高了人類的生存率，但同時間卻導致人口劇增，尤其在發展中國家，人口的增長速度幾乎已超過物質生產的擴張能力，使得資源分配問題面臨嚴峻挑戰。

在這二十五年間，社會中的各股巨大力量與人類的生存危機感皆益發加劇，因此使得人逃避自由的傾向也隨之提升。雖然如此，還是有不少跡象讓我們仍舊對未來充滿希望。希特勒與史達林的獨裁統治已然消亡。在蘇聯陣營內部，尤其是較小的國家裡，儘管仍然維持極端保守與極權的政治體制，但已經顯現出一定程度的自由化趨勢。美國境內則成功抵禦了各種極權勢力的滲透企圖。此外，在美國，黑人族群的政治與社會解放運動取得了重要進展——尤其值得注意的是，站在抗爭前線的人（無論是黑人還是白人）所展現出的勇氣與紀律，令人印象深刻。所有這些事實在在表明，自由的渴望是人性之中固有的力量，即使它可能會變得腐化或遭到壓制，但仍會一次次地重新展現出來。然而我們也不應因此而自滿，誤以為人們已經不會再傾向於「逃避自由」——事實上，今時今日的類似危機可能與本書最初出版時一樣嚴重，又或更甚。

這是否證明，社會心理學的見解對於人類發展而言毫無用處？要令人信服地回答這個問題並不容易，從事這一領域的學者或許對自己及其同行的社會價值判斷過於樂觀。然而，即便如此，我對個人心理與社會現實之間關係的重要性，反而更加堅信不疑。我可以簡要地說明此間的理由。在研究人類心理與當代社會現況的學者中，有越來越多人認識到，我們所面臨的關鍵問題在於：人類的智力發展遠遠超過了情感發展。人類的大腦已經進入二十世紀，但心理成熟度卻仍然停留在石器時代。大多數人尚未具備足夠的成熟度以表現出獨立、理性與客觀。為了面對「個人只能依靠自己，世界上並無任何權威能為個人賦予生命意義，除了個人本身」這項殘酷事實，於是人需要藉由神話與偶像以尋求慰藉。人壓抑著心中非理性的毀滅性衝動、仇恨、嫉妒，與復仇心，轉而信奉權力、金錢、國家與民族。儘管人在口頭上尊崇佛陀、先知、蘇格拉底、耶穌、穆罕默德等偉大精神領袖的教誨，但在實際上，人卻將這些教義扭曲為亂七八糟的迷信與偶像崇拜。在智力與技術過度發展，而心理成熟度卻嚴重遲滯的矛盾之中，人類如何才能避免自我毀滅？

在我看來，答案只有一個：我們必須對於自身的社會性存在中的各項基本事實抱有深刻的理解，這份理解應足以防止我們犯下無可挽回的錯誤，並在一定程度上提升我們的客觀性與理性。我們無法寄望在短短一代人的時間內，就能夠杜絕人們心中的各種愚蠢念頭、及其對於想像力與思維能力所造成的破壞性影響；人類若想要擺脫數十萬年來的前人類歷史，或許還需要上千年的努力。然而在當今這個關鍵時刻，哪怕只是在微小的程度上提升人們的洞察力與客觀性，都很可能為人類存亡帶來實質的影響。正因如此，發展出科學化且動態式[1]的社會心理學，實乃至關重要。社會心理學的進步是必要的，以抗衡來自物理學與醫學進步所帶來的諸多危機。

在這個領域中，沒有誰比研究者本身更意識到我們的相關知識非常不足。我希望像本書這樣的著

1 譯註：強調個人心理與社會間的相互影響，而非僅研究人的固有特徵。

作，能夠激勵學者投身於此領域，讓大家見到當今社會迫切需要這類研究。同時我們也必須認清現實：在這個領域中，除了基礎知識之外，我們幾乎一無所有，一切仍有待探索。

或許有人會問我另一個問題：經過了二十五年，我是否應該對我自己在本書中所做出的各項理論結論進行大幅修訂？在此我必須表明，我認為本書所分析的各項核心原理時至今日依然為真，它們所需要的並不是修正，而是在多個面向上繼續擴展與闡明。自從撰寫《逃避自由》以來，我已經在其他著作中嘗試進一步發展這些思想。例如：在《健全的社會》（*The Sane Society*）中，我針對當代社會的分析進行了詳述與深化；在《自我的追尋》（*Man for Himself*）中，我所探討的倫理規範乃奠基於對人類本質的理解，而非來自外在權威或宗教啟示；在《愛的藝術》（*The Art of Loving*）中，我剖析了愛的不同層面；在《人心》（*The Heart of Man*）中，我追溯了人類的破壞性與仇恨情緒的根源；在《超越幻象的枷鎖》（*Beyond the Chains of Illusion*）中，我分析了馬克思（Karl Marx）與佛洛伊德（Sigmund Freud）兩位偉大的人文科學理論家之間的思想關聯。

我希望新版的《逃避自由》能夠持續提升人對於動態式社會心理學領域的興趣，並鼓勵年輕一代的學子投身於這個充滿智性激盪的領域，正因為它才剛要起步。

——埃里希・佛洛姆，一九六五年

第一章

自由是心理學的問題？

當代歐美史的重點圍繞在人們努力爭取政治、經濟與心靈自由，並試圖擺脫往昔加諸於身的束縛。備受壓抑的人們掀起一場場爭奪自由之戰，渴望從原本的特權階級手中得到全新的自由。當這群人試圖擺脫宰制並爭取自由的當下，他們相信自己是為爭取人類的自由而戰，因此有資格訴諸一份理想、訴諸一份根植於所有受壓迫者對於自由的渴望。然而長久以來，在漫長且持續的自由戰役中，奮力對抗壓抑和宰制的那群人，往往在某階段便轉為投入捍衛自由的敵對陣營，也就是說，一旦原本的抗爭獲得勝利，就會出現新的特權階級來維護自身的權力。

即便史上存在不少開倒車的情況，但是最終自由仍贏得許多勝利。許多人在爭取自由的過程中犧牲生命，他們堅信為反抗壓迫而死去，遠勝於在無自由的狀態中活著，這類例子可視為人類展現個體性的極致表現。歷史似乎證實了人的確有可能管理自己、替自己做決定，以及以自認適當的方式思考與感覺。充分發揮人的潛能似乎就是社會發展正快速接近的目標。經濟自由、政治民主、宗教自主，以及個人主義式的個體生活，在在傳達出人們對自由的渴望，人類似乎越來越能真正地實踐自由。各種外在束縛逐一被斬斷，人類戰勝了大自然，甚至成為自然界的主宰，同時推翻了天主教會與專制政體加諸於個人身上的限制。要實現珍貴的個人自由，「廢除外在的主宰」不僅是必要條件，也是充分條件。

許多人認為，第一次世界大戰是人類為爭取自由而進行的最終戰鬥，其最終結果就是自由的絕對勝利。戰後，既存的民主政體益發強大，舊的君主政體也被新的民主政權取代。但僅僅數年間，新的社會體系便否定了人類自以為歷經數世紀奮鬥才得到的成果。這些新的社會體系有效掌控了所有人的社會與生活，更使得絕大多數的人屈服於他們所無法掌控的權威之下。

起初，許多人在這樣的想法中找到安慰：威權體制的勝利只是因為少數幾個人的瘋狂，而他們的瘋狂終將使他們自行走向毀滅。有些人則不無得意地相信，義大利人與德國人長期缺乏民主訓練，所以我們可以泰然地等待他們終將達到西方民主國家的政治成熟度。另一種常見的誤解，或許也是最危險的一種，那就是認定像希特勒這樣的人之所以能獲得掌控整個國家的巨大權力，完全只憑藉著他的狡黠與欺騙手段，他的組織是以武力獲取統治權，而所有受統治的人，只能視為遭受背叛與恐怖酷行的無意志個體。數年後，這些論點的謬誤已變得十分明朗。我們不得不承認，數以百萬計的德國人迫不及待地想交出自由，簡直就像他們祖先當年爭取自由時那樣的熱切；也就是說，這些人不想要自由，反而想辦法逃避自由。另外更有數以百萬計的德國人對此問題漠不關心，他們不認為自由是值得努力奮鬥、甚至付出生命來捍衛的東西。我們也認識到這類民主危機，不僅是德國人與義大利人才會面對的問題，而是所有現代國家都會遭遇到的困境。人類自由的敵對陣營究竟打著什麼旗幟其實並不重要：反法西斯主義對自由所造成的危害，並不亞於徹頭徹尾的法西斯主義[1]。約翰·杜威曾大力陳述這項事實：「對我們的民主政體造成最嚴重威脅的，並非其他極權國家的存在，而是存於我們自身的態度，內建於我們的組織和制度，使外在權威、紀律、規範和對外國領袖的依賴占了上風。真正的戰場其實就在我們身上，內在於我們內心與我們的體系之中。」[2]

若欲擊敗法西斯主義，首先我們必須了解它，一廂情願的偏見完全無濟於事，過度樂觀的論述就像印第安族的祈雨舞一樣，不適當而且徒勞無功。

經濟與社會問題確實導致法西斯主義的生成，但此外，我們還必須理解人性的問題。本書的用意就是分析現代人的性格結構中，使法西斯國家的人民甘願放棄自由，同時普遍存在於我們民族千百萬人之中的那些強有力的因素。

當我們探討自由的人性面、對順從的渴望及權力欲時，會明顯產生下列問題：人類體驗到的自由究竟是什麼？對自由的渴望是否內建於人性中？是無論什麼文化的人都具備相同的自由渴望，還是會因不同社會中自由主義的發展程度而有所差異？所謂自由只是沒有外在壓力嗎？或者還需其他要素來支持？如果有，那會是什麼？在一個社會裡，什麼樣的經濟或社會問題會導致人們想要爭取自由？自由會不會成為某種沉重到令人難以承受的負擔，甚至讓人想要逃避？為什麼自由對某些人來說是珍貴的願望，對某些人而言卻是一項威脅？

除了對自由擁有天生的渴望，人們是否也在本能上產生對「順從」的欲求？否則我們如何解釋當今竟有這麼多人自願服從領導者？再者，人們服從的對象是否總是具體化為外在的當權者，還是包括某種已經內化的權威，如義務或良心、內在驅力，甚至如公眾意見等無名的權威？對於這些服從，人們是否從中得到某種隱微的滿足感？那麼，服從的本質究竟為何？

是什麼因素使人們對權力懷抱著永不饜足的貪欲？這是否正是人類得以生機盎然的原因，或這是當人自發性地熱愛生命時所必然產生的脆弱與無能？哪些心理因素會使人產生動機去爭奪權力，而又是哪些社會條件造就了這些心理因素？

藉由分析自由與權威主義的人性面，使我們不得不考慮一個普遍性問題，也就是心理因素在社會演進過程中所扮演的積極角色。這個提問最終指向探討社會演進的過程中，心理、經濟，與意識形態之間的互動關係。如果我們試圖理解法西斯主義如何能吸引眾多力量強大的國家，那麼便必須先理解心理因素在其中所扮演的角色。因為這種政治體制在本質上並不訴諸追求個人利益的理性力量，卻是在驅動並動員人心中那股我們以為不存在，或至少在許久前已消失殆盡的邪惡力量。近幾個世紀以來，我們所熟悉的「人類」形象是一種理性生物，其行為取決於自我利益及追求利益的能力。即便像霍布斯（Hobbes）這類學者認為：「對權力的渴求與對他人的敵意，乃人類行為最基本的驅動力」，但他同時也指出，這些力量實際上仍來自個人的自我利益，因為每個人都希望追求幸福，當社會不存在足夠的財富讓每個人都得到滿足時，人便開始爭權奪利，以確保擁有權的永續長存。然而，霍布斯對人的理解已然過時。中產階級越成功地打破舊時代政治或宗教統治者的權威，人類就越能掌控大自

1 我以「法西斯主義」（Fascism）或「獨裁主義」（authoritarianism）等詞彙指涉德國與義大利的獨裁體制。而當我特定針對德國體制時，則使用「納粹主義」（Nazism）一詞。

2 參見約翰·杜威（John Dewey），《自由與文化》（*Freedom and Culture*, G. P. Putnam's sons, 1939）。

然，也更具備經濟獨立的能力。綜上所述，人開始相信一個「理性的世界」，認定自己是「理性的生物」。人們逐漸將人性中的黑暗力量歸屬於僅存於中世紀或更早期的歷史產物，並認定這些力量來自缺乏知識，或肇始於偽善的王權或教宗所領導的狡黠體制。

我們檢視這些過往的時期，就好像觀察一座長久以來已不再構成威脅的火山一樣。人們自信地認為當代民主的成就已經徹底掃除了所有的邪惡勢力，這個世界既光明又安全，如同現代城市中寬敞明亮的街道。戰爭被視為舊時代的遺物，我們只需要最後一場戰爭就能終止所有的征戰；經濟危機被視為偶發事件，即使類似的意外持續在發生。

當法西斯主義掌握政權時，絕大多數的人在理論與現實層面都毫無準備。他們無法相信人類竟能展現如此巨大的邪惡潛能、對權力的欲求、完全漠視弱勢者的權利，以及竟然會渴望服從。只有極少數的人能在火山爆發前注意到持續低鳴的火山活動。尼采（Nietzsche）曾經打破十九世紀人們自鳴得意的樂觀主義，馬克思（Marx）也以異曲同工的方式表現了這點，而另一份警告則來自於稍晚的佛洛伊德（Freud）。當然，佛洛伊德與其追隨者對社會中實際發生的事情僅抱持相當天真的看法，他將心理學應用於社會問題的大多數理論建構也都具有誤導性；不過，佛洛伊德藉由關注個人情緒與心理的騷動引領我們來到火山頂，見證了正當滾燙炙熱的火山口。

佛洛伊德超越了前輩學者，致力於觀察與分析個人心中非理性與無意識的力量，因為這些力量決定了個人的行為。在現代心理學中，佛洛伊德與其追隨者不僅發現人類性格中非理性與無意識的面向

（當代理性主義完全忽視了這些面向），也證明這些非理性現象實際上遵循著某些法則，因此可以理性地加以分析並解釋。他教我們理解夢的語言、認識身體的徵候，及非理性行為，他認為這些東西跟個人的主要性格特質一樣，都會受外在世界影響，並對刺激做出回應，尤其是發生於每個人幼兒時期的外在事件。

但是，佛洛伊德深受其所處時代文化的影響，導致他的理論無法超越某些限制，這些限制不但局限了對患者的理解，也使他難以理解正常個體與發生於社會生活中的非理性現象。

然而，由於本書關注心理因素在社會活動所扮演的角色，也因這類分析必須奠基於佛洛伊德提出的某些重大發現，特別是無意識力量在人類性格中的運作，以及無意識力量所受到的外在影響。因此，我認為先說明我的研究途徑和原則，以及此途徑與傳統佛洛伊德概念[3]之間的主要差異，將有助於讀者理解本書的內容。

3 這類傳統精神分析學方法奠基於佛洛伊德理論中的主要成就，然而卻在許多重要層面相異於佛洛伊德，這可參見霍妮（Karen Horney）所著《心理分析的新方法》（*New Ways of Psychoanalysis*, W. W. Norton & Company, 1939），以及蘇利文（Harry Stack Sullivan）所著《當代精神病學的概念》（*Conceptions of Modern Psychiatry—The First William Alanson White Memorial Lectures*, *Psychiatry*, 1940, Vol.3, No. 1）。雖然這兩位作者的論述在許多方面有所差異，但本文提出的觀點與兩位作者皆有若干相符之處。

佛洛伊德接受了傳統上對個人與社會的二分法，以及關於人類性格的邪惡部分的觀點。對他而言，人類基本上是反社會的。社會必須馴化個人，同時允許個人享有某些生物本能的滿足。但大部分的情況下，社會必須改善並檢視個人的基本衝動，如果社會壓抑了個人本能的衝動，將導致下列情況：那些受到社會壓抑的內在欲望將轉化為對社會文化有價值的努力和奮鬥，因而造就文明的基礎。佛洛伊德以「昇華」（sublimation）一詞來指涉這種由壓抑轉為文明的特殊轉變。但是，如果壓抑的力量大於昇華的能力，人就會出現神經官能方面的問題，此時便必須釋放壓抑。然而，通常來說，人類原始欲望的滿足與社會發展的程度呈反比，也就是說，壓抑得越多，文明就越往高處發展（以及增加罹患神經官能症的風險）。在佛洛伊德的理論中，個人對社會的關係基本上是靜態的，個人性格的本質幾乎不曾改變，除非社會對人性本然的衝動施加較多壓力（因而造就更多昇華），或允許個人享有更多的滿足（因而犧牲了社會文明）。

如同早期心理學家所認定的人性基礎，事實上，佛洛伊德的人性概念，可以反映在現代人身上可見到的各種驅力。對佛洛伊德來說，他所處的社會文化裡的人就代表了他所謂的「人類」，現代人身上獨特的激情與焦慮，都被佛洛伊德視為根植於人類生物性結構中的驅動力。

我們可以列舉許多例證（例如伊底帕斯情結及女性閹割情結等，都可視為現代人身上普遍抱持的敵意的社會基礎），在此我只特別說明一個特別重要的例證，因為它牽涉到個人作為社會性存在的整體概念。佛洛伊德總是透過個人與他人的互動來檢視個體，他認為，這些關係正如同資本主義社會中個人特有的人際經濟關係。每個人為自己工作，承擔自己的風險，基本上並不與他人合作。但是，個體並不是魯賓遜（Robinson Crusoe），而需要周遭的人成為他的顧客、雇主或員工，他必須進行買賣，付出與收穫。而市場無論是商品市場或勞動市場，都制約了這些關係。於是，基本上獨立自足的個體進入與他人的經濟關係，以達到「買與賣」的目的。佛洛伊德對人際關係的概念基本上與此相同：個體完整具備了生物性驅力，為了滿足這些驅力，個體會與他人建立關係。因此，他人永遠是個體達成目標的手段，這些追求的滿足，在個體與他人接觸之前就已經源自其內在。佛洛伊德所理解的人際互動就如同市場關係，是生物性既有需求的交易和滿足，在這當中，個人與他人的關係永遠只是為了達到目的的工具，而非目的本身。

相較於佛洛伊德的觀點，本書提出的分析，預設了心理學的關鍵課題乃個人與世界之間獨特的連結，而非個人的本能需求獲得滿足或遭受阻礙。再者，本書假設個人與社會的關係並非靜態的。我並不認為個人天生即具備某些特定的原始驅力，也不認同社會作為相異於個人的存在，因此滿足或阻礙了個體的內在潛能。雖然人類普遍擁有某些特定需求，如飢餓、口渴、性關係等，但諸如愛與恨、權力欲與順從的渴望、對於感官歡愉的享受與恐懼等助長人格差異的驅力，都是社會過程的產物。人類最美麗、也最醜陋的欲望，並非屬於固定生物天性的一環，而是社會活動造就的結果。換句話說，社會不只有壓抑性的功能，同時也具有創造性的功能。人的本性無論熱情或焦慮，都是文明的產物；事實上，人類本身是持續發生的人類活動中最重要的創造物與成就，也是我們稱之為「歷史」的重要紀錄。

社會心理學的任務，就是要理解上述人類在歷史中的創造過程。為什麼從一個歷史世代演進另一個世代，人類性格會出現某些明確的變化？為什麼文藝復興時期的精神迥異於中古世紀？為什麼壟斷式資本主義下的人類性格特質與十九世紀時期有所不同？社會心理學必須去解釋為何會出現新的能力與新的激情，不論是正面或負面的。例如，我們會發現自文藝復興以降，人對所謂的「名聲」充滿熾烈的野心，而在今日看來稀鬆平常的欲求，在中古社會的人身上卻很少出現[4]。同樣從文藝復興開始，人們發展出了先前社會完全缺乏的自然美意識[5]。另外，十六世紀以來，北歐國家的人發展出一種著魔般對工作的癡迷與渴望，這是從前的自由人身上所看不到的。

然而，除了歷史造就人類，人類也造就了歷史。社會心理學就在解決這種看似矛盾的課題[6]。這門學科的任務不只在指出個人的熱情、欲望與焦慮將如何因社會過程改變和發展，也指出人類因此被形塑的內在樣貌如何轉變成創造性力量，回過頭來改造外在社會的過程。例如，如果人類沒有出現對名聲與成功的渴求，或對工作的驅力，社會就不可能發展出現代資本主義；若欠缺這些或許多其他的欲望，人們就沒有動力依據現代工商社會的社經要求去進行各種活動。

根據上述的脈絡，本書提出的觀點迥異於佛洛伊德。我反對佛洛伊德將歷史視為那些未受社會制約的心理驅力的結果，也反對那些忽略人類作為社會過程中動態角色的理論。此批評不只針對意欲將心理學問題從社會學論述中抽離的理論，如涂爾幹（Durkheim）及其學派，也針對那些或多或少染上行為主義心理學色彩的論調。這些論點普遍預設人類性格是不會變動的，而且人們的心理變化都只是為了因應新的文化模式而發展出來的新「習慣」。這些理論雖然論及心理要素，卻將之貶為文化模式的影子。只有由佛洛伊德立下基礎的動態心理學能正視人類性格的各種面向。雖然人格特質並非一成不變，但我們也不可視之為有無限的可塑性，能適應於任何情境而不發展出自己的心理動力。人性雖是歷史演化的產物，仍具備某些與生俱來的機制與法則，而心理學的目的即在探索這些內容。

為了完整理解即將進行的討論，我們應先釐清「適應」（adaptation）這個概念，這同時也能闡釋我們所指稱的心理機制與法則。

我們應區分「靜態適應」與「動態適應」這兩個概念。我所謂「靜態適應」，是個人在整體性格結構未變動的情況下去適應某些模式，也就是採用某種新習慣。例如，從中式飲食習慣轉變為使用刀

---

4 參見柏克哈德（Jacob Burckhardt）所著《義大利文藝復興的文明》（*The Civilization of Renaissance in Italy*, The Macmillan Company, 1921）P. 139及其後數頁。

5 同前註釋所引之著作P. 299及其後數頁。

6 參見社會學家多拉德（J. Dollard）與拉斯威爾（H. D. Lasswell）、人類學家班奈迪克（R. Benedict）、哈洛威爾（J. Hallowell）、林坦（R. Linton）、米德（M. Mead）、沙皮爾（E. Sapir）等人的著作，以及卡迪那（A. Kardiner）將心理分析式概念應用於人類學的論述。

叉的西式飲食習慣。一個中國人在美國生活，會適應這個新模式，但這種適應對本身人格並無影響，不會在他心裡引發新的驅力，或形成新的性格特質。

而我所謂的動態適應，舉例來說，當一個小男孩屈從於父親嚴厲威嚇的命令時，因為太過害怕而不敢忤逆，遂成為一個「乖兒子」。當這個男孩順應環境需要的同時，內心也發生了某種轉變。他可能對父親產生強烈的敵意，但他卻將這份敵意壓抑下來，因為意識到這份敵意，或將之表現出來，將對自身造成危險。然而，這份被壓抑的敵意雖然不明顯，卻成為他性格結構中的一項動態因素。他可能產生新的焦慮，導致更加服從，也可能形成一種模糊的違抗意識——不見得特別針對誰，而是針對整個生命歷程。如同第一種情況，個人順從了某些外在環境，但這樣的適應行為卻在他身上創造出新的東西，引發新的驅力和新的焦慮。每一則神經官能症的案例都可視為這類動態適應的例證，它必然是為了適應某種不合理的外在情境（尤其是幼年時期的遭遇），而且普遍來說，這些情境都會對幼童成長與發展造成負面影響。同樣地，這些類似神經官能現象的社會心理現象（我在後文會解釋為什麼不將這些現象直接稱為神經官能現象），諸如存在於社群裡的毀滅性或施虐衝動，正是動態適應非理性且有害人類在社會上發展的例子。

除了探討個人心理的適應機制，我們也應檢視：什麼力量會驅使人調整自身來適應幾乎任何一種可以想像的生命處境？而人類的適應能力，又有什麼極限？

要回答這些問題，首先我們必須討論的現象是：人類天性中有某些部分比較富有彈性、適應力強，有些部分則不然。最具有彈性與可塑性的部分，是人與人之間不同的欲望與性格特質，如愛、毀滅性、施虐、服從傾向、權力欲、疏離、自我擴張的渴望、節儉癖、感官享受，以及對縱欲的恐懼等。上述或其他關於人的欲求與恐懼，都是為了回應特定生命情境而發展出來的特質，它們並非特別有彈性，因為它們一旦變成某人個性的一環，就不容易消失或轉變為其他驅力。然而，它們在某種情況下很有彈性，由於個人（特別在幼童時期）是根據生活方式而發展出各種需求，因此這些需求並非固定和僵化到有如與生俱來的人性本質那樣，無論在什麼情況下都非得到滿足不可。

另外有些需求與上述相反，而成為人性中不可或缺的一部分，而且迫切需要得到滿足，那就是根植於個人生理結構中的需求，如飢餓、口渴、睡眠等。這類需求都具備特定的基本值，每個人都無法承受滿足的程度低於這個門檻，而當超過該基本值時，滿足欲求的意向就帶有威力極強的欲求特質。所有的生理需求都可被化約為自我保護的概念，這種自保的需求便是在所有情況下都必須獲得滿足的人類本性，也形成了個人行為的首要動機。

簡單來說，我們必須吃喝、睡覺、保護自身以免受到敵人侵害等，為了達成這些目的，而必須工作與生產。此處所謂的「工作」並非一種籠統或抽象的指稱，而是指具體的工作——在經濟體系中可從事的具體工作。一個人在封建體系中可能擔任奴隸工作，在印第安族的村莊中可能是個農夫，在資本主義社會中可能是個獨立的商人，在現代百貨公司中可能是個銷售員，也可能是某企業生產帶上的一個小工人。不同的工作需要相異的人格特質，也使個人與他人產生不同的關係。一個人出生後，他的生命舞臺就已經展現在面前——他必須為了生存而工作。這代表他必須在某種特殊情況下，以他所處的社會為他所決定的方式工作。個人的生存需求及其身處的社會體系，這兩個要素原則上都是個體本身無法改變的，因此也成為發展其他較具可塑性的特質發展的因素。

由此可見，個人的生活方式已經被特定的經濟體系所決定了，也變成決定整個性格結構的基本因素，因為自保的重要需求迫使他接受自己所處的生活條件。這並不代表個人不能結合他人的力量，試圖創造某種經濟與政治的變革，但基本上，他的人格特質主要還是受到特定生活方式的形塑，因為當他還年幼時，就已透過家庭的媒介接觸到這些生活方式，家庭環境幾乎能重現特定社會或階級所獨具的各項特質。7

伴隨生理機能而產生的各種需求，並非人類性格中唯一絕對必須被滿足的部分。人性中還存在著另一種同樣具有強制力的需求，這並非根植於身體演進的機能，而奠基於人類生活方式與生命實踐的特有本質：與外界建立連結的需求，亦即「避免孤獨」的需求。感覺完全的孤立與孤單會使人精神崩潰，就如同身體飢餓會導致死亡。這種與他人的關係並不等同肉體接觸，個人在身體上也許能獨處許多年，但仍然可與許多理念、價值觀或至少是社會模式產生連結，使得他感受到一種交流與歸屬的感覺。另一方面，他也可能身處眾人之間，卻依然被徹底的孤獨感襲擊，這種情況若超越了某個臨界點，就會使人呈現精神分裂的瘋癲狀態。對於個人這種缺乏與價值觀、象徵、模式連結的狀態，我們不妨稱之為「心理／道德上的孤獨」，心理孤獨與生理孤獨一樣令人無法忍受，甚至可以說，生理孤獨只有在伴隨著心理孤獨時，才會變得難以忍受。與外界的精神連結可以有多種形式：住在修道院單人斗室中信仰上帝的僧侶，以及被孤獨囚禁卻仍感到與同袍同在的政治犯，他們在心理上並不孤獨。某位身處遙遠異國卻身穿著燕尾服的英國紳士，或某個深受同儕孤立、卻感覺自己與民族或民族象徵同在的小資產階級，這些人都不算處於心理孤獨的狀態。與外界連結的形式可以是高尚也可以是低俗的，但即便是與最基本的模式產生連結，都遠勝處於完全的孤獨中。宗教、民族主義或任何荒謬或低俗的風俗與信念，只要能夠與他人產生連結，都為個人提供了遠離人類最恐懼的——孤獨——的避難所。

關於個人意欲逃避心理孤獨的強烈渴望，巴爾札克（Balzac）在《創造者的苦痛》（*The Inventor's Suffering*）中強而有力地描述道：

---

7 我必須釐清一個在探討此問題時常遭遇到的混淆。特定社會的經濟結構在決定個人生活形式時，乃作為影響個人人格發展的背景條件。這些經濟條件完全不同於個人主觀的經濟動機，例如從文藝復興時期開始，一直到某些誤解馬克思基本概念的馬克思主義學者為止，許多學者都會談論到個人對物質財富的欲求，並將之視為個人行為最主要的驅動力。事實上，對於物質財富的強烈欲望，僅存於某些特定文化中，若經濟體系不同，也可能創造出厭惡物質財富或對其毫不關心的人格特性。我曾詳細探討過這個問題，參見“Uber Methode und Aufgabe einer analytischen Sozialpsychologie”, *Zeitschrift für Sozialforschung*, Hirschfeld, Leipzig, 1932, Vol.I, P. 28 ff。

然而，請學會這件事，並將之烙印在你那可塑性仍強的大腦裡：人非常害怕孤獨。在各種孤獨中，心理孤獨是最可怖的。心靈與上帝同在的隱士所居住的世界，其實是最擁擠的世界，因為那是眾多心靈同屬的世界。不論是痲瘋病患或是監獄囚犯，不論是罪人或傷殘者，人的第一個念頭就是在自己的生命歷程中有個同伴。為了滿足這種本身是生機的驅力，個人會用盡一切力量與能力去爭取，若非無法忍受這種渴望，撒旦又怎麼會去尋找同伴？甚至為此寫出一整部史詩，剛好可作為《失樂園》（Paradise Lost）的開場白，因為該書正是描寫對反叛的辯護罷了。[8]

若想解答人們為何如此強烈害怕孤獨，將會偏離本書的主要論述。然而，為了讓讀者不至以為個體與他者連結的需求具有某種神祕特質，我在此試著解釋我對此問題的基本認知。

一項重要的事實是，個人無法脫離與他人的合作而獨自生存。在任何可以想像的文化情境中，個體若想生存，便必須與他人合作，或許是為了讓自己遠離敵人與自然界的危險，或許是為了讓自己能從事工作與生產。即便是魯賓遜也有他的「星期五先生」為伴[9]；若沒有星期五先生，魯賓遜不僅會瘋掉，也可能面臨死亡。每個人都會深刻體認到需要他人的協助，就如同幼兒一般。由於幼童在各種重大機能方面都無法照顧自己，因此與他人的溝通可謂攸關生死，若不幸遭到拋棄，將面臨最嚴重的生存威脅。

不過，還有另一個原因使得「歸屬感」成為一項迫切的需求：那就是「自我意識」的存在。藉由這種自覺思考的能力，我們意識到我們是單獨存在的，而且有別於大自然與他人。下一章將指出，每個人的這種自覺會有程度上的不同，然而這種自覺使人們面臨到只有人類才會面臨的問題：藉由意識到自身不同於大自然及他人，藉由（即便只是模糊地）意識到死亡、生病與衰老，相較於整個世界以及那些跟我不同的人，而必然性地感覺到自身極其渺小且微不足道。除非他屬於某個地方，除非他的人生具有某種意義或方向，否則他將覺得自己一文不值，最終被這種自我價值的否定感所擊潰。他將無法連結於能賦予其生命意義與方向的任何體系，他的內心將充滿疑惑，而這份疑惑終將癱瘓他的行為能力——也就是活下去的能力。

在進行後續討論之前，我應總結一下前文對社會心理問題的約略論點。所謂的人類本性，並非是生物學上固定和與生俱來驅力的總和，也不是既定文化模式下毫無生氣的追隨者，只能依據外在文化來調整自身以求適應；人的本性應是人類演進的產物，具有獨特的運作機制與法則。在人性中有某些東西是既定存在而且無法改變的，包括滿足生理需求的必要性，以及避免孤立感與心理孤獨。誠如前

---

8 譯註：在失樂園中，反叛上帝的撒旦試圖引誘人類和他一樣成為上帝眼中的罪人。

9 譯註：漂流到無人島嶼的魯賓遜在某個星期五意外拯救了一個野人，後來成為魯賓遜的僕人與朋友。

文所言，個人必須接受某種既定的生活方式，這根植於個人所處之社會特有的生產與分配制度。個人在對文化的動態適應過程中，會激發出許多促成個人行動與情感的強烈驅力。當然，個人或許會（或許不會）感受到這些欲望，但這些驅力一旦生成就強而有力，而且亟需獲得滿足，並反過來對形塑社會過程產生影響。關於社會經濟、個人心理與意識形態之間如何交互影響，以及我們可以從這類交互作用得出什麼結論，將在後文論及宗教改革與法西斯主義時一併探討[10]。本書所有的討論都圍繞著一個主題：個人，若從原本與自然合而為一的初始境況中得到更多自由，若在更大的程度上成為一個「個體」，將毫無選擇地必須透過自發性的愛與生產性的工作，與外在世界產生連結，否則就只能藉由犧牲自由與自我完整的方式與外在世界產生聯繫，以尋求安全感。[11]

---

10 在附錄中我也會詳細探討個人心理與社經力量間相互連結的廣泛層面。

11 在這份原稿完成後，我在《自由及其意義》（*Freedom, Its Meaning*）一書中研究了自由的不同面向，在此我應特別提及幾位學者的文章：H. Bergson、J. Dewey、R. M. MacIver、K. Riezler、P. Tillich。同時亦參見Carf Steuermann所著 *Der Mensch auf der Flucht*, *S. Fischer*, Berlin, 1932。

第二章

個體化發展與意義紛歧的自由

在正式進入本書的主題：「自由對現代人的意義為何、現代人為什麼會想逃避自由，以及如何逃避自由」之前，我必須先提出一個稍微脫離現實情況的概念。若要理解當代社會的個人自由，以下討論是必要的前提。這個概念是，「自由」使人類存在具備了目前所見的特性，自由的意義會根據人類對自我的認知，以及在多大程度上意識到自己是獨立存在的個體，而有所變動。

人類社會的發展始於人類擺脫了與自然合而為一的狀態，並逐漸意識到自己是由整體世界與周遭他人所分離出來的實體。然而，這份自覺在很長一段時期都處於模糊狀態。個人繼續與他所從出的自然與社會保持著緊密連結；儘管在某種程度上，我們意識到自己是獨立的實體，但同時也感受到自己從屬於外在世界。我們可以用「個體化」（individuation）一詞來指稱個人從與整體世界的初始連結中逐漸浮現的過程，這個過程似乎在宗教改革到現代社會的近幾世紀間達到高峰。

我們可以在生命歷程中發現相同的進程。嬰兒的出生代表著他與母體不再合而為一，而成為與母親完全不同的個體。儘管這樣的分離實際上是個人獨立存在的起點，但幼兒在身體機能上，還得經歷很長一段完全依恃母親的時間。

就某種程度來說，個人還未完全切斷與外在世界的臍帶，這時個人雖然缺乏自由，卻擁有安全感與歸屬感，可以感覺自己固著於某處。我以「初始連結」（primary ties）一詞指稱這種個人與外在世界的連結，這種連結發生在「個體化過程」之前。這類連結是組成一個完整個體所必需的要素，因為它是個體正常發展的一部分。雖然這種連結意謂著個人缺乏完整性，但卻提供了個人安全感與行為的依據，包括幼兒與母親間的連結、原始社會成員與其親族及大自然的連結，或中世紀時期人們與天主教會及所屬階級之間的連結。一旦「個體化過程」完成，個人便脫離這些初始連結。不過這時他也面臨新的挑戰：要在所處的世界中尋找新的方向與根基，並以新的方式尋求安全感，自由在這個階段進化達成後，其意義已不同於過去所理解的自由。現在，我們先闡明上述概念，以探討個體及社會發展之間更具體的關聯性。

胎兒剪斷臍帶的那一刻，標示著嬰兒從母體中獨立出來。但是這種獨立在粗略的意義上，只能表示兩個身體的分離；從生理機能的角度，嬰兒仍從屬於母親的一部分。嬰兒在各層面都受到母親的照顧與餵養，同時逐漸將母親與其他事物視為跟自己不一樣的存在。這個過程的關鍵要素在於嬰兒的神經系統與身體機能正逐步成長，他逐漸能在生理與心理層面掌控外在的事物。嬰兒透過自身活動去體驗不同於自身的外在世界。此外，接受教育也會促進個體化的發展。在個體化發展的歷程中，充斥著為數眾多的挫敗與禁制，這使幼兒看待母親的方式產生轉變。例如，幼兒也許會認知到母親的想法與自己的願望是有衝突的，甚至用帶有敵意的眼光，將母親視為危險人物[1]。實際上，這種敵對狀態是

1 在此必須釐清，幼兒在各種基本能力上所遭遇的挫折並不會讓他產生敵意，會讓他感受權力被剝奪、甚至產生敵意的原因，是自我擴張受到阻撓、維護自身的意圖受到干預，甚至是面對來自父母的敵意——亦即父母對幼兒行為進行壓抑的企圖。

屬於教育驅動個體化發展的一部分，但與此同時，也相當關鍵性地加深了「我」與「你」的區別。

或許得花上好幾個月的時間，幼兒才會懂得辨識他人的存在，甚至與人微笑應對；或許再過幾年，幼兒才不再將自身與外在世界混淆在一起[2]。這時，幼兒會發展出特有的自我中心模式，然而，這種自我中心的表現並不排斥對他人抱持興趣或溫順的態度，因為此時幼兒尚未將「他者」具體地與自己分離開來。同理，幼童早期對外在權威的依賴，意義上也不等同於長大後對外在權威的依賴。幼兒並沒有將父母（或其他外在權威）視為與自身完全不同的個體；父母仍然屬於幼童生命整體的一部分，外在世界也屬於幼童自身的一部分；因此，幼童對外在權威的屈從，本質上並不等同於兩個完全分離的個體之間的屈從關係。

休斯（R. Hughes）在《牙買加的強風》（*The High Wind in Jamaica*）一書中對一個十歲小孩突然間意識到自己個體性的存在，有相當細緻深刻的描述：

隨後有一件很重要的事發生在艾蜜莉身上。她突然了解到「自己」是誰。沒有任何理由可以解釋，為什麼這不是發生在五年前或五年後，而偏偏發生在這個下午。當時，她正在船頭的角落玩著扮家家酒，在絞盤上掛一個形狀像魔鬼爪的植物充當門環。不久她玩累了，漫無目的地朝船尾走去，腦中迷糊想著蜜蜂與童話中的皇后時，有件事突然閃進她的腦袋——她就是「她」。她猛然打住，開始環視目光所及的自己。她沒辦法看到全部的自己，只能看到身上穿的連身裙正面。接著她抬起手細細檢視，這足以讓她對自己的身體形成一個粗淺的概念，她突然理解到，這是完全屬於她自己的嬌小身軀！

她幾乎自嘲地笑出聲來。實際上她想著：「好啊！在這麼多人當中，你就這樣被逮住，你現在還沒辦法掙脫它，但這種情況不會持續太久：你將會脫離幼童時期，你會長大、會變老，在你看穿這瘋狂的惡作劇之前！」

她決心讓這個極重要的時刻不受任何干擾，於是爬上繩梯，往船桅頂端那個她最愛的棲身之處前進。隨著她每次移動手臂與腿部，極為簡單的動作都衝擊著她，她感受著自己的肢體正毫無障礙地受她操控的新鮮感和喜悅。當然，她記得以前也做過同樣的事，但在此之前，她從未覺得這件事如此驚人。當她爬上船桅頂端處，開始用最徹底的方式檢視手上的每一吋肌膚：因為，這是「她的」肌膚。她讓肩膀從連身裙中裸露出來，並探頭窺視裡面，以確認連身裙下是一副完整的身軀，然後她聳聳肩，讓肩膀觸碰到臉頰。當她的臉頰接觸到溫暖的肩膀時，她感到舒服地顫抖著，就好像某個親密的朋友正撫摸著她。然而這感覺究竟是來自她的臉頰還是她的肩膀，哪一個是撫摸者、

---

2 參見皮亞傑（Jean Piaget）所著《兒童的道德判斷》（*The Moral Judgment of the Child*, Harcourt, Brace & Co., New York, 1932, P. 407），以及前文註釋所提到蘇利文的著作P.10及其後數頁。

哪一個又是被撫摸者，她完全搞不清楚。

在她完全接受了這項驚人事實之後，她現在真的是艾蜜莉．巴斯桑頓了（她也不知道為什麼在這個認知會用上「現在」一詞，畢竟在這之前，她從未感覺曾經在輪迴中身為另外的某個誰），她開始細細思量其中的意涵。

隨著幼童成長，他們開始更進一步切斷初始連結，追求個體自由與獨立。我們必須先理解日漸個體化過程中的辯證特質，才能體會這份追求的意義。

個體化的發展過程有兩個面向：其一是幼童在生理、情感與心理等各方面日益成熟，這些方面的強烈度與活動力都持續增加。同時，這些方面也越來越能整合在一起，進而發展出由個人意志與理性所主導的系統性架構。如果我們將人格特質中這種有系統的整合體稱作「自我」，那麼我們可以認定，**個體化發展過程的一個面向，正是自我力量的增長**。個體化與自我發展的程度受限於個人條件，尤其受制於外在社會的情境。儘管個體間的差異會使每個人發展的程度有所不同，而每個社會也都具有某些個體化發展之局限，然而這是身處其中的每個正常個體都無法突破的。

個體化發展過程的另一個面向是越來越強烈的孤獨感。初始連結能提供個人安全感，以及與外在世界基本的一致性。而當幼童越從外在世界被分離出來，便越能意識到自身的孤獨，以及自身有別於周遭其他的存在。相較於逐漸壯大的感知，上述這種與外在世界的分離感顯然更為強烈，而且更具影響力。分離感通常危險且具有威脅性，令人充滿無力與焦慮。當個人覺得自己是世界整體的一部分時，不會意識到自身行為所具有的可能性與相伴而來的責任，因此也毋須為此擔心受怕，但是當個人成為獨立的個體，就會開始感到孤立，並被迫面對外在環境的各種冒險，以及令人無法忍受之處。

在這種時候，人會有一股衝動想放棄所謂的「個體性」，藉由讓自身淹沒於外在世界之中，來克服孤獨與無力感，這種衝動與因此建立起來的新連結，並不同於早前個人在成長過程中被切斷的初始連結。正如同嬰兒永遠不能再回到母親的子宮，個人在心理層面也無法逆轉個體化的發展過程。想放棄個體性的企圖必然導致某種屈從的特質，而在外界權威與服膺權威的孩童之間，將永遠存在著矛盾和衝突。孩童會有意識地感到安全與滿足，卻也無意識地放棄了自我的力量與個體的整全性。因此，個人順從於外在權威的結果，將與原先的出發點大相逕庭：這份順從會增加不安感，同時讓個體產生敵意與反抗意識。而由於那些敵意的對象正是孩童一直以來所依靠的那群人，或正要依賴的一群人，這麼一來，結果就更可怕了。

然而，屈服於外在權威並非克服孤獨與焦慮的唯一方式。事實上，還有另一種方式，也是唯一有成效而且不會導致對立的方式，那就是**與他人及大自然建立自發性的關係**。這種關係可以讓個人與外在世界產生連結，同時又不致減損個人的個體性。實踐這種關係最重要的方式就是愛與生產性工作。不過，要建立這種連結，必須仰賴健全人格的整體性及力量，所以也可能受限於自我成長歷程中所遭遇到的諸多限制。

關於「順從外在權威」與「自發性的連結」這兩種個體化發展的結果，本書在後續章節會詳細討論。在此，我希望指出一個基本論點：「發展中的個體化」與「成長中的個人自由」的辯證過程。孩童越來越能發展與表達自我，不再受限於早期束縛孩童的連結，然而，這也使得孩童益發遠離那個獲得安全與保障的世界。個體化發展使得個人逐漸增加性格的獨特性與健全性，但同時，它也是一種失去與他人原初的一體感，並使孩子變得更為獨立的歷程。這種脫離將導致孤立、焦慮與不安；然而，這也可能使個人與他人產生新的親密關係與團結感——如果孩童能發展出內在力量與主動性，就可以成為這種新連結的前提。

如前文所述，在個人脫離外在世界及個體化的過程中，若能與自我成長有良好的搭配，那麼幼童的個體發展將會和諧而順利。然而事實並非如此。當個體化進程自然而然地展開時，自我的成長便受限於個人與社會的諸多因素，其中的落差將導致個人無法忍受的孤獨與無力感，繼而形成某種心理機制，也就是本書後續要探討的「**逃避機制**」。

同樣的，人類這個物種的發展史也可視為逐漸個體化與自由發展的歷程。人類自前人類階段脫離後，所踏出的第一步便是為了免於各種強制性本能的局限。如果我們將所謂的「生物本能」理解為遺傳性神經結構的特定行為模式，那麼我們會在動物世界中發現一個清晰的趨勢[3]：發展程度越是低下的動物，對外在環境就越有強大的適應力，而且牠們的行為都受制於本能的反應機制。我們在某些昆蟲行為中所發現的社會組織力，便完全來自於牠們的生物本能。另一方面，發展越高的動物，行為模式的彈性越大，牠們的身體構造反映了不完整的天生適應力。人類處於發展最高的位階，因此一出生便是所有動物中最為脆弱無助的，他們對外界的適應力幾乎完全來自於學習，而非先天的本能。「本能……在高階動物身上是一個逐漸消失、甚至完全不見蹤影的範疇，尤其在人類身上」[4]。

人類的存在感建立於當來自生物本能的行為減少到一定程度之後，也就是當人類對大自然的適應方式不再具有強制性，或當人類行為模式不再受限於遺傳性的既定機制。換句話說，存在感與自由，這兩者從一開始便密不可分。在此使用的「自由」一詞，並非積極意義上的「擁有自由去進行某事物」，而是消極意義上的「擁有自由以免受某事物之侵擾」，亦即，個人行為免於受到先天本能的全面制約。

事實上，「自由」對人類來說是一份意義紛歧的禮物。人類天生欠缺其他動物所擁有的適應能力[5]；他們依賴父母的時間遠比其他動物來得更長，而且對環境的反應速度也比那些靠本能反應的動物行為要來得緩慢且缺乏效率。人類必須經歷因欠缺本能性身體功能所招致的各種危險與恐懼。然而，正是這種無助的處境使人類的文化得以發展；**人類在生物性上的脆弱正是文明發展的前提**。

3 此處所探討的本能，不應與先天生理所決定的各種欲求（如飢餓或口渴等）混淆。這些本能的滿足方式並非固定不變，而且完全由遺傳所決定。

4 參見伯納德（L. Bernard）所著《本能》（*Instinct*, Holt & Co., 1924, P. 509）。

人類存在之初就已經面臨各種行為的抉擇。對其他動物來說，刺激（如飢餓）能引發一連串的反應，最終幾乎都會產生明確的行為，以終止刺激所造成的緊張。而在人類身上，外在刺激與自身行為之間的反應鏈被打斷了。當人類面臨刺激時，欲滿足或終止刺激的方式是開放性的，也就是說，他必須在不同行為之間做出選擇。由於人類必須在心中衡量各種可能的行為（而非註定好的本能行為），遂開始進行思考。人類改變了面對自然時所扮演的角色，藉由創造的行為，從單純的被動適應環境轉為主動克服困境。人類發明各種工具來駕馭大自然，也因此使得自身越來越脫離自然，他開始意識到自身（或他所屬的群體）不再與自然合而為一，也意識到悲劇般的命運：身為自然的一部分，卻必須超越自然。人類意識到他最終的命運就是死亡，即便他企圖以各種幻想來逃避死亡的宿命。

關於人類與自由之間的關係，在《聖經》中有一段生動的描述，也就是人類被逐出伊甸園的故事。這段神話將人類歷史的起源歸諸於一個行為的選擇，不過這個故事強調的重點在於，人類史上第一次自由行為所背負的深重罪孽，以及隨之而來的各種苦難。從前，有一對男女居住在伊甸園，他們彼此之間以及與整個世界都相處融洽。伊甸園裡充滿祥和，沒有工作的必要，當然，他們也沒有選擇的權利、沒有自由與思想。男人被禁止食用善惡知識樹上的果實，但他違反了上帝的旨意，打破了與自然之間的和諧關係。（他原屬自然的一部分，而非超越它。）從代表宗教權威的天主教會立場來看，這個行為等同犯罪，但若從人類角度來看，這個行為卻代表自由的開端。人類違反上帝的旨意，從受迫的強制力中被解放出來，掙脫無意識的前人類階段，進入人類階段。違抗權威命令、犯下罪行，從人性正面的角度來看，其實是人第一次自由地行動，也就是第一次真正成為「人」的行動。在神話中，這個罪的形式是吃下知識樹的果實。而這種等同自由行為的叛逆之舉，正是理性思考的開端。這個故事也談到人類的自由行為所帶來的後果：原本存在於人類與自然之間的和諧遭到破壞，上帝挑起男女之間的鬥爭，以及自然與人類的戰爭。人類脫離自然界，藉由成為「個體」而邁出成為人類的第一步——他已經實踐了人類史上第一次自由行為。該神話所強調的苦難是：為了超越自然，為了相異於自然及自己以外的人，人類發現自己赤身裸體並為此感到羞愧。他變得孤單又自由，無力又害怕，這份剛爭取來的自由似乎成為一種詛咒；他雖免於受到天堂樂園的甜蜜束縛，卻未能自由地掌控自己，也未能理解自己所擁有的個體性。

積極的自由有別於「免於受到某事物侵擾之自由」，它指的是「可以進行某事物之自由」。人類從自然界脫離的漫長過程中，很大程度上依舊與原屬世界有所連結。人類仍屬於自然的一部分，這裡所謂的「自然」包含人類居住的土地、太陽月亮與星辰、樹木與花朵、動物，以及有血緣關係的群體。原始宗教見證了人類對於與自然合一的感受，無論有生命或無生命的自然，都是人類世界的一部分；或者反過來說，人類仍然是整體自然的一部分。

---

5 參見林坦（Ralph Linton）所著《人類研究》（*The study of Man*, Appleton-Century Company, New York, 1936）第四章。

初始連結阻礙了人類個體化發展，阻礙了理性思維與批判能力的成長，使人在認識自我與他人的過程中，只能透過與他人共同參與的家族、社會或宗教群體等媒介來達到目的，而非透過自我本身。換句話說，初始連結阻礙了人類發展為自由、自決且具有生產性的個體。雖然如此，這其中還包含一個面向：與自然、家族、宗教的緊密結合讓個人感到安全。個人覺得自身從屬並根植於某個具有完整結構的整體，身在其中將享有穩固的地位。雖然在這個整體中，他也可能感覺飢餓或壓抑，但並不會遭受最嚴重的折磨，亦即徹底的孤立與懷疑。

我們可以發現人類自由的發展也跟個體成長的歷程，有著相同的辯證特質。一方面，人類自由的發展在於逐漸增強的力量與整合性、對自然的掌控力、理性能力的茁壯，以及與他人之間的團結。但另一方面，個體化發展意謂著內心逐漸高漲的孤立與不安，個人因此懷疑自己在整體世界中所扮演的角色、懷疑生命的意義，並進一步對個體獨立存在的事實產生益發嚴重的無力感與無意義感。

如果人類的發展過程按部就班順利進行，那麼人類發展的兩個面向——逐漸增加的力量與逐漸成熟的個體化——就能得到平衡的發展。然而事實是，人類的歷史充滿對立與鬥爭，個體化的每一步都可能帶來新的不安全感。一旦切斷初始連結便無法修補，一旦離開天堂樂園便無法折返。要修補個體化後人類與世界的關係，只有一個有效的解決方式，那就是對全人類展現積極的向心力，個人透過自發性的活動、愛與工作，使自身再次與世界建立連結；這種連結不是初始連結，而是以成為自由獨立的個體作為出發點的連結方式。

然而，經濟、社會與政治條件若無法在個體化過程中提供適當的基礎，加上個人失去提供安全感的初始連結，這種落差就會使自由變成一種令人無法忍受的負擔。人會開始產生懷疑，生命也缺乏意義與方向，因此強烈渴望逃避自由而甘願屈服權威，拚命尋求與他人或世界的連結，使自身免於各種不確定感，即使這等同犧牲了自由。

自中世紀結束後，歐洲與美國的歷史就是一部完整的個體化發展史，這段歷史肇始於義大利的文藝復興，而在今日社會發展到巔峰。人類花了四百多年徹底終結中世紀社會的束縛，從眾多的外在制約中獲得解放。然而，雖然個體在多方面漸次發展（如心理或情感能力的增長，文化發展尤其達到前所未見的高度），然而「免於受某事物侵擾的自由」與「可以進行某事物的自由」之間的落差也逐步擴大。個人雖然不必再受到外在條件的約束，卻也欠缺能實現積極自由與完整個體的機會，這使得近代歐洲社會有太多人驚恐地希望逃避自由，或開始對自身所擁有的自由漠不關心。

若要研究「自由」對現代人的意義，我們應該先分析歐洲的文化場景，特別是中世紀以降到當代社會的這段時期。此時期，西方社會的經濟環境歷經了激烈的變革，伴隨而來的是人類性格結構的大幅轉變。新的自由觀念於此時形成，並在宗教改革的教義中找到最鮮明的意識形態表現。要理解當代社會所謂的「自由」，必須從宗教改革時期著手，因為人類在此時奠定了現代文明的基礎，這個時期是現代人成形的關鍵階段，比任何後來的時代都更清楚地讓我們看見自由所具有的曖昧意義——這種自由貫穿整個現代文化。一方面，人們逐漸擺脫外在權威的掌控，另一方面，人們所感受到的孤獨感逐漸加深，導致個人對自身產生無意義感與無力感。要研究現代人的人格特質，便必須研究這些特質的起源，因為從根本上分析資本主義與個人主義的核心特徵，我們便能將其與另一種在本質上與我們截然不同的經濟制度與人格類型進行對比。

在本書後續的討論中，我們會發現宗教改革時期與現代社會的相似性。事實上，這兩個時期儘管存在顯著的差異，但是自十六世紀以降，還沒有任何時期的社會在自由意義的分歧上，比這兩個時期更為相似。宗教改革成為人類自由與自律的根基，正如同現代民主社會對這兩個概念所做出的貢獻。然而，眾人紛紛強調這個面向，卻讓另一個面向受到嚴重的忽視（尤其在非天主教國家），亦即這些社會所造成人性的軟弱、對自身的不重視與無力感，以及屈從於外在權威的必要性。這些個人的無價值感、心理上完全無法依賴自己，以及屈從外在權威的需求等，都是希特勒意識形態的訴求，然而新教教義卻漠視了這些個人自由與心理現象。

上述關於宗教改革時期與當代社會在意識形態上的相似，並非我們要藉由研究十五、六世紀的社會現象，來對當代社會有所理解的唯一原因。這兩個時期的社會還存在另一個十分重要的相似點，我將試著說明，這種相似如何導致思想與心理上的一致性。在現代社會中，經濟與社會組織的革命性變化在在威脅著大多數人的傳統生活方式；尤其是今日社會的中產階級，他們的生活嚴重受制於各大壟斷企業的權力與大資本家的優勢，這種情況讓社會中受制約的個人強烈感受到孤獨與微不足道，從而對社會精神與意識形態產生重大的影響。

第三章

宗教改革時期的個人自由

一、中世紀社會與文藝復興

我們往往對中世紀社會[1]抱持兩種扭曲的看法。現代理性主義將中世紀時期視為實質上的黑暗時代，它指出，中世紀社會的人普遍缺乏自由，少數人對廣大的百姓實施剝削，以狹隘的眼光將鄉野農民視為對城市居民有危險的可疑陌生人（更遑論住在其他遙遠國度的人），以及發展出各種迷信與無知等行為表現。而另一方面，中世紀時期大抵被極端保守的哲學家與現代資本主義的先進批評家給過度理想化了。他們強調中世紀社會的團結意識、經濟活動完全從屬於人類實際的需求、直接而具體的人際關係、跨越國家民族界線的天主教教會，以及專屬於該時期個人的安全感等。其實，這兩種關於中世紀的描述都沒有錯，只是都過於偏於一端，而忽視另一端。

相較於現代社會，中世紀社會最大的特點就在缺乏個人自由。中世紀早期，每個人都被在社會中所扮演的角色牢牢綑綁。個人無法改變自己的社會階層，甚至不能在不同城市或國家之間遷徙，必須永遠居住在出生地，幾乎毫無例外。他甚至無法自由選擇穿著和食物。工匠必須以特定的價格販賣商品，農人必須在特定的場所（例如城鎮的市集）進行買賣。同業被禁止洩露商品的工藝機密給非同業者，並被迫在同業之間分享較低廉的原物料來源。個人、經濟與社交生活都被規範與義務嚴密地掌控，沒有任何活動領域得以豁免。

然而，中世紀社會的人雖未享有現代意義的自由，卻不致感到孤單與孤立。由於每個人打出生起便在社會中擁有明確具體的穩固位置，並扎根於整體社會結構，因此人生中不曾預留空間給任何不確定感，實際上也沒那個必要。一個人的身分等同於他在社會中擔任的角色；他是農夫，是工匠，是騎士，而不是一個恰巧從事某種職業的個人。社會秩序被視為自然秩序，個人身在其中以獲得安全與歸屬感，競爭關係相對來得少。人一出生便進入特定的經濟地位，藉由被傳統所決定的謀生方式而獲得生活的保障，同時也對社會高階者負有經濟上的義務。事實上，在他所處的社會階層中，還是可以在

1 在論及「中世紀社會」、「中世紀精神」與「資本主義社會」等詞彙時，我們通常使用假設性的分際。事實上，所謂中世紀當然不會忽然在某個時間點消失，而現代社會則在那個時間點突然出現。現代社會中獨有的經濟與社會力量在十二、三、四世紀的中世紀社會已經處於發展階段，中世紀晚期，資本家所扮演的角色越來越重要，城市中社會階級的對立也益發嚴重。歷史進展總是如此，取代舊社會體系的新社會體系中所有的元素，都會在之前的舊社會體系就已經開始發展。儘管我們不應忽視究竟有多少現代元素早已存在於中世紀社會，又有多少中世紀時期的老舊元素繼續留存於現代社會，但若過度強調這其間的連續性，進而否定中世紀社會與當代社會之間存在著任何重大差異，甚至拒絕使用如「中世紀社會」與「資本主義社會」等概念、將之視為非科學性建構，都會阻礙歷史進展理論的解讀。這種做其實是躲在科學客觀與真確的面具下，將社會研究化約為純粹蒐集大量的細節資料，阻礙了人們去理解特定的社會結構及動態發展。

工作或與情感生活方面擁有表達自我的自由。中世紀社會裡的人雖然並未享有現代意義的「個人主義」，無法在眾多生活方式中自由挑選自己喜歡的（即使這項自由在很大程度是抽象的），卻在真實生活中擁有極為具體的「個人主義」。

當時的人們承受著不少苦難，教會藉由將這些痛苦解釋為來自於亞當在伊甸園所犯下的人類原罪，以誘使人們接受這個說法。天主教教會在人民心中散播罪惡感，但又向人們保證每個教會子民都擁有教會無條件的愛，並提供一種求得上帝寬恕與愛護的堅實信念。人與上帝之間的關係是信與愛，而非疑惑與恐懼。正如同多數鄉村與城市居民的生活圈，幾乎不曾超出他們各自的地理範圍，整個宇宙也同樣顯得有限且單純、易於理解。地球與人是整個宇宙的中心，天堂與地獄是生命的最後歸屬，人從出生到死亡的所有行為在因果關係下都顯得如此清晰而透明。

這樣結構化的社會體系雖然給予人安全感，卻也將人給束縛住了。這種束縛與後來幾世紀的極權主義統治與壓迫所造成的束縛不同。中世紀社會並未剝奪個人的自由，因為當時所謂的「個人」尚未存在；個人與外界依舊保持著初始連結。個人並未將自己視為獨立的個體，僅透過所扮演的社會角色（在當時也是個人與生俱來的角色）來看待自己，而且也同樣不會將他人視為獨立的個體。闖進城裡的農夫會被視為陌生人，而即使住在同一個城鎮，不同階層的人也會將其他群體視為陌生人。將個人自我、他人與世界視為各自獨立實體的想法，在當時尚未出現。

關於中世紀的人普遍缺乏自我意識，柏克哈德在對中世紀文明的描寫中有一段經典的敘述：「中世紀時期人類意識的兩個面向——對內在自我與對外在世界——都在這共同的帷幕下呈現睡眠或半夢半醒的狀態。這個帷幕是由個人信念、錯誤觀念與幼稚的偏見編織而成，讓整個世界與人類歷史都蒙上一層怪異的色彩。個人只將自我視為種族、民族、黨派、家庭或機構的一員，也就是說，個人將自身視為某個公眾領域的一分子。」[2]

社會結構與個人性格到了中世紀晚期有了變化。中世紀社會典型的團結氣氛與中央集權日漸式微。各類資本、個人經濟主動權、人我之間的競爭都顯得益發重要；新的富有階級於焉誕生。「個人主義」在當時社會各階層萌芽，影響遍及品味、流行、藝術、哲學與神學等生活領域。在此，我必須強調這整個發展過程對那些為數不多的富人與多金的資本家代表著某種意義，而另一方面，這種態勢對為數眾多的農人、尤其是城市的中產階級來說，又有著不同的意義——這表示他們有機會享有財富，並實現所欲追求的願景，但也無可避免地威脅到他們原來的生活方式。在後續的探討中，我們必須牢記這項差異，因為上述幾種不同位階者在心理機制與意識形態上對社會變革所產生的回應，都取決於這項差異。

2 參見柏克哈德（Jacob Burckhardt）所著《義大利文藝復興時期的人類文明》（*The Civilization of the Renaissance in Italy*, The Macmillan Co., New York, 1921, P.129）。

經濟與文化的新發展在當時的義大利顯得特別突出，較之其他西歐與中歐國家，義大利在哲學、藝術與整體生活型態都出現了直接而顯著的回響。在義大利，個人第一次從封建體制掙脫出來，打破了原本給予他安全感、卻也令他窄化的約束關係。依照柏克哈德的說法，文藝復興時期的義大利人成為「現代歐洲所孕育出的第一批新生兒」，亦即第一群真正的「個人」。

在諸多經濟與政治因素的交互影響下，義大利才可以比其他西歐與中歐國家更早脫離中世紀社會。例如，義大利憑藉著優越的地理位置形成貿易的優勢——當時地中海是歐洲極為重要的貿易路線；教宗與皇帝之間的戰爭最後演變成為數眾多的獨立政治體；以及，因為義大利離東方世界較近，因此比歐洲其他地區更早接觸到如絲織工業等重要技術。

綜上所述，義大利社會出現了強而有力的富有階級，這些階級成員洋溢著主動進取的精神、旺盛的權力欲，以及遠大的抱負。封建社會的階級分際變得不那麼重要了，從十二世紀開始，貴族與自治城鎮居民就共同居住在城內，社交活動逐漸打破了階級差異，出生與血統遠遠不如實質的財富來得重要。

另一方面，傳統社會階級也動搖了，受剝削的都市民眾與遭政治壓迫的工人成為這個階級的代表。正如柏克哈德所指出的，早在一二三一年，腓特烈二世的政治策略就是「徹底摧毀封建制度，將人民轉變為缺乏自我意志與反抗工具的群眾，並使國庫達到最大可能的豐饒程度。」[3]

對中世紀社會結構進行如此激烈破壞的結果，讓現代所謂的「個人」於焉浮現。我再次引用柏克哈德的話：「義大利是第一個拆除這層（由個人信仰、錯誤觀念與幼稚偏見編織而成的）帷幕的社會；人們逐漸能客觀對待並思考這個國家，以及世上所有的事物。同時，個人也開始主張自身權利具有重要的地位，人在心靈上成為獨立的個體，並以這種方式看待自己。正如希臘人曾將自身區別於野蠻族群；阿拉伯人也同樣視自身為獨立的個體——而當時其他亞洲地區的人都還只將自己視為某個種族的成員之一。」[4]柏克哈德對這種新個體的描述恰恰指出我們在前文所談到的「個體擺脫初始連結而存在」。人們發現自己和別人都是一個「個體」，都是分開的實體；也藉由將自然視為理論與實際主宰，甚至是享樂的對象，來認定「自然」是與自身不一樣的存在。人們發現了整個世界，這種類似「發現新大陸」的態度不但帶來實用的價值，也在精神面發展出一種世界性，亦即但丁（Dante）所說的「我的國家就是全世界」[5]。

文藝復興屬於有權有勢的上層階級文化，而上層階級正身處由新經濟勢力的暴風雨所挑起的浪尖上。一般百姓並未分享到統治階級的財富與權力，而且由於他們喪失了往昔的安全感，變成一群沒有明確地位的人，時而受到奉承，時而受到威脅——但永遠脫離不了當權者的操縱與剝削。新個人主義

3 同前註釋所引用之著作，P. 5。
4 同前註釋所引用之著作，P. 129。

伴隨新專制政體的出現，使得自由與暴政、個體性與失序感無可避免地交織在一起。文藝復興並不屬於小店老闆或中產階級，而屬於富有貴族與自治城鎮居民的文化。社會的經濟活動與財富賦予這些人一種自由感與個體意識，但也讓這些人失去了一些東西：中世紀社會結構所提供的安全感與歸屬感。這些人的確更自由，卻也更孤單了。他們利用權力與財富從生命中榨出最後一丁點快樂；為此，他們必須殘酷無情地使出包括身體虐待或心理操控等各種手段來統治大眾，並阻擋自己階級中的競爭者上位。為了維護自身的權力與財富，一切人際關係都轉為激烈的生死鬥爭。與同胞（或至少同階級的成員）之間的團結感被憤世嫉俗的分離感所取代；他們更將其他人視為可以任由自己利用與操控的物體，或是為達目的可以毫不猶豫加以摧毀的東西。人們完全被狂熱的自我中心與永不饜足的財勢貪欲所淹沒。連帶的，那些成功者跟自我的關係、安全感與自信心也受到毒害。對他們而言，自我與別人對他們來說都一樣，只是一個可以拿來操控的對象。我們有理由懷疑，文藝復興時期資本主義下的權力掌控者，是否真如史料所描述的那麼快樂以及那麼地有安全感。新自由似乎為他們帶來兩樣東西：日漸增加的力量感，以及日漸增加的孤立、懷疑、不信任[6]與焦慮，這就是我們在人道主義者的哲學作品中所發現的矛盾，他們的哲學中強調人類尊嚴、個性和力量，卻也展現出強烈的不安與絕望心情[7]。

這份潛在的不安，源於個人在充滿敵意的世界中處於孤立的位置，就像柏克哈德所言[8]，這份不安全感有助於我們理解，為何會出現一種性格特質，它是文藝復興時期個人所特有的，而在現代人身

5 柏克哈德的理論獲得許多學者的認同，並加以發展，但同時也受到許多學者的強烈駁斥。迪爾希（W. Dilthey）的*Weltanschauung und Analyse des Menschen seit Renaissance und Reformation*與凱希爾（E. Cassirer）的文章"Individuum and Cosmos in der Philosophie der Renaissance"在這點上有相同的論述方向。另一方面，柏克哈德受到某些學者的猛烈抨擊。休辛格（J. Huizinga）在*Das Problem der Renaissance in Wege der Kulturgeschichte*等著作中，對柏克哈德提出下列批評：他低估了義大利與其他歐洲國家的人民在中世紀晚期生活樣貌的相似性；他假定文藝復興大約肇始於一四〇〇年左右，但所引用的材料卻多取自十五世紀與十六世紀初期。他低估了文藝復興時期的基督教文化特質，同時過度強調文藝復興中的異教元素。他將個人主義視為文藝復興文化中最主要的特徵，然而那僅只是眾多特質的其中之一。實際上，中世紀社會並不像柏克哈德所描述的那麼欠缺個體性，因此，將中世紀社會與文藝復興時期相提並論是非常不恰當的。事實上，文藝復興時期與中世紀社會一樣崇尚權威；中世紀社會並非那麼敵視世俗享樂，而文藝復興時期亦不如柏克哈德所假定的那樣樂觀。現代人所擁有的各種心態，例如對個人成就的追逐與對個體化的發展等，在文藝復興時期都還處於尚未發芽的種子階段；吟遊詩人早在十三世紀就已發展出對個人心靈的崇敬態度，然而文藝復興時期並未打破中世紀的惡習，亦即個人對社會較高位階者必須保持尊敬與提供服務。

然而，在我看來，即便上述批評在細節上都是正確的，卻不至於讓柏克哈德的論點失去說服力。休辛格的論證遵從著這項原則：柏克哈德之所以是錯的，因為他所敘述的專屬文藝復興時期的現象早已存在於中世紀晚期的中歐與西歐各地區，甚至有些現象要到文藝復興時期結束後才會發生。同樣的論證模式也曾被拿來批判對中世紀封建制度與當代資本主義社會進行對比的所有概念；這樣的論證對於批判柏克哈德者的論述內容亦同樣有效。柏克哈德即便在數量上指出中世紀社會與文藝復興時期的主要差異，但他描述的是那些差異的質量層面；在我看來，柏克哈德清楚指出歐洲歷史變動潮流中的獨特處與動態發展的過程，並非在數量的層面，而在質量的層面。關於此問題亦可參見權克豪斯（Charles E. Trinkhaus）的《逆境中的高貴人士》（*Adversity's Noblemen*），其中包含對柏克哈德論述的建構式批判，透過分析義大利式人文主義說明人生幸福問題的各種觀點。關於本書探討的主題，他的論述亦涵蓋了因為個體在發展過程中遭遇到漸增的競爭性奮鬥而導致的不安全感、屈從權威，以及絕望感。

上卻已不那麼明顯：那就是對名聲的強烈渴望。如果人對生命意義開始產生懷疑，如果人與他人或與自身之間的關係無法為自己帶來安全感，那麼擁有一個好名聲，將有助於減少這份憂慮。「個人名聲」的作用就好比不朽的埃及金字塔或永生的基督教信仰，可以將個體生命從局限與不確定性中提升到永恆不滅的層次。如果一個人的盛名可以為當代人所熟知，甚至流傳好幾個世紀，那麼這個人的生命就可以藉由他人在不斷的回顧與受到影響中找到意義。很明顯地，上述這種解決不安感的方法，僅適用於真的有辦法出名的社會族群，而無法適用於身處同文化卻毫無權力的一般大眾，也不適用於城市的中產階級。後文中，我們將指出中產階級最終成為宗教改革的骨幹。

本章的討論從文藝復興時期著手，不但因為這個時期是現代個人主義的起點，也因為歷史學家對這個時期的研究，相當有助於本書關注人類發展——人類由「前個人主義式的存在」轉變為完整意識到自身乃獨立個體的過程——的企圖。儘管文藝復興時期的諸多概念對歐洲思潮的發展有不小的影響，但現代資本主義的主要根基及經濟架構或基本精神，並沒有出現在中世紀晚期的義大利文明，而存在於中歐與西歐的經濟與社會情境之中，以及出現在路德（Luther）教派與喀爾文（Calvin）教派的神學教義之中。

這兩項文明最主要的差異點在於：文藝復興時期展現了相對來說高度發展的商業與工業化的資本主義；這個時期的社會基礎由一小群有錢有權的人掌控並建立，而哲學家與藝術家則表現出此時期所謂的文化精神。另一方面，宗教改革的主要參與者是城市中產階級與下層階級，甚至包含居住在城市圍牆外的農人。儘管德意志帝國境內也有相當富裕的商人，例如富格爾家族（Fuggers），但他們並非新宗教教義訴求的對象，也不是現代資本主義得以發展的主要來源。如同韋伯所指出的，事實上，城市中產階級最後成為現代西方世界資本主義發展的主要骨幹[9]。由於文藝復興與宗教改革產生於完全不同的社會背景，我們應該將之視為不同的基本精神[10]，當我們討論到路德教派與喀爾文教派的教義時，會稍微提及兩者的相異之處。我們的重點將聚焦於對個人束縛的解放如何影響城市中產階級的性格特質；並試著呈現新教教義與喀爾文教義在表達新自由觀的同時，也讓人們逃離了自由所帶來的負擔。

首先，我們必須探討十六世紀初的歐洲（尤其是中歐）的經濟社會結構，再分析這樣的結構對生活於該時期的人在性格上產生哪些影響；路德教派與喀爾文教派的教義又對當時人們心理產生哪些影

6 參見前註所引休辛格之著作P. 159。
7 迪爾希對佩脫拉克（Petrarch）的研究，參見前註釋所引迪爾希的著作P. 19，以及權克豪斯的《逆境中的高貴人士》。
8 同前註釋所引用柏克哈德之著作P. 139。
9 參見馬克斯・韋伯（Max Weber）所著《新教徒的倫理和資本主義的精神》（*The Protestant Ethic and the Spirit of Capitalism*, Charles Scribner's Sons, New York, 1930, P. 65）。
10 參見特洛爾奇（Ernst Troeltsch）所著《文藝復興和改革》（*Renaissance und Reformation*, Vol. IV, Gesammelte Schriften, Tübingen, 1923）。

響；以及這些新興宗教之教義對資本主義精神造成什麼樣的影響。[11]

在中世紀社會，城市的經濟體制相對穩定。工匠在中世紀晚期已經開始組織各種同業公會，每位專業師傅會招收一到兩名學徒，而師傅的數量取決於社會大眾生活所需。即便社會中總有人必須奮力掙扎才能求得溫飽，但大體來說，幾乎所有公會成員都能依靠自己的勞動來確保生活無虞。若他能製作出品質良好的椅子、鞋子、麵包或馬鞍，就算完成了確保生活無虞的必要勞動。此外，他的生活品質取決於依據傳統而來的社會地位。如果我們在此並非以神學意義去理解所謂的「好的勞動」（good works，或說「良好的事功」），而只單純視之為經濟意義，那我們可以說當時的個人可以依賴「好的勞動」而生活。各個同業公會弭平了同業之間的競爭，並在許多方面加強成員之間的合作，諸如原料採買、生產技術及制定商品價格等。有些學者將這類公會體制與中世紀的整體生活方式給過度理想化了，但也有些歷史學家指出，中世紀的公會制度帶有壟斷色彩，試圖保護少數人的利益，並排斥新的成員。然而，大多數學者都同意，即使不過度理想化這樣的公會體制，這個體制的確奠基於成員之間的相互合作，而且也為成員提供了相當程度的安全感[12]。

如同桑巴特（Sombart）所言，中世紀的貿易行為普遍來說是由眾多非常小資本的商人所組成。當時的商業活動尚未區分零售與批發業，即便如德國北部的漢薩同盟（Hanse）等跨國性貿易家，也都經營著零售生意。直到十五世紀末，資本積累的速度還相當緩慢，因此，相對於大資本與壟斷性商業活動已占有相當重要性的中世紀晚期，中世紀早期的小資本商人還擁有相當程度的安全感。關於中世

11 後續關於中世紀晚期以及宗教改革時期的經濟史論述，主要參考以下著作：

- 朗普瑞齊（Lamprecht）, *Zum Verständnis der wirtschaftlichen und sozialen Wandlungen in Deutschland vom 14. Zum 16. Jahrhundert*, Akademische Verlagsbuchhandlung J. C. B. Mohr, Ztsch. für Sozial- und Wirschaftsgeschichte, Freiburg i.B. und Leipzig, 1893。
- Ehrenberg, *Das Zeitalter der Fugger*, G. Fischer, Jena, 1896.
- Sombart, *Der Moderne Kapitalismus*, 1921, 1928.
- v. Below, *Probleme der Wirschaftsgeschichte*, Mohr, Tübingen, 1920.
- 庫里斯契（J. Kulischer），*Allgemeine Wirschaftsgeschichte des Mittelaters und der Neuzeit*, Druck und Verlag von R. Oldenbourg, München und Berlin, 1928。
- Andreas, *Deutschland vor der Reformation*, Deutsche Verlags-Anstalt, Stuttgar und Berlin, 1932.
- 馬克思・韋伯所著《新教徒的倫理和資本主義的精神》。
- 史卡皮羅（Schapiro），《社會重建與宗教改革》（*Social Reform and the Reformation*），Thesis, Columbia University, 1909。
- 巴斯卡（Pascal），《德國宗教改革的社會基礎，馬丁・路德和他的時代》（*The Social Basis of the German Reformation, Martin Luther and His Times*, London, 1933）。
- 唐尼（Tawney），《宗教和資本主義的興起》（*Religion and the Rise of Capitalism*, Harcourt, Brace & Co., New York, 1926）。
- Brentano, *Der wirtschaftende Mensch in der Geschichte*, Meiner, Leipzig, 1923.
- Kraus, *Scholastic, Puritanismus und Kapitalismus*, Dunker & Humblot, München, 1930.

12 參見庫里斯契針對此問題所引述的文獻，同前註釋所引用之著作，P.192及其後數頁。

紀時期的城市生活，唐尼指出：「現代社會由機械所進行的眾多勞動在中世紀時期多半由個人的力量完成，而且，根據個人勞動的標準程度，以及禁止人們將經濟利益當作根本訴求等規定，皆使得規模龐大的商業組織無法存在。」[13]

要理解中世紀社會的個人處境，以上論述說明了一個重點——即這個時期**經濟活動的倫理觀**。這個觀點不只存在天主教教義中，也存在於世俗律法。假若唐尼並未將中世紀社會給理想化或浪漫化，那我們或可採用他的觀點。他認為中世紀的經濟生活有兩項基本假定：「人們對經濟活動的興趣，只附屬於真正的人生大事（亦即靈魂得到救贖）之下，以及，經濟活動只是個人活動的面向之一，與其他面向一樣，都必須受到道德規範的約束。」

唐尼繼續闡釋中世紀社會的經濟活動觀：

物質財富的豐足是必要的，因為物資具有輔助性的重要地位，若缺了它們，人們將無法支撐生活，也沒有能力去幫助別人……。但追求經濟能力的動機卻不盡然可信，因為這種力量強大的欲望或許令人感到害怕，但人們也沒卑微到要讚許這種欲望……。我們看待中世紀的經濟活動時，絕不能不考慮道德目的。如果中世紀的社會研究奠基於這樣的預設：「人們對經濟獲利的欲望，可以看作持續且重要的推力，就好像其他的自然力量，有著無可避免且不證自明的地位」，那麼研究中世紀社會的學者一定會認為，這種預設非常不合理而且不道德，就好像假定社會哲學完全起源於好鬥與性衝動等人類的必然本性一樣……。

正如同聖安東尼奧（St. Antonio）所言，是財富為人而存在，而不是人為財富而活。……因此，處處都有規範、限制與警示，要人不可因為經濟欲望而干擾了宗教倫理。社會允許人追求符合自己身分地位的適當財富，但人如果想追求更多財富，那就不是進取，而是一種貪婪了，貪婪是致命的罪孽。貿易行為是合法的；不同國家擁有不同資源，便證實了上帝允許貿易行為的存在，但這是一項危險的事。人們必須確保貿易行為所追求的是公眾利益，個人在其中的獲利不能超過勞動的報償。私有財產是必要實行的制度，至少在墮落的世俗裡，當財產是私有而非公有時，人們會比較努力工作並減少爭奪。但這只是對人性弱點的讓步，不應視為本身可取而加以讚揚。最理想的社會狀態還是共產主義——如果那符合人類天性的話。格拉提安（Flavius Gratianus，359-383，西羅馬帝國皇帝）在教令中寫道：「地球上所發現的資源應由所有人類共同使用。」社會頂多只能對財產私有進行某種程度的管控。社會資產必須合法取得，並盡可能讓最多數的人共同享有，也必須用來幫助貧苦，達到最普及的使用程度。擁有資產者應該隨時準備將資產分享給需要的人，就算那些人並非真的赤貧[14]。

13　參見前註所引唐尼之著作P.28。

14　參見前註所引之著作P.31及其後數頁。

上述內容雖然只表現中世紀的經濟規範，而非經濟生活的確切寫照，但卻多少反映了那段時期真正的社會精神。

中世紀時期城市特有的工匠與商人地位相對穩定的現象，到了中世紀晚期漸漸式微，至十六世紀完全崩解。早自十四世紀（或者更早），同業公會的內部便開始出現某些分化，儘管有來自各方的約束和規範，但情勢已無法挽回。有些公會成員較其他成員擁有更多資本，他們可以僱用五到六名學徒工（journeyman，熟手工人），而非原本的一到兩名。不久，某些公會只允許擁有一定資本額的人加入，更有些公會本身成為權力的壟斷者，試圖透過壟斷的地位，竭盡所能剝削消費者，賺取每一分利潤。反之，許多公會成員越來越窮困，必須在傳統行業之外努力掙錢——通常他們會身兼小商人來謀生，許多人拚命固守經濟獨立的傳統理想，卻失去了經濟獨立與安全感。[15]

與上述公會演變相關的現象是，學徒工的處境每況愈下。義大利與法蘭德斯（Flanders）地區在十三世紀或更早之前，就已存在許多對處境不滿的工人，但公會中的學徒工當時還保有相對穩定的地位，雖然並非每個學徒工最後都能成為師傅，但有很多人的確成功晉升。然而，當一個師傅手下的學徒工人數變多時，學徒工便需要擁有更多資金才能當上師傅，而當公會展現更強烈的壟斷與排外特質，學徒工的機會就相對顯得更少了。學徒工在經濟與社會地位上的惡化，釀成與日俱增的不滿心態，他們開始組成各種組織、進行罷工，甚至暴力造反。

上述關於同業公會中資本主義漸次發展的情況在貿易活動中更加明顯。中世紀時期的貿易活動主要是以小規模的形式在城鎮之間進行，然而到了十四、十五世紀，全國及國際性貿易活動迅速成長。即便歷史學家對大型貿易公司何時開始發展頗有爭議，但他們都一致同意，到了十五世紀，這些大型貿易公司越來越強大有力，而且具有壟斷性地位，並倚仗雄厚的資本對小商人與消費者造成威脅。皇帝西吉斯蒙德（Sigismund）在十五世紀施行的改革，便試圖透過立法來控制這些壟斷者的權力，但小商人的地位還是越來越沒保障，他們的影響力「僅能讓人聽到他們的抱怨，卻不足以促成任何作用」[16]。

關於小商人對壟斷者所抱持的憤慨與怒意，在路德於一五二四年出版的小冊子《論貿易與高利貸》（On Trading and Usury）[17]中出現有力的控訴：「那些壟斷者掌控了全部商品，毫不掩飾使出那些已被人看穿的詭計；他們隨心所欲降低或提高商品的售價，打壓並摧毀所有小商人，就好像用長矛輕鬆刺殺水中的小魚一般，把自己當成上帝創造物的主人，完全不遵守一切關於信仰與愛的法則。」路德的這番話，看起來彷彿是今天才寫的。十五、十六世紀的中產階級對富裕的壟斷者所抱持的恐懼

15 參見註所引朗普瑞齊之著作P. 207；以及Andreas所引之著作P. 303。

16 參見前註所引史卡皮羅之著作P. 59。

17 參見《馬丁．路德作品集》（*Works of Martin Luther*, A. J. Holman Company, Philadelphia, Vol. IV, P. 34）。

與憤怒，在許多層面上都類似於今日中產階級對壟斷性企業與大資本家所抱持的態度。

中世紀晚期，資本在工業中扮演的角色日益重要。一個明顯的例子是採礦業。採礦公會中的每位成員原本能依據勞力付出的多寡，獲得相對的利潤分配，但到了十五世紀，許多利潤都被那些沒有親身參與工作的資本家所獨占。更多的情況是，真正做事的工人只能領到微薄的薪水，而無法享受應得的利潤分配。同樣的資本主義色彩也出現在其他行業，在同業公會與貿易活動中，資本所扮演的角色越來越重要，這導致一個很明顯的趨勢：窮人與富人之間的分裂漸漸嚴重，貧窮階級的不滿也日趨強烈。

雖然有歷史學家對當時農民的處境抱持不同的看法。然而，下文所引史卡皮羅（Schapiro）的分析，似乎得到多數歷史學家的支持：

儘管有許多證據證實當時的社會繁榮，但是農民的處境卻急遽惡化。在十六世紀初，幾乎沒有農民是他們所耕作土地的獨立擁有者，或在當地議會擁有代表席次，而這兩項要素在中世紀時期原是階級獨立與平等的象徵。絕大多數的農民變得像農奴（Hoerige）一樣，雖然擁有人身自由，卻必須為土地繳稅，而且依據協議提供勞役服務……。這些農奴實際上是農業發展的主要骨幹。屬於中產階級的農人居住在地主莊園附近的半獨立式社區，他們意識到漸增的稅金與勞役幾乎讓他們成了奴隸，而村落的公有地根本等同地主自己的領地。18

上述資本主義的經濟發展讓群眾的心理氣氛產生重大轉變。中世紀末，一種焦躁不安的精神逐漸在生活中蔓延開來，當代意義的「時間」觀念逐漸成形，每分每秒都變得別具意義；這種新時間觀念的徵候之一是，從十六世紀開始，紐倫堡（Nürnberg）所生產的時鐘在每一刻都會敲響報時[19]。享有太多假日逐漸被視為一種不幸。時間是如此寶貴，因此不應浪費在沒有用處的地方；工作越來越顯得價值崇高。這種對工作的新態度，使得中產階級開始對不事生產的教會組織感到憤怒，至於在經濟上只能依靠他人奉獻的神職人員更是遭人怨恨，也被認為是不道德的。

在此時期，「效率」這個概念成為人類生活中最崇高的美德，財富與物質成就也變成誘人的行為動機。傳教士巴茲爾（Martin Butzer）說道：

整個世界都在追求能帶來最多財富的貿易活動與工作。人們不再沉浸於藝術與科學研究，而投入最基本的體力勞作。上帝為人類創造了聰明的腦袋，賦予人類優秀的能力來從事高尚的研究，但

---

18 參見前註所引史卡皮羅之著作P. 54與55。

19 參見前註所引朗普瑞齊之著作P. 200。

現在所有人只想著做生意賺錢，這其中充斥著不忠與欺詐，是君子最不應從事的行業。[20]

經濟變革明顯影響到身處該時期的每一個人。中世紀的社會體系遭到破壞，連帶的，該體系所帶來的穩定與安全感也蕩然無存。資本主義的出現讓所有社會階級開始浮動，在這樣的經濟秩序中，人不再享有可被視為理所當然且無庸置疑的穩定地位。個人備受孤立；**每個人的成就都得靠自己努力才能有所得，而非來自傳統身分的保障**。

然而，不同階級所受到的影響也有所差異。對於城市的貧窮者、工人與學徒來說，經濟變革代表剝削與貧困；而對農民來說，則代表了經濟與個人的壓力倍增；至於低階貴族，他們也以不同方式遭遇社會地位的喪失……。總之，新的發展無疑使這些人的處境變得更糟。不過這種變化對城市中產階級來說，情況則複雜多了。前文提及中產階級的貧富差距越來越大，大多數的人落入越來越差的困境。許多工匠與小商人被迫面對擁有優勢的壟斷者及資本雄厚的競爭者，要維持自身的經濟獨立益發艱難。他們常得對抗壓倒性的強勢力量，但那往往是孤注一擲又無望的戰鬥。另有一部分的中產階級生活變得較為寬裕，他們投入正在起飛的資本主義所帶來的富裕潮流，但是，隨著資本、市場與競爭在社會所扮演的角色吃重，這群幸運者也開始感到不安、孤立與焦慮。

此時期資本開始具有決定性地位，這意味著有一股超越個人的力量正主宰著人類個體的經濟態勢與生活。資本「不再只是人類的奴僕，反而變成人類社會的主宰。它具有獨立的生命力，擁有足以支配人類社經結構的力量，而經濟結構必須運作於它所設定的嚴格條件之下」。[21]

市場的新功能也有類似的效果。相對來說，中世紀社會市場比較小，運作模式單純，需求與供應的關係具體而直接。生產者可以約略知道應該生產多少商品，也可以確定商品能以何種價格售出。但如今，生產者必須提供商品給更大規模的市場，而且無法預訂可能的售價。在這種情況下，人們已經不能只生產確定有利潤的商品——雖然這是商品銷售的必要條件。實際上，無法預料的市場法則才是決定商品是否能賣出，以及能回收多少利潤的關鍵。新的市場機制似乎符合喀爾文教義中的「得救預定論」（predestination）。該教義認為個人必須竭盡所能行善，但每個人最終能否得到救贖，都是早在出生前就已經註定好的。市集日變成人們努力生產的商品的最終審判日。

上述社會背景還存在另一項重要元素：個人之間越演越烈的相互競爭。當然，中世紀社會並非完全沒有競爭，只不過封建社會的經濟體制基本上奠基於合作原則，為了約束個人之間的競爭，經濟活動受到各種規範的管理，甚至嚴格掌控。隨著資本主義興起，這些中世紀原則紛紛退場，取而代之的是個人主義式的強烈進取心。每個人都必須努力往前衝，著手碰運氣。他必須力爭上游，否則就會被潮流淹沒。同行業者不願互相結盟，而成為彼此的競爭對象，個人在這其中面臨到不是摧毀別人，就

---

20 參見前註所引史卡皮羅之著作P. 21與P. 22。

21 參見前註所引唐尼之著作P. 86。

是被別人摧毀的處境。22

當然，關於資本、市場與個人競爭等元素，在十六世紀的重要性並不如往後那樣被看重，然而在這個時期，現代資本主義中所有的關鍵元素均已陸續出現，同時也對個人造成心理層面的影響。

以上說明了資本主義對社會所造成的面向，但還有另一個面向，也就是資本主義解放了個人。資本主義使人從合作體系的掌控中脫離，讓人能依靠自己的努力與運氣去發展未來。個人成為自身命運的主宰，他必須獨立面對各種風險，也享受所有的收成。憑藉努力可以使個人獲得成功與經濟獨立的地位，相較於出身背景與社會階級，金錢更能使每個人擁有平等的出發點。雖然這個面向在此時尚未發展成熟——它在少數富有的資本家身上（而非為數眾多的城市中產階級）產生較大的影響，然而，即使程度有限，它還是對人的性格造成了重要的形塑效果。

如果要總結十五、十六世紀社會經濟變革對個人產生的衝擊，可以得到以下印象：這個時期的社會，我們同樣意識到前文中關於自由意義的分歧。個人不再受到經濟與政治的束縛，在新體系中有機會扮演積極與獨立的角色，同時脫離曾帶給他安全與從屬感的各種連結。個人不再處於以人為核心的封閉世界；世界變得無限寬廣，同時成為一種威脅。失去了封閉世界的穩固地位，個人喪失對人生意義的解答，產生對自我及人生目標的質疑。由於受到超個人力量如資本與市場的強烈威脅，同胞之間的關係變得敵對而疏離，每個人只能將他人視為潛在的競爭者。這個時期的個人多半沒有文藝復興時期資本家所擁有的財富與權力，加上失去與他人及與整體宇宙的融合感，最後只能深陷渺小與微不足道的自卑感之中。天堂樂園是永遠失落了，孤伶伶面對世界的個人，就像一個被丟進不著邊際且充滿威脅的險惡世界裡的陌生人。新自由讓人產生不安、無力、懷疑與焦慮，因此，如果人要順利活下去，勢必得想辦法減輕這些負面感受。

22 關於個人競爭的問題，參見米德（M. Mead）所著《原始人的合作與競爭》（*Cooperation and Competition among Primitive Peoples*, McGraw-Hill Book Company, New York, 1937），以及富蘭克（L. K. Frank）所著《競爭的代價》（*The Cost of Competition*），《計畫的年代》（*Plan Age*, Vol. VI, November-December, 1940）。

二、宗教改革時期

這時期社會出現了路德教派（Lutheranism）與喀爾文教派（Calvinism）。這些新興宗教無法吸引富有的上層階級，而是以居住在城市的中產階級、窮人與鄉下農民為主要信眾，因為其教義不僅象徵新的自由觀與獨立性，也表達出瀰漫於中下階級的無力與焦慮感。而且，新教義不只清楚呈現因經濟秩序變動而產生的負面感受，更加深了這些感受，同時提出解決的方式，使人們能面對那些難以承受的不安全感。

在分析這些新興宗教對整體社會與個人心理所造成的影響之前，我們應先說明分析的方法，這將有助於讀者理解以下內容。

要研究各種宗教教義或政治主張的心理學意義，首先我們必須牢記，心理分析並不等於對該教義真假與否的判斷。任何教義或理念背後都隱含了無數的心理動機，雖然這些分析的確有助於我們理解教條的真正意義，進而影響我們對教條的價值觀點，但永遠無法取代教條本身邏輯的真實性，以及對價值的理性判斷。

對宗教教義進行心理分析，可以顯示教義背後所隱含的主觀動機，這些動機促使人們特別意識到某些問題，並以某種方式尋求問題的解決途徑。任何主張無論對錯，只要它不只是膚淺地呼應傳統觀念，那麼必然來自思考者本身的主觀需求與關注焦點，並對思考者的行為產生驅動力。有時是為了發現真理而發展出某些關注點，有時則可能為了破壞某項真理；無論是哪一種情況，這些心理動機都相當關鍵地刺激了人們去獲致某些結論。我們甚至可以進一步主張，任何理念若無法根植於我們內心的強烈需求，將無法對我們的行為或人生造成太大的影響。

要分析宗教教義或政治主張的心理學意義，我們必須區分兩個面向：我們可以研究創立新教條者的性格結構，設法了解在他的人格中，是哪一項特質左右了他思考的方向。具體來說，這代表我們必須研究路德或喀爾文的獨特人格，設法找出是何種人格特質使他們產生這些想法，並發展出相應的宗教理念。另一方面，除了教義創造者之外，我們可以研究支持這些理念的社會族群的心理動機。某項教義或理念對受眾所造成的影響，取決於它對這些族群性格結構的吸引程度。只有當這些理念能實際回應某些社會族群強烈的心理需求，這些理念才可能在歷史上發揮作用。

領導者和信眾的心理因素，兩者當然有緊密的關聯。如果有一個理念共同吸引了雙方，那麼，雙方的心理特質必然在某些重要面向上極為類似。當然，領導者在思考與行動上具有特殊才能，較之受他理念所吸引的群眾，領導者的性格特質會以更極端且清晰的方式展現；領導者能以清楚且直接的方式構思出他的信徒早在心理上已經準備好接受的信念。領導者的性格結構之所以可以犀利地顯示出信眾也擁有的心理傾向，可歸因於兩項要素，或這兩個要素的結合：其一是領導者身處的社會處境，包含了共同塑造信徒人格特質的各種典型條件，其二是這些特質因其成長中的偶然環境與個人經歷而產生，這些特質會被進一步強化。而這些特質對於整個群體而言，是源自他們的社會地位。

我們分析新教與喀爾文教義的心理面向，重點並非探討路德與喀爾文本人的性格特質，而是受他們教義吸引的社會階層所面臨的心理處境。在探討路德神學之前，我簡短說明路德的背景。路德是權威性格（authoritarian character）的典型代表，從小由異常嚴厲的父親帶大，童年幾乎感受不到任何愛與安全感，因為對權威抱持愛恨交織的矛盾心態，使他的人格飽受煎熬。他厭惡、反抗權威，同時又仰慕權威，而且傾向服從。在他的成長歷程中，總是存在一個讓他反抗又仰慕的外在權威，亦即他的父親，以及在他年少時期的修道院長，甚至是他年長後遇見的教宗與親王。他內心充滿孤獨、無力與軟弱的感受，同時渴望掌握權力。他深受疑惑的折磨，就像強迫症般不斷尋找能帶給他安全感、使他脫離不確定感的東西。他憎恨別人，尤其是下層群眾，也厭惡自己和人生；然而，這些憎惡竟得使他產生被愛的渴求。他的整個人生充斥著恐懼、懷疑與孤獨感，這種切身的人格基礎讓他成為一位鬥士，為那些心理處境雷同的族群而奮鬥。

關於後續的分析，還必須注意以下這點。針對個人思想或意識形態所做的心理分析，目的在於了解萌生這些想法或理念的心理基礎。此分析的第一步驟通常是理解此概念的邏輯脈絡，以及提出者想傳達的是什麼。然而，我們知道一個人就算主觀上誠懇正直，往往還是可能不自覺地受到某種動機的驅策，而他依舊相信驅動自己行為的，並非來自那些動機。另一種情況是，他可能使用某個概念，但此概念在邏輯上卻隱含著不是真正有意識想表達的其他意義。甚至，我們會發現概念提出者或許打算藉由建構某些意識形態來調和自身的心理衝突，或為掩飾無意識壓抑的想法，而試圖合理化與此想法悖反的理念。為了理解「無意識」在個人心理運作的模式，我們必須合理懷疑所有的說法，不能僅以表面意義來看待。

理念的分析有兩個重點：其一是檢視某種理念在提出者的整個思想體系中的重要性；其二是判斷這個理念是否有別於提出者真正有意識表達出來的意義。關於第一點，舉例來說，在希特勒的意識形態中，強調《凡爾賽條約》對德國的不公平占了很大的成分，他的確對條約內容感到憤恨不平。但如果我們仔細分析他的整體政治意識，會發現這個想法奠基於對權力與掠奪的強烈渴望。因此，雖然他有意強調德國遭受到不公平的待遇，但實則這份「不公平」在他的思想中所占的分量極輕。另外，關於提出者有意表達的想法相異於真正的心理意義，這點可以在本章分析路德教義時找到佐證。

依我們的看法，在路德神學理論中，人與上帝的關係奠基於因人的無力感而衍生的順服。路德自言這種服從是自願的，不是來自恐懼，而是出於愛。或許有人會認為這在邏輯上並不算順從，然而以心理學的角度觀察路德思想的整體架構，他所謂的愛或信仰，實際上就是順從。雖然他有意識地使用「自願」與「愛」等詞彙來指稱這種順從，但實際上他心中瀰漫著無力與軟弱感，使得他跟上帝的關係在本質上就是一種順從（如同對他人抱持受虐式依賴感的人，往往自以為那就是所謂的愛）。因此，路德所提出的論點相異於我們相信他真正意指的內容（儘管可能是無意識的）。不過，以心理分析觀點來判斷路德理論是否真正出於他所表達的意思，並沒有多大的意義，若要理解路德思想的矛盾之處，唯一的方法就是分析這些思想背後的心理意涵。

以下對新教教義的分析中，我根據這些教義在各自脈絡所代表的獨特意義來加以詮釋。如果我認為某個與路德或喀爾文教義有衝突的說法，在意義或重要性上不足以構成真正的矛盾，我就不會引用。我並非故意挑選能符合我想詮釋的內容來說明，而是觀照路德與喀爾文的整體思想，再針對其中的心理結構來做個別因素的解說。

要理解宗教改革出現了哪一些新的神學教條，我們先來檢視中世紀天主教會神學理論包含哪些不可或缺的基本要素[23]。這種做法讓我們面臨到與先前探討「中世紀社會」與「資本主義式社會」概念相關性時相同的方法學難題。正如經濟學領域不會從一種結構突然變成另一種結構，同樣的，神學領域也不會發生突然的變革。路德與喀爾文提出的許多教義都很類似於中世紀天主教的教義，以至於有時根本難以區辨它們之間究竟有何不同。正如新教與喀爾文所主張的，天主教教會也否認人類可以單憑美德與努力得到救贖，而將上帝恩典視為不可或缺的條件。然而，舊天主教與基督新教雖然有許多共同要素，但天主教教會的基本精神卻完全迥異於宗教改革時期的新教精神，尤其在人類尊嚴與自由的議題，以及個人行為對命運造成的影響的這幾個方面差別頗大。

宗教改革之前的漫長時期，天主教神學遵循幾個原則：人的本性雖受到亞當的原罪所腐蝕，但內心還是會自然地努力向善；人的意志有欲求善的自由；個人的努力將有助於獲得救贖；藉由基督之死所帶來的恩典，天主教會的聖典將使罪人得救。

然而，某些具代表性的神學家如奧古斯汀（Augustine）與阿奎納（Thomas Aquinas）等人在抱持著上述觀點的同時，也以截然不同的方式詮釋基督教義。阿奎納雖然承認「得救預定論」，但從未停止強調將人類自由意志作為基本教義。為了調和自由意志與宿命論之間的矛盾，阿奎納被迫採用複雜的理論，雖然諸多解釋無法令人滿意，但他堅信自由意志與個人努力等要素有助於使個人獲得最終的救贖，即使意志本身可能需要上帝恩典的支持。[24]

關於個人的自由意志，阿奎納認為，人類無法自由做決定。因此如果說人類甚至可以自由拒絕上帝賜予的恩典，就會牴觸上帝與人性的本質。[25]

歷史上有許多神學家比阿奎納更強調個人努力在最終救贖中所扮演的角色。依據博納文圖拉

---

23 在此我主要依循席柏格（R. Seeberg）所著 *Lehrbuch der Dogmengeschichte*, Deutsche Verlagsbu-chhandlung, Leipzig Vol. IV, 1, 1933; Vol. IV, 2, 1920、以及巴特曼（B. Bartmann）所著 *Lehrbuch der Dogmatik*, Herder, Freiburg, 1911的論點。

24 關於最後這點，阿奎納說道：「因此，命運已被預定的人還是應該努力工作與祈禱；因為註定好的命運能透過這些方式，獲得最完整的實現……因此人們可以努力成就已經預定好的命運，卻無法使其不發生。」參見 *The Summa Theological of St. Thomas Aquinas*, second and revised edition, Burns Oates Washbourne, Ltd., London, 1929, Part 1, Q. 23, Art. 8。

25 參見 *Summa contra Gentiles*, Vol. 3, Chapters 73, 85, 159。

（Bonaventura）的說法，上帝有意施恩與人，但只有憑藉自身努力並做好準備的人，才能夠接受恩典。

十三、十四與十五世紀，在如史考特斯（Duns Scotus）、奧坎（Ockam）、畢爾（Biel）等神學家的理論系統中，都更為強調了個人的自我意志。以此觀點理解宗教改革時期的新精神尤其重要，因為路德所提出的理論主要就是攻擊中世紀晚期——他稱之為「豬玀神學家」（Sau Theologen）——的經院學派（Schoolmen）。

史考特斯強調意志的重要。他認為個人意志是自由的，透過意志來體現獨特的自我，對個人來說是無上的滿足。既然「用意志體現獨特自我」是上帝的旨意，那麼，即使是上帝也無法對人的決定造成直接的影響。

畢爾與奧坎則強調人自身的努力在最終救贖中所扮演的角色，雖然他們也提到上帝的幫助，但舊教義所採取的基本教義已經被他們放棄了[26]。畢爾認為人是自由的，隨時可以向上帝求援，而上帝恩典也將降臨在人的身上。奧坎則主張，人性並未真的受到原罪腐化，他認為所謂原罪只是單一的個人行為，不足以改變人的本質。特倫托會議[27]則清楚指出，個人自由意志的運作會配合上帝的恩典，但也可以拒絕配合[28]。奧坎與晚期經院學派所描繪的人類形象都顯示，人並非可憐的罪人，而是一個自由的個體，有能力行使每一種善德，其意志也並不受自然力量或其他外力所操控。

路德抨擊的焦點之一是「贖罪券」的買賣行為。這種活動在中世紀晚期相當盛行，它與人們越來越重視自由意志，以及個人的努力將有助於得到救贖等觀念，有一定程度的關聯。藉由從教宗特使手上購得贖罪券，解除了用來替代死後永世懲罰的世俗懲罰，正如席柏格所指出的[29]，人當然希望自己能夠被赦免一切的罪孽。

乍看之下，這種從教宗手中購買權利以免受到煉獄懲罰的行為，似乎牴觸了一項主張：個人可以透過努力而獲得救贖。因為這個購買行為意謂著個人依賴於天主教教會及其所提供的聖禮的權威。這種說法在某種程度上是正確的，不過購買贖罪券的行為也帶來某種希望與安全感：個人如果可以如此輕易地讓自己免於懲罰，那麼罪惡感也可以相當程度地獲得緩解。他可以讓他自己從過往的重擔中解放，並擺脫一直困擾著他的憂慮。此外，我們還必須注意，根據當時天主教會或隱或顯的理論，贖罪券的效用必須以購買者是否真心懺悔與告解為前提[30]。

與宗教改革精神大相逕庭的各類說法，也存在於許多神祕主義的著作、布道啟示，以及為告解所制定的精細規範中。我們可以發現這些說法實際上承認了人類尊嚴，以及人類表達自我的合理性。伴

26參見前註所引席柏格之著作P. 766。
27譯註：特倫托會議（The Tridentinum），該時期天主教羅馬教廷的內部覺醒運動。
28參見前註所引巴特曼之著作P. 468。
29同前註釋引用之著作P. 624。

隨這種態度，我們也發現早在十二世紀就已廣為流傳模仿上帝的念頭，以及人可以冀望像上帝的信念。為告解者所制定的規則顯示出對當時個人處境的高度理解，並且承認主觀上的個體差異。這些說法並不將所謂的「原罪」視為個人必須承受且因此受辱的重擔，而是人類天生性格的弱點，所以應該得到理解與尊重。[31]

綜上所述，中世紀天主教會強調了人的尊嚴、自由意志，以及人的努力將有助於獲得最終救贖；眾人平等，與上帝有相似性，同為四海兄弟，以及人有權利對上帝的愛抱持信心。人因為具有上帝的某些特質，所以人我之間應該相互平等並且情同手足。到了中世紀晚期，隨著資本主義興起，世界充滿困惑與不安，但同時，強調意志與努力的趨勢也日漸加強。我們可以假設，文藝復興的哲學與中世紀晚期的天主教教條都只反映出流行於該時期社會某些族群的精神——也就是那些因經濟優勢而擁有權力與獨立能力的人。而另一方面，路德神學傳達出中產階級的實際感受，這些人希望對抗天主教會的權威，也怨恨新的權貴階級，因為他們自覺受到新興資本主義的強大威脅，不但充滿無力感，也受到自身微不足道的強烈衝擊。

路德的思想體系有兩個方面與天主教傳統不同，在新教[32]國家所宣稱的教義中，有一個更被強調：路德認為人在宗教事務上擁有獨立自主的權力。他剝奪了教會的權威，將之歸屬於個人，並認為所謂「信仰」與「救贖」都是主觀經驗，責任歸屬個人，而非外在的權威力量，也就是說，外在權威不能給予個人所無法自行獲得的任何事物。我們有充分的理由讚揚路德與喀爾文理論在這方面的貢獻，因為這間接促成現代社會政治自由與精神自由的發展，特別是在盎格魯薩克遜語系國家，這項發展與清教徒主義（Puritanism）有密不可分的關聯。

現代自由的另一個面向是，它為個人帶來孤獨與無力感，這個面向和個人的獨立觀一樣根植於新教思想。因為本書主要論述自由所帶來的負擔與危險，所以下列分析將刻意著墨於路德與喀爾文理論中所造就的自由的負面樣貌——他們都強調人類心中原始的惡性與無權力感。

路德認為人性中有邪惡的存在，使人的意志想要為惡，也使任何人都不可能以本性為基礎來行善。人性的邪惡和墮落，使人完全缺乏選擇正道的自由，是路德思想的基本概念。基於此，他開始評論保羅（Paul）〈致羅馬人書〉（*Letter to the Romans*），他認為這封信的實質內容是「破壞、根除及消滅一切肉體的智慧與正義，儘管它在我們及他人眼中看來是多麼非凡與真摯……。重點是，顯露在

---

30 「贖罪券」的理論及運作，似乎很適合解釋成長中資本主義對當時社會造成的影響。個人可以透過「購買」的行為而獲得免受懲罰的自由，表示人對於金錢的角色有了全新的看法。此外，教宗克萊門斯六世在一三四三年對贖罪券的闡述，更展現出新資本主義的精神。他主張，教宗受託管理由基督與聖徒所爭取來的無限量恩惠，因此有權將這些珍貴資產發配信徒（參見前註所引席柏格之著作P. 621）。由此我們發現教宗就像一位擁有巨大道德資本的壟斷者，他使用這個資本來增進他個人的金融利益——也就是他的「顧客」的道德利益。

31 此段的啟發得自於權克豪斯提醒我留意神祕思想與傳道集文獻的重要性。

32 譯註：相對於天主教，所謂的新教通常被稱為「基督教」，泛指來自宗教改革的新基督教。

我們面前、屬於我們自身的正義與智慧，正從我們的內心與徒然無用的自我身上連根拔除。」[33]

路德堅信人類的卑劣，以及無力靠自身行善的處境，是上帝恩典的主要條件。只有當人類謙卑自抑、消除個人意志與自尊，上帝的恩典才會降臨。「因為上帝是藉由人類自身以外的正義與智慧來拯救人類，而這種正義並不存在人類身上或是源於人類自身，而是外來的……換句話說，這種正義必須由外部教導，它完全來自外界，與我們自身毫無關聯。」[34]

七年後，路德在小冊子《論述個人意志的束縛》（*De servo arbitrio*）中對人類的無力感有更透徹的描寫，他抨擊伊拉斯莫斯（Erasmus）對自由意志的辯護：「……因此，人類意志在根本上是處於兩者之間的怪獸。如果上帝騎乘於上，它就會依循上帝的旨意思考與行動；如同《聖經．詩篇》所言：『我是汝面前的一匹野獸，然而我會持續追隨汝』（〈詩歌〉第73篇第22、23節）。但如果是撒旦騎乘於上，它也會依循撒旦的意志思考與行動。不論如何，它都無法依自身意志選擇騎乘者，也沒有權力追尋騎乘者；而是由騎乘者彼此爭奪，看看最後是誰能擁有它。」[35]路德宣稱：「我們可以有信心地認為，人類在某種程度上的確擁有『自由意志』，但並非在面對比人類更高的地位者時，而是在面對較低地位者的時候……。在神的面前，人類是沒有自由意志的，頂多只能成為俘虜、奴隸或僕人。人類或者服從上帝旨意，或者服從撒旦的旨意。」[36]人類是上帝手中軟弱的工具，而且具有邪惡本質；人類唯一的任務就是服從神；上帝能透過人類無法理解的正義來拯救人類。路德在很大程度上受到絕望、焦慮與懷疑的驅使，熱切地渴望獲得某種確定感。他的疑惑最終找到了解答。一五一八年，路德突然得到啟示：個人不可能只憑藉著美德就可以獲得救贖，甚至也不應揣測是否真的能取悅上帝，但個人仍然可以有把握得到救贖——如果他有信仰。信仰是上帝賜予人類的，一旦個人對信仰有著清晰的主觀意識，就能確定自己終將獲得救贖。在與上帝的互動中，人類本質上具有接受信仰的能力，而一旦在信仰中接收上帝恩典，人的本質便會改變，因為個人將與基督結合，而基督的正義則取代了個人內心因亞當的墮落而喪失的美德。然而，個人絕對無法在世俗生命中變得完全良善，因為他本質中的邪惡不會徹底消失。[37]

路德教義將信仰視為個人無庸置疑將會得救的主觀經驗，這個說法乍看下讓人無法接受，因為似乎與路德性格中強烈的懷疑特質，以及他在一五一八年之前的教義有所衝突。然而，就心理學來說，這種從「懷疑」到「確定」的變化不但不矛盾，還能找到因果的關聯。我們千萬別忘記前一章對於路

---

33 參見馬丁・路德所著*Vorlesung über den Römerbrief*, Chapter 1,i.（由於沒有英譯本，內文所引段落為我自行翻譯。）

34 同前註釋所引用之著作。

35 參見馬丁・路德《意志的枷鎖》（*The Bondage of the Will*），Henry Cole翻譯，M.A., Wm. B. Eerdmans Publishing Co., Grand Rapids, Michigan, 1931, P. 74。

36 同前註所引著作P. 79。我們將會看到，順服於高位者的權力並宰制著較低地位者，這種二分法是權威性格者特有的個性與態度。

37 參見"Sermo de duplici institia"(Luthers Werke, Weimar ed., Vol. 2)。

德性格中懷疑特質的描述：那並非奠基於自由思考，或敢於挑戰既有觀點的理性懷疑，而是來自於他內心孤立與無力感的非理性懷疑。路德對世界的態度充滿焦慮與厭惡。理性的答案永遠無法解決這種非理性的懷疑；唯有當個人成為一個有意義世界中不可或缺的一部分，這種懷疑才會消失。若這樣的連結無法建立，就如同路德及他所代表的中產階級那樣，懷疑就只能被壓抑、潛藏於內心深處，而這種壓抑，往往是藉由某種承諾絕對確信的教條來完成。正如同我們在路德身上所見到的，**對於確定感的強烈渴求並非真實信仰的展現，而是根植於他必須克服那份難以承受的懷疑**。路德的解答可以在現代人身上得到印證，為了消除被孤立的個別自我，而把自己變成工具，從屬於自身之外的強大力量。對路德來說，這個力量就是上帝，所以他藉由完全的順從來尋求確定感。但是，雖然他某種程度壓抑了內心的懷疑，但這份懷疑卻從未消失，直到生命的最後一刻，他都還身陷懷疑之中，因此必須一再努力使自己更加屈服。心理學上，所謂「信仰」有兩種不同的意義。它是整體人類內在的連結，以及對生命正面的肯定；也可能是對個人對內心懷疑的回應——這種懷疑根植於自身的孤立與對生命的負面態度。路德所謂的信仰就具有後者這種補償性質。

我們必須理解懷疑的心態所代表的意義，以及那份想壓抑的意圖，因為這不單是路德與（後文將討論到）喀爾文理論所面對的課題，更是現代人面臨的基本問題。「懷疑」是現代哲學的起點，人壓抑懷疑的需求，成為發展現代哲學與科學最有力的動機。雖然有許多理性懷疑，最終都得到了理性解答，不過非理性懷疑卻從未消失，只要人類尚未從消極自由演進到積極自由，非理性懷疑就永遠不會消失。現代社會試圖透過各種方式壓抑它，例如不由自主地不斷奮鬥、追求永無止境的知識，以獲得確定感，或是順從於自認能提供確定感的領導者等，不過這些方式都只能讓人不去意識到這份懷疑感。只要人無法克服孤立處境，只要人無法滿足真正的人性需求，在整個世界中找到定位，那麼這份懷疑感就永遠不會消失。

路德的神學理論與中世紀末無財無勢群眾的心理狀態有何關聯性？如前文所述，舊秩序逐漸崩解，個人喪失了確定性的保障，並受到來自資本家與壟斷者等新經濟力量的威脅，導致合作原則被相互的競爭所取代；底層階級感受到日益嚴重的剝削壓力。路德主義對於低階者的吸引力，與對中產階級的影響力不同。都市窮人與鄉野農民的生活處境艱難，他們在無情的剝削下失去各種傳統權利與優勢，逼得他們投入農民起義與城市的革命活動。《新約聖經》的〈福音書〉清楚表達這些人的希望與期待，誘使他們極力爭取正義與自由，就如同早期基督教信仰對那些奴隸與勞動者所代表的意義一樣。路德攻擊社會權威，並將福音書作為教義的核心，所以對焦躁不安的大眾來說，這種效果就像福音傳道性質的宗教活動一樣。

雖然路德備受擁戴，但他也只是一定程度地為這些人出頭。當農民行動超出了打擊教會權威的企圖，當農民希望為生活處境爭取更多改善時，路德便切斷與他們的同盟關係。此外，當貧窮階級逐漸變成革命階級，威脅著推翻所有威權，並破壞社會秩序的基礎時，中產階級卻希望維持原來的社會秩序。因為即使是中產階級中處境最差者，也還是擁有某些特權，所以中產階級強烈反對那些旨在摧毀貴族、教會和壟斷特權，以及他們自己特權的革命運動。中產階級的社會地位介於極端富有與極端貧窮之間，這使得他們對社會變革抱持複雜的態度，回應方式也常自相矛盾。他們支持現有法律與秩序，同時深受崛起中的資本主義的威脅。即使是中產階級中較為成功的成員，也不像那一小群大資本家那樣富裕且有權勢。中產階級必須努力奮鬥才能求得生存、改善生活，而富有階級享有的奢華生活則加深了他們的卑微感，使他們充滿嫉妒與憤恨。整體來說，如果封建秩序崩潰、資本主義繼續盛行，那麼中產階級遭受的危害，將遠大過他們所得到的利益。

路德對人的刻畫正好反映出了這種兩難。人類擁有自由，得以免於受到任何精神權威的束縛，但是這種自由也使人孤獨、焦慮，淹沒於自身微不足道的經驗中，最後被壓垮。路德神學表現出這種無助與疑惑，他以宗教詞彙描寫人類形象，描述當時社會與經濟變革所帶來的個人處境。中產階級面對新的經濟力量時，就像路德所描述人與上帝的關係一樣充滿無助。

然而，路德教義不僅指出早已瀰漫於他們內心的不安，還提供了解決路徑：接受自身的不重要、極力自謙自卑、放棄個人意志，並譴責個體權力，這樣就能為上帝所接受。路德描述人與上帝的關係是一種徹底的順從。從心理學的角度來看，如果你完全順從、接受自身的不重要，那麼全能的上帝就有可能愛你並拯救你。如果你能藉由徹底抹除自我，從而擺脫個體的缺陷與疑惑，就可以免於一無是處的感覺，並參與上帝的榮耀。因此，雖然路德意圖使人脫離教會的控制，但實際上卻又使人們屈從於更為專橫的上帝權威——後者堅持人必須完全屈從，抹消自我，才能獲得最終的救贖。路德所謂的

「信仰」是以投降為條件，以此被愛，這個觀念與個人對國家及領導者的徹底服從，有著許多相似之處。

對權威的愛恨交織也出現在路德的政治理念中。雖然他勇於對抗教會權威，雖然他對新的有錢階級（包含高位神職人員）充滿憤慨，雖然他某種程度上支持農民革命，但他卻將對世俗權威者的服從視為理所當然，認為人民應該對國君表現出嚴格的服從。「即便當權者是邪惡的或缺乏信仰，權威與權力本身依然是好的，是上帝所賦予的……。因此，無論是何人擁有權力，只要權力興旺發達，就應該繼續維持，因為這是上帝規定的。」[38]路德還說：「上帝寧可讓政權繼續存在（無論它有多邪惡），也不允許暴民製造動亂。國君應該繼續身居國君之位，無論他多麼專制。因為他必須擁有臣民，才能成為一位統治者，所以他只必要性地斬除一小部分的人。」

路德對權威所展現的依戀和敬畏，也可以從他對無權無勢者（所謂「烏合之眾」）所抱持的憎惡與蔑視態度看出來，尤其當這些人的革命企圖踰越了某些界限。路德在一篇議論中寫下名言：「因此無論是誰，只要能力所及，不管是暗地或公開的，都應該擊斃、屠殺或刺殺他們。因為沒有什麼事比造反還要有害或窮凶惡極。這就好像你必須殺死一條瘋狗，如果你不攻擊他，他就會攻擊你，甚至傷

38 參見*Römerbrief*, 13, I。

害你的整個家園。」39

路德的人格就和他所宣揚的教義一樣，對權威充滿了矛盾情結。一方面，他受到世俗權威與上帝權威的強烈威懾，另一方面他又反抗教會權威。他對群眾的態度也同樣充滿矛盾。只要群眾的反抗程度在他所能接受的範圍，他就與他們站在同一陣線，但是當群眾攻擊他所讚許的權威時，他便產生一股對群眾的濃烈憎恨和蔑視。後文討論到逃避的心理機制時，我會指出像路德這樣愛權威同時恨無權力者的現象，正是典型的「權威性格」特徵。

在此，我們必須理解路德對世俗權威的態度與他的神學教義密切相關。路德使個人覺得自己的努力毫無價值、微不足道，只是上帝手中沒有權力的工具。他藉由教義剝奪人的自信與尊嚴，但正是這些感受，使人勇於對抗專制的世俗權威。在歷史演進的過程中，路德教義導致深遠的影響。一旦人喪失了自尊與尊嚴，他在心理上就已經準備好即將失去中世紀的特殊性格，亦即對一個人來說，生命目的在於心靈得救和擁有精神目標。他準備接受另一種角色：讓人生變成某種工具或媒介，來達成存在於自身之外的目的，如經濟生產與資本的累積。路德的經濟觀點是典型中世紀的思想，比起喀爾文觀點來說更是如此。他原本應該厭惡「個人生命僅只是為求達成經濟目的的工具」這種說法，但若對比於他強調個人微不足道，簡直就像在為某種類型的社會發展鋪路。在那種社會中，個人不僅必須服從世俗權威，而且必須讓人生附屬於經濟成就的目標。這種趨勢在今日社會達到高峰，法西斯主義所強調人生的目的是為「更高的」力量犧牲，為領袖或種族共同體犧牲，便是一個明證。

喀爾文理論對盎格魯薩克遜國家的重要性，不下於路德理論對德國的重要性，他展現出與路德思想相同的精神，在神學或心理學上都是如此。雖然喀爾文也反對天主教會權威，反對盲目接受教條，但在他眼中，宗教乃根植於人類的無力感；自謙自卑與毀滅個人的自尊，是他整體思想的主旨。只有鄙視一切世俗者，才能完全投注於對未來世界的準備工作。[40]

喀爾文認為，人應該自謙自卑，如此才能全心仰仗上帝的力量。「因為，只有對自我謙恭謹慎，並意識到自身的悲慘處境而因此焦慮，才能喚醒人全心全意地依靠上帝。」[41]

喀爾文宣揚個人不應自覺是自己的主人。「我們不屬於自己。因此，我們的理性與意志都不應主宰我們的思慮與行為。我們並不屬於自己，因此我們不應以滿足身體需求、追尋有利自身的事物為人生的目標。我們並不屬於自己，因此讓我們盡最大的可能忘卻自身，以及所擁有的任何事物。相反的，我們是屬於上帝的。因此，讓我們為祂而生、為祂而死。因為，如果人依順自身的意願行事，將

---

39 參見〈反抗掠奪和謀殺下層階級群眾〉（Against the Robbing and Murdering Hordes of Peasants），出自《馬丁．路德作品集》，由C. M. Jacobs翻譯，A. T. Holman Company, Philadelphia, 1931, Vol. X, IV, P. 411，以及H. Marcuse在*Autorität und Familie*, F, Alcon, Paris, 1926中，針對路德對自由所抱持的態度的探討。

40 參見喀爾文所著《基督教要義》（*Institutes of the Christian Religion*），譯者為John Allen, Presbyterian Board of Christian Education, Philadelphia, 1928, Book 3, Chapter IX, 1。

41 同前註釋所引用之著作，Book 3, Chapter 2, 23。

做出對人類最具毀滅性的禍行。個人獲得救贖的唯一可能，就是不依自身能力去認識及欲求任何事物，讓走在我們前方的上帝給予我們指引。」[42]

依據喀爾文教義，人不應只為了美德而行善，那只會導致虛榮：「有一項古老又真實的洞察：人類的靈魂隱藏著無止境的邪惡。除了以下方式，人不可能找到補救之道，亦即否認你自己、拋棄所有自私的想法，將全副心力投注於上帝的指示；我們之所以這麼做，完全只為了取悅上帝。」[43]

喀爾文也否定人可以憑藉善行帶來救贖。我們完全缺乏這種東西：「若以上帝嚴格的審判標準，任何虔誠的人沒有一件事功能證明不是該下地獄的。」[44]

如果我們試圖理解喀爾文神學思想在心理學的意義，結論大致會跟我們對路德教義所做的評斷一樣。喀爾文的宣揚對象也是保守的中產階級，他的教義中表達了這些人所感受到的強烈孤獨與恐懼，強調人的微不足道與無力感，以及自身努力的徒勞無功。然而，兩者間還是存在些微的差異；路德傳教期間，德國社會處於劇烈的動盪之中，不僅是中產階級，就連鄉野農民與城市中的窮人也受到茁壯中的資本主義的強烈威脅，而日內瓦在當時則相對繁榮[45]。日內瓦在十五世紀前半葉是歐洲重要的公共市集，雖然在喀爾文傳教期間，日內瓦已經被里昂奪去了商業的光采[46]，但還是保有一定程度的經濟穩定。

整體而言，我們可以有把握地界定喀爾文的追隨者主要來自較保守的中產階級[47]，而且，在法國、荷蘭及英國等地，他最主要的追隨者都不是社會地位較高的資本家，而是工匠與小商人，儘管其中有些人的經濟情況優於其他人，但其所屬群體依舊受到資本主義的嚴重威脅。[48]

---

42 同前註釋所引用之著作，Book 3, Chapter 7, 1。上述引用之內容從「因為，如果人們……」開始，該段落是我自己從拉丁文原著*Johannes Calvini Institutio Christianae Religionis*（Editionem curavit A. Tholuk, Berolini, 1835. Par. 1, P. 445）中翻譯而來。因為我認為Allen的翻譯稍微改變了原著的意思，軟化了喀爾文思想的嚴密性。Allen將這段話譯為：「因為，如果服從於個人所擁有的各種傾向，將導致人類最有效的破壞，因此完全不要依賴我們自身的知識或意志，而僅遵循上帝的指示，是唯一安全的做法。」然而，拉丁文中的「sibi ipsis obtemperant」並不等同於「遵循自身的各種傾向」，而應是「遵從於自身」。禁止人遵循自身的各種傾向，語意帶有康德的倫理學味道，後者認為人應該壓抑各種自然傾向，遵循良心法則。另一方面，禁止人遵從自身，則完全拒斥了個人的自律。另一個意思的細微調整是將「ita unicus est salutis portis nihil nec sapere, nec velle per se ipsum」譯為「完全不依賴自身的知識或意志」。原拉丁文意相當直接地反駁了啟蒙時期的哲學格言：「sapere aude」，意即「主動求知」；Allen的翻譯只是警告人們依靠自身知識的危險性，這樣的警告與當代思想相符。我之所以指出這些翻譯誤差，是因為它們提供了一個很好的例證：藉由翻譯某個著作，著作者的精神會被「現代化」並染上某種色彩，當然譯者並非刻意為之。

43 同前註釋所引用之著作，Book 3, Chapter 7, 2。

44 同前註釋所引用之著作，Book 3, Chapter 14, 11。

45 譯註：喀爾文於一五三六年定居日內瓦，並發表《基督教要義》。

46 參見前註所引庫里斯契之著作，P. 249。

47 參見哈尼克斯（Georgia Harkness）所著《喀爾文，其人及其倫理學》（*John Calvin, The Man and His Ethics*），Henry Holt & Co., New York, 1931, P. 151 ff。

48 參見F. Borkenau, *Der Übergang vom feudalen zum bürgerlichen Welt bild*, F. Alcan, Paris, 1934, P. 156 ff。

喀爾文教義與路德教義一樣，對這個階層的人來說有一種心理上的吸引力。喀爾文教義表達自由的理念，同時彰顯個人的無力感，並提供了解決之道，教導人們藉由完全順從與自我謙卑，以獲得到新的安全感。

喀爾文教義與路德式教義有許多微妙的差異，但這些並非本書討論的重點。在此，我只強調兩項差異。其一是喀爾文教義中關於「得救預定論」的說法。相對於我們在奧古斯丁、阿奎納與路德等人的神學理論中所發現的宿命觀，「得救預定論」幾乎成為喀爾文理論體系的基石，甚至是核心思想。他提出新版本的「得救預定論」：上帝不只預設哪些人能獲得恩典，也預設哪些人會受到下地獄的詛咒。49

在他的教義中，個人最終會得到救贖或是遭到詛咒，並非取決於此人一生做了哪些好事或壞事，而是在他出生前，上帝就預先決定好了。至於上帝為何如此預設，則是人類無法探究的祕密——上帝用這樣的方式來展現無上的權力。喀爾文教義所描繪的上帝儘管極力保留了正義與愛等概念，卻幾乎具備專制暴君的所有特質，根本沒有愛或正義可言。喀爾文公然反對《新約聖經》，否定「愛」在其中扮演至高無上的角色：「關於經院學派所主張的，上帝的慈悲是人類擁有信仰與希望的前提，這種說法根本就是亂七八糟的白日夢……」50。

「得救預定論」教義在心理學上具有雙重面向。它增強了個人的無力感與微不足道感——幾乎沒有一種教條可以如此強烈表達出個人意志與努力的一文不值。人類命運的決定權完全來自自身之外，人無法做任何事改變這個決定，只能淪為上帝手中毫無權力的工具。如同路德教義所發揮的作用，這種「得救預定論」的另一項意義在於，這些教義壓抑了喀爾文及其信徒所產生的非理性疑惑。乍看之下，「得救預定論」似乎無法解決疑惑，反而增加了疑惑，因為一旦人知道自己的命運在出生前就已經預設好，難道不會陷入更磨人的疑惑和不安之中？他如何確定自己的命運？事實上，喀爾文及其信徒都堅信他們是上帝選中的子民，雖然喀爾文並未具體說明理由。藉由自我貶抑的心理機制和信念，「得救預定論」提供了最堅實的確定感；個人的任何行為都不會影響到救贖與否，因為這是在每個人出生前就已經決定好的。再一次，如同路德教義，人的疑惑導致對確定感的強烈追求，必須一次又一次地以狂熱的信念加以壓抑，深信自己所屬的宗教團體就是被上帝所選擇救贖的那群人。

在此特別說明喀爾文「得救預定論」的意涵，我們可以在爾後納粹意識形態中看到它最極致的展現，也就是人類在基礎上不平等的原則。對喀爾文來說，世上有兩種人：得救者，以及註定下地獄者。既然命運在個人出生前就已經決定，無論個人做了什麼都無法改變，於是，人類平等的原則已經遭到否定。人生而不平等，這項原則意謂著人類之間不可能團結，因為促成人類團結最堅實的理由——人類命運平等——已經遭到否定。喀爾文主義者天真地相信他們是上帝特選的子民，其他人則

---

49 同前註釋所引用喀爾文之著作，Book 3, Chapter 21, 5。

50 同前註釋所引用之著作，Book 3, Chapter 2, 41。

是上帝判定要下地獄的人。這樣的信念表現出這些人心理上對他人抱有嚴重的蔑視與憎惡，事實上，他們認為上帝也擁有同樣的憎惡感。雖然現代思想越來越肯定人生而平等，但喀爾文主義卻從未消聲匿跡。例如，許多人認為，來自不同種族背景的人在本質上是不平等的。這種信條，只是換了一種合理化的方式，重申了相同的原則，其心理意涵並無不同。

喀爾文理論與路德理論的另一項重要差異在於，前者更強調道德成就與美德生活的重要性。這意思並不是說，個人可以藉由勞動或努力來改變命運，而是「個人能努力」的這個事實，正是他「屬於得救者」的徵象之一。個人應具備的德行包括：謙遜與節制、公道正義（即人人都該獲得自己應得的），以及將人與上帝連結的虔誠之心[51]。喀爾文主義在進一步的發展下，越來越強調所謂德行生活與不斷努力的重要性，甚至認為透過努力而獲得的世俗成功，也是能獲得救贖的徵象[52]。

喀爾文主義這項重視美德生活的特徵，具有獨特的心理意涵。喀爾文主義強調人必須不斷努力，持續依上帝指示生活，永不懈怠。這項教義看似與上述教義（個人努力完全無助於獲得救贖）互相牴觸；抱持宿命態度不做任何努力，似乎才是更合理的反應。然而，某些心理因素顯示事實並非如此。焦慮、無力與微不足道感、尤其是對死後世界的疑惑，是每個人都難以承受的心理狀態，被這些恐懼感襲擊的人幾乎無法放鬆心情享受生命，或對未知顯得漠不關心。因此，有一種方式可以讓人逃避這種難以承受的不確定感及微不足道感。這個方法後來成為喀爾文主義的顯著特徵：進行熱烈的活動，以及努力做事。這類行動帶有一種強迫症的特質：**為了克服疑惑與無力感，而必須展現相當的活動**

力。這樣的努力與活動力並非來自內在的力量與自信，而是對焦慮感的拚死逃避。

我們可以在恐慌症發作時，輕易發現上述的心理機制。假設一個人幾小時後即將得到一份攸關生死的診斷報告，他自然會處於焦慮狀態。通常他不會安靜地坐等結果，如果這份焦慮沒有使他完全癱瘓，就會驅使他或多或少處於某種熱切的活動力之中。他可能在樓梯間爬上爬下、抓住人猛問問題或說話、開始清理書桌或寫信。當然，他也可能沉著地處理日常事務，但顯然會展現出額外的活動力與興奮感。無論以怎樣的形式勉力勞動，都是受到焦慮感的驅使，他試圖藉由狂熱的活動來克服心中的無力感。

喀爾文主義所強調的「努力」還有另一層心理意涵：一個人如果努力不懈地在道德與世俗獲得成就，某種程度上就是成為上帝選民的徵象。這種強迫性的努力並不合理，因為**該活動並非為了創造我們的目標，而是為了證明事先決定、而且非個人能控制的某件事是否會發生**。這是現代所熟知強迫性神經官能症的特徵之一，例如，當患者擔憂某事的後果，在等待結果出爐之際，可能會不時數算房子窗戶或街道樹木的數量，如果得到偶數，就預感事情將順利解決，如果是奇數，就象徵會失敗。這種不安不僅發生於某個時刻或針對某件事，而往往涉及人一生的重大決定，因此漫長的人生中，便充斥

51 同前註釋所引用之著作，Book 3, Chapter 7, 3。

52 韋伯的著作特別關注最後這點，並將之視為喀爾文理論與資本主義精神之間的重要連結。

著找尋「徵兆」的強迫性行為。數石頭、玩單人紙牌或賭博活動等焦慮、疑惑之間的連結，通常都發生於個人的無意識中。人可能出自模糊的不安感而沉浸在紙牌遊戲中，只有透過分析，才能發現隱藏於這個行為中的意義——為了揭露未來。

在喀爾文主義中，「努力」的意義正是宗教教義的一部分，原先僅涉及個人道德的努力，但後來越來越強調工作上的努力，以及伴隨努力而來的結果，也就是事業的成功或失敗。成功是獲得上帝恩典的徵兆，失敗則是詛咒與沉淪的徵兆。

以上論述顯示，「不斷努力與工作的強迫性行為」並不會與「個人無力感的信念」產生悖逆；反而成為無力感的心理結果。這個意義下的努力與工作呈現出一種完全非理性的性格，努力並非為了改變命運（因為那是上帝已經預定的，與努力無關），而是作為預告既定命運的一種手段；同時，狂熱的努力正是對抗難以承受的無力感的再保證。

將勞動與工作本身當作目標的態度，可被視為中世紀末以來人類所發生最重要的心理變革。在所有的社會中，每個人為了求生存都必須工作。許多社會解決問題的方式是讓奴隸完成必要的工作，如此一來，所謂的自由人就能投身「較高貴」的行業，因為基礎工作不值得自由人付出辛勤的勞動。中世紀社會也是如此，工作重擔在階級制度中不平等地被分配給不同位階的人，並存在相當嚴重的剝削情況。但在現代社會中，人對工作的心態逐漸轉變。工作不僅具有抽象特質（為了在市場獲取利潤而生產特定商品），也是為了回應某種具體的需求，擁有明確的目標——為了求生存。如同韋伯所強調的，並不存在比「必須滿足傳統上生活的需求」更能驅動工作的力量。對中世紀社會的某些族群來說，工作似乎是生產力的體現，讓人樂在其中，而另一些人則是受到外在壓力而必須工作。現代社會的現象是，與其說人是因為受到外在壓力而工作，不如說是受到內在力量的驅使，這股力量有如一個嚴苛的主人，鞭策個人不斷奮鬥。

要使人將全副心力投注於工作，內在驅力會比外在力量來得有效許多。人對外在驅力總是抱著一定程度的反抗，這種反抗難免阻礙工作效率，或偏好投入不需知識、主動性與責任感的工作。然而，如果是內在驅力使然，就不會存在這樣的阻礙。當然，如果人類沒有將絕大部分的能量導向工作，資本主義社會也無法順利發展。歷史上沒有一個時期的自由人，會像這樣完全將精力投注於單一的目標：工作。不斷工作的驅力是現代社會最重要的生產力之一，它對工業社會發展的貢獻，並不亞於蒸汽與電力。

目前為止，我們主要談論的是瀰漫於中產階級人格中的焦慮與無力。現在我們必須探討先前提及的另一項特徵：中產階級的敵意與憤怒。中產階級發展出強烈的敵意並不令人感到意外。任何人在情緒與感官表達上受挫，或是生存處境受到威脅，他的行為反應通常都會帶有敵意。誠如前文所指出的，整個中產階級、尤其是沒有享受到新興資本主義好處的成員，都感到受挫與威脅。另一項因素也增強了他們的敵意：極少數的資本家（包含教會高階神職人員）所展現的富庶與權力，讓人產生嫉妒感——這是很自然的。儘管懷有敵意與嫉妒，但中產階級卻找不到低階百姓能用的直接的表達方式。

低階百姓憎惡被剝削，因此無疑地希望推翻富人的權力以宣洩情緒；但是中產階級的心態則普遍趨於保守，他們希望社會穩定，而非將社會連根拔起。因為他們希望變得更發達，搭上整體進展的順風車，因此無法公開表達敵意，甚至不能有意識地感受這份敵意，而必須加以壓抑。然而，壓抑敵意只是不去察覺，卻並未予以消除。最後，這份敵意會因為無法找到出口而益發濃烈，進一步以非理性的偽裝形式擴散到整體人格，以及人與人，甚至人與自己的關係之中。

路德與喀爾文都刻畫了這種全面蔓延的敵意。不只是這兩個人名列歷代領袖人物（特別是宗教領袖）中最強烈的懷恨者；更重要的是，他們的教義都帶有敵意色彩，只能吸引到一群同樣懷抱強烈敵意，卻受到壓抑的人。我們可以從他們的上帝觀看到這份敵意，尤其在喀爾文教義中。喀爾文將上帝設想為專制又無情的存在，可以給予某些人永世的詛咒，卻不需什麼特定理由或原因，只因為這是權威的表現。當然，喀爾文關注著針對這種上帝觀而來的各種駁斥，但他為了維護上帝公正慈愛的形象而使用的各種理論，卻讓人聽來不具說服力。像這種可以施展無限權力，要人完全順從和謙恭的專橫形象，正是中產階級心中的敵意與嫉妒的投射。

上述敵意與憤怒也出現在人與人相處的關係中，最主要表現為道德上的義憤，這一直是從路德時代到希特勒時代的低階中產階級所具備的特性。這個階級嫉妒那些有財有勢、可以享受人生的人，但他們用道德的標準將這種嫉妒與憤慨合理化，相信那些擁有高級社會地位的人最終會遭受永世苦難的懲罰。[53]此外，人我之間的敵意和緊張關係也表現在許多方面。喀爾文在日內瓦的政權[54]被認為導致了該社會所有人都對他人懷有猜疑和敵意，在他暴虐的統治下，找不到任何互愛或手足之情。喀爾文不相信財富，對貧窮者也少有同情。喀爾文主義發展到晚期，他甚至警告人不要用友善態度對待陌生人，而應該用殘忍的態度對待窮人。他讓整個社會充斥著猜忌和多疑的氣氛。[55]

除了將敵意與嫉妒等情緒投射在上帝身上，以及用道德義憤的方式間接表達之外，還有另一種抒發敵意的方式，就是將敵意轉而針對自己。我們已經看到路德與喀爾文有多熱切強調人類的軟弱，教導人們要將自我謙抑與自我貶抑，以此作為德性的基礎。當然，當他們這麼做時，他們有意識的想法只是極端的謙遜，但對任何熟悉自我指責與自我謙抑心理機制的人來說，這種「謙遜」無疑根植於猛烈的憎恨。基於某種原因，這些恨意受到阻礙，結果便轉向自身。為了完整理解該現象，我們必須先認識到「針對他人」與「針對自己」這兩種態度不僅不會矛盾，原則上還會相互伴隨出現。人通常會察覺自己對他人的敵意，並且可以明白表達，但是通常不會意識到針對自己的敵意（除了某些病態的情況之外），因此這種敵意會以間接且被合理化的方式表現出來。一種是個人會積極強調自身的邪惡

53 參見拉納夫（Ranulf）所著《道德義憤與中產階級心理》（*Moral Indignation and Middle Class Psychology*），關於將輕蔑心理作為中產階級的典型特徵，尤其是中產階級中的處境較差者，這份研究做出了重要的理論貢獻。

54 譯註：一五四〇年，日內瓦宗教改革派掌政，喀爾文從一五四二年至過世這段期間，皆擔任該地區的市級牧師團主席。

55 參見前註所引馬克斯・韋伯之著作P. 102；前註所引唐尼之著作P. 190；前註所引拉納夫之著作P. 66及其後數頁。

與微不足道，另一種則將敵意偽裝為良心或義務。的確，就像世界上極有可能存在著與自我厭惡完全無關的謙遜，因此也可能存在著並非來自敵意的良心與責任感。真正的良心是健全人格的一環，順從良心的要求，就是肯定整體的自我。然而，從宗教改革時期直到今日社會，我們在宗教或世俗中看到廣泛存於現代生活中的「責任感」，其實都帶著敵視自我的強烈色彩。所謂的「良心」變成一個被人放入自我體內的奴隸管理者，驅使著自我依據自認為是自己的目標和願望而行動，其實那些願望與目標只是經過內化的外在社會要求。它嚴厲並殘酷地驅動個人杜絕享樂與感受幸福，把整個人生當作對某種神祕原罪的補償[56]。這樣的「良心」同時也是「內在世界禁欲主義」（inner worldly asceticism）的基礎，這在早期喀爾文主義與稍晚的清教徒主義中相當明顯。現代所謂謙遜與責任感所根植的那份敵意，也解釋了一個原本令人難以理解的矛盾：這種謙恭伴隨著對他人的輕蔑與自以為是的偽善，取代了愛與慈悲。在真正的謙遜與責任感之下，是不會對同胞產生蔑視的；然而，自謙與自我否定的「良心」只是敵意的一面，另一面則是對他人的輕蔑與憎恨。

以上對宗教改革時期「自由」的意義做了簡要的分析，我們不妨以此作為基礎，扼要總結目前為止所探討過關於自由的問題，以及在社會演進過程中經濟活動、個人心理與意識形態之間的互動關係。

中古封建社會的崩解對所有社會階層所造成的重大意義是：個人變得孤獨與孤立。個人獲得了自由，但這種自由分為兩種面向。個人被剝奪了原本的安全感與歸屬感，脫離了曾經滿足經濟與精神安全需求的外在世界，而因此陷入孤獨與焦慮的處境。不過他也擁有了自由，可以獨立行動和思考，做自己的主宰，依自己的能力處置人生。

然而，依照不同社會階級成員的處境，上述兩種自由有著不同的實現程度。只有最成功的社會階級成員才能在一定程度上受惠於成長中的資本主義，得到真正的財富與權力。他們可以透過自身活動與理性計算而擴張、贏得、支配與積累財富。結合家世背景，這些新的富有貴族所處的地位讓他們能享受新自由的果實，並獲得新的宰制感與主動權。另一方面，他們必須掌控大眾、彼此競爭，因此他們也並非完全能擺脫基本的不安全感與焦慮感。但整體而言，新的資本家的確擁有積極意義的自由，這種自由誕生於由新貴族所培養出來的文化之中，亦即文藝復興時期的社會文化。它以藝術與哲學展現人類的尊嚴、意志與主宰的精神，雖然其中也包含不少絕望與懷疑論。對於個人意志與活動力的重視，同樣出現於中世紀晚期的天主教神學教義中，該時期的經院學派並未反抗權威，而是接受權威的指引，但確實強調出自由的正向意義。他們認為人對於命運、力量、尊嚴與意志自由，都應該擁有一

56 佛洛伊德注意到人類具有這種針對自身的敵意，包含在所謂的「超我」（superego）之中。他也發現超我原本是外在的危險權威的內在化。但他並未將屬於自我的自發性理想，與規範自我的被內在化指令區分開來。這裡所提出的觀點在我對「權威心理學」所進行的研究中有詳細探討（*Autoritäi und Familie*, ed. M. Horkheimer, Alcan, Paris, 1934）。而霍妮的《心理分析的新方法》則指出超我會發出指令的強制特性。

定程度的決定權。

另一方面，如城市的窮人等較低階級，尤其是鄉間農民，都被迫尋求新的自由，並急切渴望掙脫經濟與個人逐漸受到的壓迫。他們沒有多少東西可以失去，但收穫卻可能很豐盛。他們並不熱中奧妙難懂的理論[57]，而寧可關心《聖經》中的基本原則：友愛之情與公平正義。他們的希望化為實際行動，表現在多次政治反叛與宗教運動中，而這些運動都帶有基督教創始初期所展現出的不妥協精神。

然而，我們最主要的關注焦點放在中產階級所做的回應。新興的資本主義雖然有助於這些人漸增的獨立性與主動權，但絕大程度對他們來說是一項威脅。就算到了十六世紀初，中產階級都仍無法從新自由中獲得足夠的權力與安全感。自由帶來了孤獨與微不足道感，遠超過它所帶來的力量與信心。此外，中產階級的個人對富有階級（包含羅馬教廷的神職集團）所擁有的奢華與權力滿腹怨恨。新教思想表達出這份微不足道和怨恨感，摧毀了人對上帝無條件愛的信心；教導人鄙視、不信任自己和別人，使個人成為一項工具；它屈從世俗的權力，並拋棄了「世俗權力若違背道德原則，那麼其存在便不正當」的理念。綜上所述，新教主義放棄了猶太教與基督教傳統奉為根基的要素，呈現一種個人、上帝與世界的某種形象，由於相信個人所感受的微不足道與無力感是來自人類的本質，所以個人理應有所感受，而那些感覺也是正當的。

由此可見，新宗教教條不僅表達出中產階級的負面感受，更進一步藉由合理化與系統化的理解，來強化這些感受。然而，這些教條的作用不僅於此，它指引個人如何處理焦慮感，教人只要完全接受自己的無力感以及人性中的邪惡，並將整個人生當作贖罪的過程、極度自謙，不斷付出努力，就能克服疑惑與焦慮。透過完全的順從就能獲得上帝的垂愛，至少可以期待自己歸屬於上帝決定拯救的一群。新教教義回應了那些恐懼、無根、孤立、被迫改變以適應新世界等人性的需求。經濟與社會的變革引發了新的個性結構，宗教教條則加強了這些個性結構，而這樣的個性結構最後也會回過頭來，成為形塑未來社會與經濟發展的因素。有許多特質根植於這樣的性格結構之中：工作的驅迫力、極度節儉、願意將生命作為滿足權力目的的工具、禁欲，以及強迫性的責任感等，這些都是資本主義社會重要的生產力，若欠缺這些特質，便無法發展出現代社會與經濟成就。人類的精力透過這些形式轉變為社會演進的重要力量，個人行為若依循這些形式原則，將使他在必要的經濟活動上站在一個較佳的起跑點，同時為個人帶來心理滿足，因為這種行動回應了新的人格特質所具有的特殊需求與焦慮感。讓我們用較廣泛的方式來理解這個原則：社會演進決定個人的生活方式，亦即人與他人及工作之間的關係，形塑了人的性格結構。這種新的性格結構導致宗教、哲學或政治上出現新的意識形態，而新的意識形態則加強、滿足並穩固了新的性格結構。新的性格特質又成為推動經濟發展的重要力量，影響社會演進。儘管這些特質在一開始之所以出現，是為了回應新經濟力量的威脅，但它們在日後已經逐漸

57 譯註：此指路德與喀爾文在神學理論的論證。

成為促進新經濟發展的生產性力量。[58]

58本書附錄會更詳細探討關於社會經濟、意識形態與個人心理等要素之間的互動關係。

第四章
現代自由的兩種面向

上一章著重分析新教主要教義的心理學意義，指出中世紀社會體系的崩壞與資本主義的興起，在人們身上引起某些心理需求，而此新興宗教之教義，恰恰回應了這些需求。這項分析著重「自由」這個問題的雙重意義，顯示出人脫離了中世紀社會的傳統束縛而得到的自由，雖然為個人帶來嶄新的獨立感，卻也同時使人感到孤單與孤立，內心充滿懷疑與焦慮，驅使他們養成新的順服習性，投身於強迫性與非理性活動。

在本章中，我試圖闡釋資本主義社會在進一步的發展下，也開始對人的性格造成影響，這種影響方式就跟宗教改革時期的狀況相同。

依據基督新教的教義，人的心理特質將使人適應在現代工業體系中所需扮演的角色。這種工業制度、活動方式及所造成的社會精神，實際上觸及人類生活的所有面向，形塑人類的整體性格，甚至加倍凸顯我們在上一章所探討過的那種心理矛盾：它發展了個人，卻使得他更無助；它增加了個人的自由度，但卻創造出另一種新型態的依賴。在此，我並不打算描述資本主義對人的整體性格所造成的影響，而只聚焦於某一個特定的面向，也就是「個人自由」的發展所造成的矛盾現象。我希望能指出現代社會結構同時對個人造成兩方面的影響：它會使人更加獨立、自主、具批判能力，同時也使人益發感到孤立、孤單與恐懼。想要對「自由」這個問題有全面性的理解，就必須同時顧及這兩個面向，不能在探索一方時忽略了另一方。

這樣的探索相當困難，因為我們通常只會思考彼此之間不會矛盾對立的事物，並往往認定兩種相悖反的發展不可能來自同一個成因。況且，人們（尤其是那些以爭取自由作為目標的人）總是難以理解「自由」有可能為人帶來負面影響，也就是成為一種負擔。因為在現代歷史為自由奮戰的過程中，注意力往往聚焦於打倒舊型態的權威與制約，因此很自然地認為，只要能消除更多傳統約束，人就能得到更多自由。不過，我們未能充分理解，雖然人已經擺脫了對自由的舊威脅，但不同型態的新威脅卻隨之誕生；這些新威脅不必然是外在的限制，而是阻礙人充分體現人格自由的內在因素。舉例來說，我們相信信仰的自由是構成自由的最後勝利之一，然而，我們並未充分認識到，這份自由一方面戰勝了那些禁止人依良心選擇信仰的教會與國家勢力，一方面卻讓現代人對無法以科學驗證的任何事物都失去了信仰的內在能力。再舉一個例子，人們或許會將言論自由視為爭取自由的最終果實，卻往往忘記以下事實：雖然在對抗舊限制的漫長抗爭中，言論自由的確獲得重要的勝利，但現代人也陷入另一種困境，亦即「他」的所思所言正是別人所思所言的處境，換言之，他並未擁有原創思考——也就是為自己思考——的能力，光是這種能力就足以使「無人能干涉他表達思想」的宣告有了意義。再一次，我們自滿於生命行為能免於外在權威告訴我們什麼能做、什麼不能做的束縛，卻忽略了諸如輿論或常識之類的匿名權威所扮演的角色。這類匿名權威的力量之所以如此巨大，導因於我們樂於滿足每個人對我們的期待，而且深深害怕自己成為社會的異類。換句話說，如果人們太過自滿於去除了外在力量對自由所造成的限制，但卻無視於內在局限、強制與恐懼的話，將損害從傳統威脅中努力爭取自由果實的意義。我們容易概括性地認定，若要完全實現個人自由，只需努力獲得更多我們在現代史進程中已獲得的那種自由，也相信要捍衛自由，唯一要做的，就是對抗威脅到自由的外在權威。雖然我們的確盡了最大努力去維護已經得到的每一種自由，卻忘了真正的自由並非只是量的問題，也包含質的問題；我們不僅必須保存與增進傳統的自由，還應致力於取得一種新自由，就是那種讓我們可以體現自我，對自我與人生有信心的自由。

要審慎評估工業體制對這種內在自由所造成的影響，必須充分理解資本主義所預設人類人格發展會產生的巨大進展。事實上，對現代社會所做的任何批評，如果忽視了上述層面，便等同奠基於不理性的浪漫思維，很容易被懷疑是批評資本主義，或者被質疑這麼做不是為了求進步，而是為了毀滅人類現代史上最重要的成就。

基督新教為人類開啟了心靈解放，資本主義則接續為人類思想、社會與政治方面的解放做出貢獻。經濟自由是這種發展的基礎，中產階級是其中的鬥士。個人發展不再受制於一種依據傳統、無法跨越局限的固定社會制度所束縛。在資本主義下，個人被允許並被期待依恃自身的努力、才智、勇氣、節儉或運氣等，在經濟上獲得最大程度的收穫。每個人都擁有成功的機會，同時也冒著失敗的風險，在彼此互相爭鬥的猛烈經濟戰役中，都有可能受傷或倒下。在封建制度下，每個人人生發展的限制早在他出生前就已經註定，但在資本主義制度下，個人——尤其是中產階級——儘管限制很多，但著實有機會憑藉自身努力與行動而成功。在資本主義體系中，個人在可努力競爭與較有機會成功的事物中看見奮鬥的目標，他學會仰仗自己、做出負責任的決定，捨棄那些安慰人或令人恐懼的迷信。人們逐漸突破大自然的束縛，以前所未見、甚至無法想像的能力掌控自然界的各種力量。人與人之間變得平等；不同社會階級與宗教信仰曾是阻止人類齊心向前的天然阻礙，現在也都已消失不見了，人學會將他人視為與自身完全平等的個體。人類世界逐漸擺脫神祕未知的事物，屏棄各種可笑的錯誤觀念，並以客觀的角度看待自身的存在。政治自由亦逐步萌芽，日漸壯大的中產階級憑藉著經濟地位與實力終於獲得政治實權，而這股新近出現的政治力量，則創造出更多經濟進步的可能性。英國、法國的革命運動及美國的獨立戰爭，皆標示出這股政治經濟發展的里程碑。現代民主國家宣示了人人平等的準則，以及全體公民共同享有平等參政權、個人可自行選出心目中理想的參政代表，更讓這波政治自由的浪潮達到高峰。每一個人基本上都可以依恃自身的喜好而行動，同時關注國家社會的整體幸福。

簡單來說，資本主義不僅讓人脫離了各種傳統束縛，也為發展中的積極自由做出極大的貢獻，造就出積極、具批判力以及負責任的現代人。

然而，這只是資本主義對個人自由的成長歷程所造成的影響之一，與此同時，資本主義也使得個人越來越孤獨與孤立，讓每個人心中充滿微不足道感與無力感。

在此，我們必須注意到的第一個要素是資本主義經濟活動中的普遍特徵：個人主義的活動原則。相較於中世紀的封建體制，當時每個人在有條理且透明化的社會體系中擁有確定的位置，而資本主義經濟體制，則讓每個人只能依賴自己生存。無論個人做了什麼事、用什麼方法進行、最後的結果成功或失敗，完全都是個人自己的事。很明顯的，這樣的原則的確增進了個體化發展，人們也常常談論到這是現代文明的重要貢獻，但它在增進個人「免於受到外在約束的自由」的同時，也間接切斷了個人與他人之間的連結，將個人從他的同胞中被孤立與分離出來。宗教改革時期的教義已經為這項發展做好準備。在天主教教會中，個人與上帝之間的關係乃奠基於個人是否為教會的成員。教會是個人與上帝之間的橋梁，因此教會一方面雖然限制人的個體性，但另一方面也讓個人成為該團體必要的整合部分，讓個人可以用這樣的身分去面對上帝。然而，新教教義是讓個人獨自面對上帝。路德教義中所謂的信仰，完全是個人主觀之經驗，而喀爾文教義中對於最終救贖的堅信，也具有同樣的主觀特質。被迫獨自面對上帝強大權力的個人被那股力量壓得喘不過氣，最後勢必得透過完全的順從以尋求救贖。在心理學的意義上，新教教義這種精神上的個人主義與經濟上的個人主義其實相去不遠，在這兩者之中，個人都處於完全孤獨的情境，並被迫獨自面對優勢的力量，不管是上帝、競爭者，還是非個人的經濟力量。**個人與上帝之間的個人主義關係，其實是為人們做好心理準備，以迎接各種世俗活動中的個人主義特質。**

在資本主義體系中存在個人主義的性質是無庸置疑的事實，我們必須去探討的是，這種經濟式個人主義對漸增的孤獨感究竟造成多少影響，這樣的討論違反了資本主義某些最普遍的傳統觀念。這些觀念認為在現代社會中，人已成為一切活動的核心與目的，個人從事任何活動都是為了自己，「追求自利」與「自我中心」的原則是人類活動最強大的動機。根據本章開頭所談的，我相信這一點在某種程度上是正確的。過去四百多年來，人的確為了自己做了許多事，以達成自己的目標。然而事實上，個人有許多自認為是**他自己的**目標，其實並非真的是他自己的——如果我們所謂的「他」並非意指「工作者」或「製造者」，而是一個帶有各種情緒、智性與感官潛能的具體個人。資本主義除了確立個人的獨立性，也導致自我否定與禁欲主義，而這些心理面向直接延續了宗教改革時期所發展出來的新教精神。

為了解釋上述現象，我們必須先提到一個前一章已論述過的事實。在中世紀社會體系中，資本是人類的奴僕，但到了現代社會，資本卻成為人類的主宰。在中世紀社會的經濟活動只是達成人類目標的工具，真正的目標是人類生命本身，或者依據天主教教會所理解的——是靈魂救贖。經濟活動是必要的，即便是富有者也能符應上帝的目標，但一切外在活動只有能夠增進生命目標時，才顯得有其意義與尊嚴。將經濟活動與追求獲利視為目的本身，這對中世紀時期的學者來說是完全不理性的，正如現代思想家認為如果不這樣想才是不理性的。

在資本主義的經濟活動中，商業成就與物質獲利本身就是目的。人類的命運變成必須致力於經濟體系的成長與資本的積累，而且，不是將這些經濟活動視為實現自身之幸福或救贖的手段，而是直接視為目的本身。個人變成巨大經濟機器中的一枚小齒輪，如果他擁有巨大資本，那麼他就是一枚重要的齒輪，如果他沒什麼資本，那他就是不重要的齒輪。無論如何，所有人（所有齒輪）都是為了服侍存在於他自身之外的目的。事實上，新教主義已經使人準備好心甘情願將自我交付給自己之外的目的，雖然路德與喀爾文都並未明確地鼓吹經濟活動至上論，但在他們各自的神學教義之中，藉由打破個人自尊心與榮譽感等精神支柱，以及教導人們日常生活的目的乃存在於個人自身之外，實際上已經為上述發展打下基礎。

如同前章所示，路德教義相當重要的一點在於，他強調人類本性中的惡，以及個人的意志與努力是毫無用處的。喀爾文同樣強調人類的軟弱，並將「個人必須在最大程度上抑制自身的榮譽感」作為其神學的核心概念；甚至，人生的目的完全只為達成上帝的榮耀，無關乎人自身所擁有的任何意圖。路德與喀爾文幫助人類在心理上做好準備，來接受在現代社會中所必須扮演的角色：讓人感覺自己完全不具重要性、讓人願意使人生順服於非自身的外在目的。當人們願意將自己視為一個工具，服侍著並不代表正義與愛的上帝時，便已準備好接受僕人的角色，以服侍巨大的經濟機器，最終就會變成願意服侍「元首」[1]。

個人成為一個工具，屈從於自身之外的經濟性目的，這是資本主義生產模式中的特殊現象，也使得「資本積累」成為經濟活動的主要目的。個人為了賺取利潤而努力工作，但所賺得的利潤並非為了消費，而是將其當作新的資本，以進行另一項投資。增加的資本帶來了新的利潤，而新的利潤則再次轉為其它投資的資本，就成了一種循環現象。當然，某些資本家會將財富揮霍於奢華的享樂或炫耀式的浪費，但在資本主義社會最典型的現象是，人們享受的是工作，而非消費；人們積累資本，而非在實質消費上使用資本，這項原則造就了現代工業體系華而不實的各種成就。然而，如果人們並未對工作抱著禁欲式的拚命態度，並未將努力的成果繼續轉投資於發展經濟的生產力，那麼我們將不可能做到如今日這般對外在世界的掌控程度；社會中各種生產力的成長，使人類在歷史上第一次得以預見未來不必為了滿足物質需求而不斷辛勤奮鬥。但是，為累積資本而工作的原則在客觀上雖然對人類的進步極有價值，但從個人主觀角度來看，該原則卻使人成為其所一手建造的機器之下的奴僕，因而強烈感受自身的微不足道與無力感。

目前為止，我們所討論的對象是當代社會中擁有一定資本的那些人，他們能將利潤轉變為新的資本投資。不論是大型或小型資本家，都將人生投注於經濟上的滿足，也就是資本的積累。但是，那些沒有資本、必須出賣勞力才能求取生存的人，情況又是如何？其實他們的經濟地位為他們帶來的心理影響，跟前述資本家並無太大的不同。首先，「受雇」意謂著這些人必須依賴市場法則、依賴社會繁榮與蕭條，並且依賴雇主手上所掌握的科技改良的效果，這些人直接受到雇主的操縱，對他們來說，雇主成為優勢力量的代表，他們必須屈從。這種情況對十九世紀前（包含十九世紀時期）的工人來說更是如此。自那時起，工會運動使工人擁有了自己的力量，從而改變了他們僅僅作為被操縱對象的處境。

1　譯註：納粹統治時期的人民對希特勒的稱呼。

然而，除了上述工人直接且切身地依賴雇主之外，他還和整個社會一樣充滿禁欲精神，而且順服於各種外在目標——我們先前已描述過那是資本主義的特質。這種情況並不會讓人感到訝異，在任何社會中，整體文化的精神其實都取決於社會中最有權力的那群人，部分原因是，這些人掌控了社會的教育系統、學校、教會、新聞輿論、影劇文化等，因而使得社會上的人都被灌輸了這些有權者特有的想法。另外，這些有權者擁有太多社會名望，使得較低階層的人完全願意接受和模仿他們的價值觀，並打從心底認同這些價值。

在先前的論述中，我都主張資本主義生產模式將人變成一種工具，服膺於人自身之外的經濟目的，並增強了新教主義已為人打好心理基礎的禁欲主義精神，以及個人內心生成的微不足道感。然而，這項主張卻與下列事實有所牴觸：現代人所展現的行為似乎不是被犧牲與禁欲的態度所驅動，相反地，現代人的行為來自於極度的自我中心，以及對自我利益的追求。我們該如何調和這兩種現象：客觀上，個人變成服侍著非他自己所擁有的各種目的的僕人；但主觀上，個人卻又相信他是受到自我利益的驅動？我們該如何解釋新教主義精神與現代自我中心論？前者強調個人無私的奉獻，但若依馬基維利（Machiavelli）的想法，他認為自我中心主義才是驅動人類行為最強大的力量，追求個人利益的渴望，將遠勝任何道德考量，例如人們寧願見到父親過世，也不願喪失自己的財產。這樣的矛盾是否可以被解釋為，對無私奉獻的強調，其實只是作為一種意識形態，目的在掩飾實質上的自我中心主義？儘管這個說法可能有一定程度的真實性，但我們並不相信這就是圓滿的答案。為了指出答案可能指向的方向，我們必須先探討所謂「自私」心理的錯綜複雜之處[2]。

路德和喀爾文，以及康德與佛洛伊德的理論背後都預設了一個前提：自私等同於自愛（self-love）。在他們的想法裡，「愛他人」是一種德性，「愛自己」則是一種罪過。而且，愛他人與愛自己是互相排斥的。

理論上，我們在此發現了關於愛的本質的一項謬誤。愛一開始並非由某個特定對象所「引發」，而是一個人身上歷久猶存的特質，會針對某個「對象」實現出來。恨是對於破壞的激烈渴望，而愛則是熱切肯定一個對象。愛並不純然是一種「效果」，而是一種積極的渴求及與內在的關聯，目的是增進對象的幸福、成長與自由[3]。個人心中這種愛的意願，原則上可以針對任何人或任何事物發生，包含我們自己。「排他性的愛」本身便是一種矛盾。當然，某特定的人之所以變成某人愛的對象並非偶然。導致這特定選擇的因素太多也太複雜，我們在此不擬探討。然而，重要的是，某人對特定對象的

2 此問題的探討參見佛洛姆〈利己主義與自戀〉（Selfishness and Self-Love）一文，*Psychiatry*, Vol. 2, No. 4, November, 1939。

3 蘇利文在演講中繼續發展這個想法。他認為青少年時期的特徵在於，他們在人際關係上會出現新的刺激力量，導致一種新型態的滿足，取代了原本的另一個人（好友）。對他來說，所謂的愛，意即被愛者所感受的滿足，與愛人者的感受具有同樣的重要性，也同樣值得追求。

愛，是他心中「本來就持續存在的愛」的現實化與集中化展現，並非如浪漫愛情故事所說的：人在世界上能愛的只有那一個人，找到那個人是一生中的莫大機緣，而這份愛會讓他撤回對其他人的愛。只能針對一個人的愛其實並不是愛，而是類似施虐者與受虐者的依戀關係。愛的基本肯定，是看見所愛之人體現了人之所以為人的本質。此處對人的愛並非常被誤認為的那樣，是在愛了特定人物「之後」的抽象概念，或是與特定「對象」的經驗的擴大。對人的愛是以「對具體對象的愛」為前提，雖然從遺傳學角度來看，前者必須透過與具體個人接觸後才能存在。

順著以上推論，原則上，我的自我如同他人一樣，也可以作為我愛的對象。對於我自己的人生、幸福、成長與自由等方面的肯定，都來自於我內在具有肯定的基本意願與能力。個人若有這種意願，那麼他愛的對象也可以是自己，如果他只能愛別人，那代表他根本就沒有愛的能力。

自私並不等於自愛，反而等同於與自愛悖反的一面。自私是一種貪婪。如同所有的貪婪行為，自私也包含了貪得無饜，結果就是根本不存在任何真正的滿足。貪婪是一個無底深淵，使人無止境地努力達成各種欲求，卻永遠得不到滿足，筋疲力竭。仔細檢視這個現象會發現，自私的人總是焦急地關心自己，永不滿足、永遠焦躁不安，永遠害怕得到的不夠多、害怕錯失了什麼，或被剝奪了什麼。他非常嫉妒可能擁有更多的人。如果我們更進一步觀察——特別是無意識的動態——就會發現這類人基本上不喜歡自己，反而深深地厭惡自己。

這看似矛盾的情況其實相當容易解釋。「自私」正是根植於對自我缺乏正面情感。不喜歡自己、不讚許自己的人，對自我經常焦慮不安，他欠缺那種必須真正喜歡和肯定自己才能存在的內在安全感。正因為他欠缺最基本的安全與滿足，所以他必須掛念自己，貪心地為自己取得一切。同樣的情況也發生在所謂自戀型的人身上，這種人不太在乎是否取得一切，只是一心崇拜、讚賞自己。表面上看來，自戀者似乎非常喜愛自己，但其實他們並不喜歡自己，他們的自戀就像自私一樣，基本上是一種缺乏自愛而做出的過度補償。佛洛伊德曾指出，自戀者撤回了他對別人的愛，轉而將愛投向自身。這段話其實只對了一半，事實上，自戀者不愛別人，也不愛自己。

現在回到引導我們對「自私」進行心理分析的問題。我們面對一個矛盾：現代人相信自己為追求自身的利益而行動，但實際上卻將生命投注於自身之外的目標；同樣的，喀爾文也認為，人生唯一的目標並非自己，而是為了上帝的榮耀。我們試著指出「自私」是根植於對真實自我缺乏肯定與愛，而「真實自我」指的是擁有發展可能性的整體個人。作為現代人活動目的那個自我只是社會性自我，由個人扮演的角色所構成，是人在社會中客觀功能的主觀偽裝。現代人的自私，是一種因為真實自我嚴重挫敗而產生的貪婪，他的目標是社會性自我。現代人雖然看似以極端維護自己為特色，其實他的自我已經被削弱，化為整個真實自我中的碎片——知能與意志力——而排除整體人格中的其他部分。

即便上述論點是正確的，那麼對自然主宰力的增強，難道不會造成個人自我的增強嗎？這個說法某種程度上是對的，它關注個人發展的積極面，我們當然不希望忽視這點。但是，人雖然相當程度主宰了自然，社會卻控制不住它所創造出來的力量。現代生產體系在技術面的合理運作，實則伴隨了在社會面的不合理運作，各種經濟危機、失業、戰爭……在在掌控了人類的命運。人類建造了他的世界，建造工廠與房舍，生產汽車與衣服，種植穀物與水果，但他跟親手生產的東西逐漸疏遠，他不再是自己所造世界的主人。相反地，這個人類建造的世界變成了主宰者，人類服膺於這個世界，盡其所能給予安撫或操縱。他親手創造出來的東西變成了他的上帝。人似乎是受自我利益驅使而行為，其實他的整個自我及各種潛能都變成了一個工具，服侍著他所創生的機器。人類依然抱著自己是世界中心的幻想，但內心卻充滿著他的祖先在面對上帝時曾有過的強烈微不足道與無力感。

現代的人際關係特質更加深了現代人所感受到的孤立與無力感。個人與他人之間的關係已經喪失了直接化與人性化的性質，具有一種操縱與工具主義的精神。在一切社會和個人關係中，市場法則便是最高的指導原則。顯而易見，競爭者之間的關係必須建立在彼此冷漠的基礎上，否則，其中一方將會無力實現經濟任務，也就是彼此爭鬥，在必要時毫不手軟地對另一方進行經濟破壞。

雇主與雇員的關係亦瀰漫著同樣的冷漠精神。「雇主」（employer）一詞包含了整個情況：資本擁有者雇用了另一個人，就好像使用了一部機器。雇主與雇員都在利用對方以追求經濟利益；他們之間的關係就是把彼此當作達成目標的工具。對雙方而言，彼此僅具有工具意義，也對此共同用處之外的對方沒有任何興趣。商人與顧客之間也存在著同樣的工具性。顧客是受商人操縱的對象，商人對顧客擁有的目標漠不關心。個人對工作的態度也具有工具性，相對於中世紀的工匠，現代製造商根本不關心他所生產的商品，他之所以從事生產，完全只是為了從資本投資中獲取利潤，他完全依賴市場法則來決定要生產什麼，而市場法則則保障了某方面的資本投資將有較大的獲利可能。

不只是經濟活動，人與人之間的關係也存在著這種疏離，使得人際之間的互動完全就像無生物之間的關係。然而，這種工具化與疏離感最重要且極具破壞性的例子，或許是人與自己的關係了[4]。人不僅販賣商品，也販賣自己，並且自覺是一項商品。體力勞動者出賣體力；商人、醫師與神職人員販賣「人格」。現代人如果想出售商品或服務，便必須具備某種特殊的「人格」（personality）——這種人格應該是討人喜歡的。此外，現代人還必須符合許多別的要求：他應該擁有活力、主動性等特殊身分所需要的條件。就像任何一種商品，是市場決定了這些人格特質的價值，甚至決定了這些人的存在價值。如果某人所提供的特質欠缺利用價值，那麼這個人就沒有價值可言，就像一個賣不出去的商品，雖然可能有使用價值，卻仍然一文不值。如此一來，所謂自信與自我感，只是反映他人對我所抱持看法的指標。個人無法在不計聲望與市場成就的前提下肯定自己的價值。如果他受人歡迎，他就是個重要人物；如果他不受歡迎，他就無足輕重。個人的自尊依賴於「人格」成就，這就是為什麼現代人會對聲望人緣這麼重視的原因。個人能否在實際事物中有所進展，端看個人的聲望，而聲望也決定

4 黑格爾與馬克思對人類疏離問題的理解奠定了理論的基礎。參見馬克思所提出「對商品的拜物主義」（fetishism of commodities）與「勞動之疏離」（alienation of labor）等概念。

了個人能否維持自尊，或是陷入自卑感的深淵[5]。

我們已經試著指出，資本主義為個人帶來新的自由，使得基督新教帶給個人自由的效果又增添了幾分。個人變得更為孤獨、孤立，變成一種工具，服侍著外界具壓倒性的強大力量；他的確變成了「個人」，卻是困惑與不安全的個人。不過，有些因素能幫助個人克服內心強烈的不安全感[6]。首先，他因為擁有財產而得到支撐。「他」這個人和他所擁有的財產具有不可分割的關係。人的衣著和房子就好像他的身體一樣，都是自我的一部分。個人越不覺得自己是個重要人物，就越需要擁有財物。個人如果沒有財產或失去財產，他就喪失了「自我」中的重要部分，某種程度上被他人及自己視為不是一個完全合格的人。

支撐自我的另兩項因素是社會威望與權力，這兩個因素部分來自於個人所擁有的財產，部分導因於個人在競爭領域中所得到的成就。他人的讚賞加上他們的權力，都讓財富對個人的支持力更為鞏固，撐起缺乏安全感的自我。

對於那些沒有財產也沒有社會威望的人來說，家庭成為個人威望的來源。在家庭裡，個人有可能自覺像個「重要人物」。妻子與兒女都服從他，他是舞臺的中心，將這個角色視為天生的權利。他在社會中可能毫不起眼，在家裡卻是個國王。除了家庭，民族自尊（在歐洲則通常是階級自尊）也能給予個人意義感。即便個人完全微不足道，但他還是會因為從屬於一個他可以感覺優於其他族群的群體而感到驕傲。

上述這些支撐著軟弱自我的因素，必須與我們在本章開頭所談論的那些因素區分開來：經濟與政治上的真正自由、個人展現進取心的機會，以及逐漸成長的理性啟蒙。後面這些因素才真正會強化自我，引領個體性、獨立性與理性能力的進展。而至於那些支撐性因素，只有助於彌補個人的焦慮感與不安全感，而非根除；只是掩蓋住那些感受，讓個人有意識地感受到安全；但這種安全感也只是一種表象，維持時效僅限於支撐性因素消失之前。

若仔細分析宗教改革時期以至今日社會的歐洲與美國史，就可以看出「免於受到某種侵擾的自由」到「能夠從事某種自由」的演變中，兩種固有的悖反趨勢如何同時並行，甚至持續地交織在一起。可惜這種分析超越了本書的探討範圍，必須留待其他著作詳述。在某些時期及某些社會群體中，積極意義的個人自由——諸如自我的力量與尊嚴——的確具有主導地位；廣泛來說，這種情況曾經發生在英國、法國、美國與德國，當中產階級在經濟與政治上戰勝代表舊秩序的諸多力量時。在為了爭取積極自由而戰鬥時，中產階級再現了重視個人自律與尊嚴的新教精神；天主教教會則跟那些必須打壓人的自由權利以求保住自身特權的族群結盟。

5 史卡其泰爾（Ernest Schachtel）在他未出版的講稿〈自我感受與人格販售〉（Self-feeling and the 'Sale' of Personality）中，具體地分析了關於個人自尊的問題。

6 譯註：後文將這些要素譯為「支撐性因素」。

在現代社會哲學的論述中，我們也發現自由的兩個面向就像宗教改革時期的神學理論那般交織在一起。對康德與黑格爾來說，雖然個人的自律（autonomy）與自由是他們思想體系的中心先決條件，但他們還是要求個人臣屬於一個全能國家的目標。而法國大革命時期的哲學家及十九世紀的費爾巴哈（Feuerbach）、馬克思、施蒂納（Stiner）與尼采，再次以堅定的態度傳達出一個理念：個人不應臣屬於與自身成長及幸福無關的外在目標。然而，同一世紀極端保守派的哲學家則明確要求個人必須屈從於性靈與世俗的權威。十九世紀後半葉與二十世紀初的社會趨勢表明了積極意義的個人自由發展到高峰，不僅中產階級參與其中，勞動階級也成為活躍且自由的動源，為了自身的經濟目標努力，也為了追求其他更廣泛的人類目標而奮鬥。

然而，隨著資本主義在近數十年迅速發展到壟斷性階段，自由的兩種面向所發揮的個別影響力似乎改變了。削弱個人自我的因素逐漸增高，而那些能增強自我的要素卻逐漸失去分量。個人的孤獨感與無力感逐漸升高，雖然越來越能擺脫傳統束縛的自由更加明確，但他獲得經濟成就的可能性卻變窄了。他感受到巨大力量的威脅，這種情況在許多方面都類似十五、十六世紀時一般百姓的社會處境。

這項發展最重要的因素是壟斷性資本的力量日漸增強。在現代經濟體系中，資本（而非財富）集中於某些特定的領域，大大限縮了個人依憑自身的進取心、勇氣與智慧以獲得成功的機會。在壟斷性資本運作取得壓倒性成功的領域中，許多人的經濟獨立被摧毀了。對那些繼續奮鬥的人、尤其是大部分的中產階級來說，這些奮鬥使得個人努力進取的勇氣與自信心逐漸被無力感與絕望取代。由一小群人操控著龐大神祕的力量籠罩著社會全體，社會上大多數人的命運都取決於這些少數人所做的各種決定。德國在一九二三年發生通貨膨脹，以及美國在一九二九年發生的經濟大蕭條，都加深了個人的不安全感，粉碎了許多人靠自己努力求發展的希望，以及相信成功有無限可能的傳統想法。

社會上小規模與中型規模的商人遭到優越資本力量的威脅，這些人當然可以繼續賺錢並保有經濟上的獨立，但是頭頂盤繞不去的強大威脅，已經在他們內心產生前所未有的不安全感與無力感。當這些商人在對抗壟斷力量的競爭者時，根本就是在對抗一個巨人，不像從前對抗的只是勢均力敵的對手。不過，這個時代的社會出現另外一種商人，現代工業發展為他們創造出新的經濟功能，這類獨立商的心理處境也相異於舊式獨立商，他們有時會被視為中產階級生活方式的新型態成長的最佳例證——那就是加油站老闆。許多加油站老闆在經濟上是獨立的，他們擁有自己的事業，就像擁有一間雜貨店或成衣裁縫店。但是，舊式獨立商與新型獨立商之間存在著極大的差異。雜貨店老闆需要大量的知識與技能，他必須在眾多批發商中做出選擇，他可以依據最好的價格及品質來進貨；他有許多個別的顧客，他必須知道他們的需求，建議他們如何購物，還得決定是否讓他們賒帳。整體來說，舊式商人所扮演的角色不僅具有獨立地位，而且需要具備許多技能、個人化服務、知識和活動。反之，加油站老闆面臨的處境完全不同。他只販售一種商品：油和煤氣。他對汽油公司並未擁有多少討價還價的空間，他只需要一次又一次、機械性地重覆著加油的動作。相較於舊式雜貨店老闆，加油站老闆的工作在技能、主動性與個人活動等發展空間小得多了，他的利潤多寡取決於兩項因素：他購入汽油所必須付出的價格，以及停在他加油站的駕駛人數目。這兩項因素在很大程度上都不是他所能掌控的，他的功能僅只是做為批發商與顧客之間的中介者。不論他是受雇於某公司，或是「獨立商」，他的心理狀態並無太大差別；他只是巨大銷售機器中的一枚小齒輪罷了。

至於隨著大企業擴充而急速成長的白領工作者所形成的新中產階級，他們的地位顯然不同於舊式小獨立商。或許有人辯稱，這些新中產階級雖然不像以前那樣獨立，但事實上，他們卻能因此在主動性與智力上擁有更多發展，成功的機會不下於舊式裁縫店或雜貨店老闆，甚至更多。儘管新中產階級的成功機會大到什麼程度令人懷疑，但這個說法某方面是對的。無論如何，白領工作的心理處境相當不同。他身為巨大經濟機器的一環，被賦予高度分工的工作，必須與相同領域中數以百計的人激烈競爭，如果落後就會遭到無情的裁撤。簡言之，即便他在某些情況下，的確比舊式商人擁有更多成功的機會，但他卻嚴重喪失安全感與獨立性；他被化約為機械裝置中或大或小的齒輪，這部機械總是將他無法掌控的節奏強加在他身上，相較之下，他根本微不足道。

大企業的龐大規模與優越力量對工作人員也造成某些心理影響。在早期規模較小的公司裡，工作人員直接認識老闆，也對整個企業都很熟悉，因為他能全面考察整個公司。雖然他也會因為市場法則獲得錄用或遭到解聘，但是他和老闆及企業之間存在著堅實的連結，這讓他有一種踏實感。而在僱用幾千名職員的大型工廠上班的員工處境便不同了，老闆變成抽象的人物，員工永遠不會見到他；所謂的「管理部門」是一種無名的權力，員工只能透過間接的方式應對，雖然身為一分子卻完全不具重要性。整個公司中有很多部分是個別員工所見不到的，他能接觸到就只是與他特殊工作有關的那一小部分。

工會的出現稍微緩和了這種狀況。工會不僅改善了工作人員的經濟處境，也為他們帶來重要的心理效果，對比於之前所面對的巨人，工會提供工作人員一種強大感與重要感。不幸地，許多工會本身已發展成過度龐大的組織，使得個別成員無法擁有展現主動權的空間。工會成員繳交會費，不時投票表決，但在此他再度成為巨大機器中的小齒輪。理想情況下，工會應該是每個成員積極合作支持的機構，其組織活動應該讓每個成員積極參與，並使成員感到應對組織負責才是。

現代社會中個人所感受到的無足輕重，不僅存在於他所扮演的商人、雇員或勞工的角色之中，也包括作為一個顧客的角色。近數十年來，顧客的角色發生了劇烈的改變。當某位顧客走進由舊式獨立商所經營的零售店時，他能獲得個人化的關照：他的購買行為會得到店老闆的高度重視，使他感到自己有相當的重要性；老闆也會細心檢視他的需求，購買行為賦予他一種重要與尊嚴的感覺。但在現代百貨公司中，商店與顧客的互動關係變得截然不同。顧客對百貨公司的建物之大、員工之多，以及商品之豐富印象深刻，這一切使他自覺渺小與無重要性。以個人而言，他對百貨公司來說完全不重要。他的重要性僅來自於他身為「一位」顧客，百貨公司不希望失去他這位顧客，因為這表示公司出了某種差錯，而這項差錯也有可能使公司失去其他顧客。作為抽象的顧客，他是重要的，但作為具體的顧客，他便一點也不重要了。沒有任何人會歡喜他的到來，沒有人特別關心他的需求，他在百貨公司的購買行為就類似於上郵局購買郵票一樣。

現代的廣告手法更加強了這種現象。舊式商人的推銷手法基本上都訴諸理性。他熟悉每樣商品，也熟知顧客需求，他以知識作為基礎來銷售商品。當然，為了盡其所能說服顧客，他的推銷方式可能不盡然客觀，然而為了有效銷售，他必須採用合理且務實的推銷方式。但現代社會絕大多數的廣告行銷卻相當不同，它的訴求對象並非理性層面，而是從顧客的心理層面著手。就好像催眠的暗示，試圖激發顧客的情緒反應，使其在情感上接受商品。這類廣告以各種方式讓顧客留下印象，一再重複同樣的公式，例如找來某社交名媛或著名拳擊手抽特定品牌的香菸，藉此發揮影響力；或是以美女的性魅力吸引顧客，弱化顧客對商品的批判能力；藉由威脅顧客可能會有體味或口臭，誘使顧客情不自禁地購買商品；或是激發顧客的白日夢幻想，讓他們以為只要買了某件襯衫或香皂，就能為人生帶來改變。這些手法在實質上都是非理性的，完全與商品品質無關，就像鎮定劑或催眠一般扼殺了顧客的判斷力。它們提供給顧客如電影情節的白日夢幻想，使其滿足地沉醉其中，但同時讓顧客加深了自身的渺小感與無力感。

事實上，上述這些使個人判斷力變得遲鈍的方法，對我們的民主政治也造成嚴重的危害，程度甚至大過許多人對民主政治的公開抨擊。從人性完整面來說，那些方法甚至比我們所懲罰的猥褻出版品來得更不道德。消費者運動試圖恢復顧客的尊嚴、重要感，以及對產品的批判能力，其運作方向近似於工會活動，然而到目前為止，該運動的發展尚處於草創階段。

應用在經濟活動上極為準確的理論，在政治領域也是可以驗證的。在早期民主政治中，有許多制度的安排使個人能積極具體地參與投票，做出某項決議或選出某位公職當選人。當時個人對於要做決議的問題相當熟悉，也認識每位候選人。投票過程通常在城鎮全民大會中進行，而且有非常具象化的特質，每位參與者都相當重要。而今日投票者面對的是龐大的政黨，這些政黨就好像巨大的工業組織般讓人感覺疏遠又敬畏。現代民主政治探討的議題都很複雜，加上政治人物的操弄手法加深了一般人民對議題的困惑。選民只有在選舉期間才有機會接觸到候選人的相關事物；再加上收音機與無線廣播的問世，選民變得更難見到候選人，遂失去了衡量「他的」候選人的最後方式。事實情況是，政黨機制提供給選民兩到三個候選人，但這些候選人並非「選民的」選擇，投票者只是被動接受這些選項，他們與候選人之間互不認識，兩者的關係就像與多數其他人的關係一樣抽象。

就如同廣告宣傳對消費者所造成的影響，政治宣傳也增加了個別選民對自身的微不足道感。不斷重複的標語、強調與議題無關的因素，在在麻痺了選民的批判能力。在政治宣傳手段中，完全不訴諸個人思維的清晰與理性的各種現象，即便到了現代民主國家也層出不窮。面對政黨透過宣傳手法所呈現出來的巨大規模與權力，往往使得個人選民無法不自覺渺小與無足輕重。

這一切並不是說廣告宣傳與政治活動都蓄意強調個人的不重要性。情況剛好相反，它們都盡力奉承選民，盡力使每個人都覺得自己很重要，並且偽裝成訴諸於他自己的識別與批判能力。但這些偽裝實際上都只為了使個人的疑心變得遲鈍，幫助個人愚弄自己，進而影響最後的投票決定。當然，上述宣傳手法並非全然訴諸非理性層面，不同的政黨或候選人在宣傳活動中理性因素的分量也有差別，這一點我不需在此特別說明，相信讀者也能明白。

還有其它因素也會強化個人的無力感。今日的政治與經濟局勢變得比往昔更巨大且複雜，個人逐漸無法理解這些活動，所面對的威脅也變多了。數以百萬的結構性失業人口也增加了個人的不安全感。雖然支撐著失業者的公共單位在經濟及心理上已盡力緩和失業所導致的後果，但實際上對廣大社會人口來說，失業對個人造成了心理上難以承受的痛苦，甚至這種恐懼會籠罩他們的一生。擁有工作——無論是幹哪一行——對許多人而言似乎是他們僅有的人生希望，也是他們應該感激的事。失業對年老者來說更是一大威脅，許多工作只願意僱用年輕人或者是生手——亦即具有可塑性、可以毫不困難被塑造成特殊體制內所需的小齒輪——的那種人。

戰爭的威脅也加深了個人的無力感。十九世紀當然也發生不少戰事，但自從最近一次戰爭以來，世界毀滅的可能性急遽增加，戰爭的影響所及，幾乎涵蓋了每一個人，毫無例外。所以戰爭的威脅已經變成人們心中的夢魘，雖然很多人在戰爭波及到他的國家之前不會意識到戰爭的存在，但這樣的威脅已經籠罩他們的人生，更增加了他們的恐懼與對自身的無力感。

這整個時期的「社會樣貌」都符合前文的描述。個人在巨大的城市裡迷失自我、建築物像山一樣高、收音機持續不斷進行聽覺轟炸、媒體的斗大頭條一日三換，讓人無從判斷哪個才是重要的新聞。表演節目中會出現百位女孩展現她們如時鐘般精準的表演動作，有如強力但卻平穩的機器，在爵士樂的節拍中抹除了獨特的自我。這種種細節都具體而微地表現出當個體面對著無法控制的巨大規模時，相較之下只是一粒微塵。他只能像行軍的士兵或是無止境輸送帶上的工人，好好調整步伐跟上。他可以自由行動，但早已喪失獨立感與重要性。

一般美國人內心充斥恐懼與無足輕重的程度，似乎可以從米老鼠（Mickey Mouse）這類影片的廣受歡迎看到生動的描繪。這類影片總是以許多形式表現出同一個主題：某個小東西受到超強力量的逼迫與危害，那個東西威脅著要殺死或吞食小東西。小東西逃跑，最終成功脫離危險，甚至傷害了敵人。即使有許多不同的表現形式，人們也不會想一看再看同一個主題，除非那個主題明顯觸及人們情感上極為貼切的東西。影片中受到強大惡意的敵人所威脅著的小東西，顯然就是觀眾的化身；那正是他所感受到的心境，他能在那小東西的處境中看到自己。當然了，除非結局圓滿，否則就不會有持續的吸引力。觀眾在影片中重溫了自己的恐懼與渺小感，最後獲得令人欣慰的結局，儘管過程千辛萬苦，但終究會得救，甚至打敗強大的敵人。然而，這正是此「快樂結局」重要又悲哀的地方——那隻小東西最後之所以能得救，絕大部分都依賴牠的逃跑能力，或者是發生了某些未曾預料到的意外，使怪物無法逮住他。

十九世紀某些具有遠見的思想家早已預見上所述現代人所感受到的處境。齊克果（Kierkegaard）描繪了無助的個人被疑惑感撕裂與折磨；尼采勾勒出即將到來的虛無主義（nihilism），這在後來的納粹主義中相當明顯，他同時創造「超人」（superman）的意象，以對比他在現實生活中所看見充滿不重要感與無方向感的個人。卡夫卡（Franz Kafka）的作品精確地呈現出關於個人無能為力的主題，在長篇小說《城堡》（*Castle*）中，卡夫卡描述一個人希望接觸居住在城堡內的神祕居民，他們會告訴他該做什麼，並向他指明他在世間的位置。這個男人終其一生都發狂似地希望接觸到城堡居民，但他從未成功，最後孤獨終了，留下滿肚子無助感與徹底的徒勞無功感。

朱立安．葛林則以優美的文字表現個人的孤立感與無力感：「我知道相較於整個宇宙，我們根本不算什麼，如此地微不足道。但整個世界是這麼廣闊無邊，使人不知所措，同時又叫人安心。那些超出人類思慮的意象與規模大到無以復加，有什麼是我們能依附的？在我們被魯莽地扔進由幻象所構成的混沌裡，只有一樣東西永遠為真，那就是愛。其他的一切都不重要，都是枉然的虛空。我們窺探巨大的黑暗深淵，我們深感畏懼。」7

然而，一般正常人都沒有察覺這些作家所描繪的（以及許多被稱為神經質的人所感受到的）那種個人孤立感與無權力感。因為這件事對人們來說太嚇人了，同時也被每天的例行公事、在個人與社會關係中獲得的鼓勵與肯定、事業成就、各式各樣使人分心的事物、「玩樂」、「與人接觸」、「東奔西跑」等事情所掩蓋了。但是，在黑暗中鳴笛是無法帶來光明的，孤單、恐懼、困惑等感受依舊存在，人們無法永遠忍受下去。人們無法繼續承受「免於受到某事物侵擾之自由」所帶來的負擔，除非他們能從消極自由進步到積極自由，否則他們便必須試著逃避所有的自由。在我們時代的主要逃避方式，是像法西斯主義國家中那種對領袖的完全順服，以及普遍流行於我們民主國家之中，個人對於外在規則強迫性的遵從。在我們繼續探討這兩種社會模式所促成逃避自由的途徑之前，我必須邀請讀者來討論關於「逃避」背後錯綜複雜的心理機制。我們在前幾章已經談過這類的機制，但為了完整理解法西斯主義與現代民主社會裡個人自動化（automatization）背後的心理意義，我們不能只用一般方式去理解個人的心理現象，而必須詳細且具體地研究其運作方式。這或許會有點像在繞遠路，但事實上，這是我們整體探討的必要部分。就好比若不研究社會文化背景，我們就無法適當地理解心理問題，而若不研究潛在的心理機制，我們也無法適當地理解社會現象。下一章我將試著分析這些心理機制，揭露個人心中究竟發生了哪些變化，並指出我們力圖逃避孤獨和無力感時，是如何心甘情願藉由順從新形式的權威，或從內在強迫性地遵守公眾接受的模式，來擺脫個人的自我。

---

7 朱立安．葛林（Julian Green）所著《個人紀錄》（*Personal Record, 1928-1939*, Harper & Brothers, New York, 1939），由J. Godefroi翻譯。

第五章

逃避的機制

我們要繼續探討法西斯主義背後的心理意涵，以及權威體系與民主制度下自由之意義。然而，因為本書論證的有效性是根據我所提出的心理學為前提，因此我們似乎有必要停止一般性的概述，將內容著重在詳細具體分析我們已觸及、日後也會繼續討論的心理機制。由於這些前提來自於對無意識力量概念的描述，以及無意識力量如何被合理化地表現（甚至呈現於個人性格特質中），對許多讀者來說，這些概念或許相當陌生，需要進一步說明與討論。

我將試圖探究個人的心理機制，並透過心理分析對個人做詳細的研究。雖然「心理分析」（psychoanalysis）所採用的方式並未遵循近年來學術界的主流，亦即自然科學的實驗方法，但是心理分析是完全符合經驗主義法則的。它以觀察個人未曾清楚意識到的思想、夢境與幻想為基礎，當我們的分析對象是個人或整個社會文化，只有這樣的研究方式才能看穿各種複雜的現象。如果我們能拋棄原先的成見，不將人們自認為的行為動機視為**真正**驅動其行為、感受與思考的動機，那麼許多看似不可解的難題都會立刻煙消雲散。

許多讀者都會質疑，對「個人」的觀察結果能否用於理解「群體」的心理？我們對此問題抱肯定的答案。任何群體都由個人所組成，因此，運作於一個群體中的心理機制，就是運作於個人之間的機制。將個人心理研究作為社會心理研究的基礎，就好像是在顯微鏡下觀察物體一樣，能因此發現大範圍運作於社會活動中的心理細節。如果對社會心理現象的分析不是根據個人行為的觀察，那就會缺乏以經驗為基礎的事實，做出無效的分析。

然而，即便承認個人行為的研究具有如此的重要性，我們還是會受到質疑：關於那些被社會視為神經質者的觀察，對社會心理問題的闡述是否有意義。我們相信答案仍舊是肯定的。原則上，我們在神經質者身上所觀察到的現象，其實與正常人身上所觀察到的內容並無二致，只是更加地顯著；而且，這些人更頻繁地意識到這些現象，正常人反而不太會意識到有什麼異樣。

為了更清楚說明這點，我們應該簡短談論一下**神經質**（neurotic）與**正常**（normal）或**健康**（healthy）等用語。

所謂的「正常」或「健康」，可以用兩種方式來定義。第一，從社會功能的觀點來看，一個人可以被視為是正常或健康，表示他有能力去滿足社會賦予他的既定角色。更具體地說，這代表他能以社會普遍認同的方式完成工作，而且能參與社會的繁衍，亦即維持正常的家庭運作。第二種方式是從個人觀點來看，所謂的健康或正常，代表個人能有所成長，並獲得幸福的理想狀態。

如果一個社會的結構能提供個人幸福的最佳可能，那麼上述兩種觀點將相互符應。然而，這種情況並未出現在我們所知道的大多數社會中，包括我們自身所處的社會。儘管每個社會能達到促進個人成長的程度不盡相同，但「讓社會順利運轉」與「個人圓滿發展」的目標並非是一致的。這個事實使我們亟須區分兩種「健康」概念的差異，其一是由社會需要所決定，另一種則由個人生存目標的價值與規範所決定。

不幸的是，上述這種劃分方式往往被忽略了。絕大多數的精神病學家都將他們所身處的社會結構視為理所當然，在他們眼中，適應不良的人被冠上「較沒有價值」的汙名，反之，適應良好者在人的價值等級就越高。我們如果區分「正常」與「神經質」這兩種概念，將會得到以下結論：從個人價值的角度來看，適應方面還算正常的人比神經過敏的人來得不健康，他為了適應良好，往往得付出放棄自我的代價，以符合別人的期待，結果喪失了真正的個體性與自發性。另一方面，神經質的人應該被視為不願意在「捍衛自我」的戰場上完全投降的人。的確，這些人未能成功拯救獨特的自我，未能有效表達自我，反而透過神經症狀和退縮於幻想的生活來尋求拯救的可能。然而，就個人價值來說，他不像那些完全喪失個性的正常人殘廢得那麼厲害。不消說，也會有人不是那麼神經質，在適應社會的過程中也沒有完全喪失個性，如果此時將他冠上神經質的汙名，就會被認為是毫無根據的判斷，因為唯有以「社會效率」作為神經質與否的判準，才會被認為是合理的。就整體社會而言，「神經質」一詞不該局限於這種狹隘的判準，因為社會成員若無法達到一定程度的社會功能，社會就無法存在。然而從個人價值來看，如果社會成員的人格功能是缺損的，這個社會就可能稱為神經不正常。但「神經不正常」一詞通常被用來指涉不能執行社會功能，因此我們寧可不說一個社會神經不正常，而寧願說它有害人類幸福與自我實現。

本章所欲探討的，是內心孤立的個人因不安全感而產生的逃避機制。

給予個人安全感的初始連結一旦斷裂，個人就以完全分離的個體去面對外在的世界，他必須克服難以承受的孤獨與無力感，此時有兩種途徑可以選擇。第一種選項：他可以發展「積極自由」。他能夠在愛與工作中，自發地與世界建立關係，藉由真誠表達情感、感官與智性能力來跟世界連結，從而再次與人類、世界及自己合而為一，不必放棄獨立健全的自我。第二種選項是「退卻」，也就是放棄他所擁有的自由，藉由消除自我與世界的鴻溝來克服孤獨的感受。第二種選項永遠不會以個人尚未成為「獨立個體」之前的那種方式[1]，將個人與世界再次結合起來，因為他與世界的分離事實無法逆轉；這種選擇只是為了逃避一種若持續下去將使人生無法承受的狀態。因此，第二種方式只是讓個人暫時逃離一個無法忍受的痛苦處境，這種逃避帶有強迫性的特質，就好像在逃避極具威脅性的恐慌一樣，而且它的特徵是多多少少得放棄個性及自我的完整性——這並非通往個人幸福與積極自由的解決方法。原則上，這樣的解決方式減輕了難以承受的焦慮，讓人逃離恐慌，使日子好過一點，卻並未解決潛藏的問題，而代價是只能過著一種呆板和強迫性活動的生活。

某些逃避機制相對而言具較不具社會意義，只明顯出現在精神與情緒強烈不安的人身上。我在本章中只探討那些在社會文化上具有重要意義的機制，作為後續章節中對社會現象（法西斯體系及現代民主）所進行的心理分析的前提。[2]

1 譯註：意即初始連結。

一、權威性格

以下要探討的第一種逃避自由的心理機制是，個人放棄自我，並將自我與外在的某人或某事熔接在一起，以獲取自我所欠缺的力量。換句話說，個人試圖尋求新的「次等連結」，來代替已經喪失的初始連結。

我們發現，人類的順從與支配欲，或說施虐與受虐欲中，有明顯不同的機制，上述行為或輕或重地出現在正常與神經官能症患者身上。我們先描述這些傾向，然後說明兩者都是為了逃避內心難以承受的孤獨而產生的行為。

在受虐傾向中，最常見的表現形式是自卑感、無力感與微不足道感。有這類情緒的人，他們一方面有意識地抱怨這些感受，希望加以擺脫，但某種無意識的力量卻驅使他們自覺卑微與不重要。他們內心的負面感遠大於對自己缺點或弱點的真實認知（雖然他們通常會找理由自圓其說）。他們傾向於貶損自己，使自己軟弱，而且不願意掌控任何事情，習慣高度依賴外在如別人或大自然的力量。他們無法肯定自己，也不敢做自己想做的事，反而屈從於各種真正或被聲稱的命令。他們往往無法體驗「我要」或「我是」的感覺。對他們來說，人生是具有壓倒性強大力量的東西，是他們無法控制或主宰的。

在更極端的例子中——這樣的情況很多——人除了貶抑自身與順從於外力，還出現傷害自己、折磨自己的傾向。這種傾向可展現為許多不同的形式。我們發現有人沉迷於自我指責與自我批判，程度更甚痛恨他們的敵人。還有人（例如某些強迫性神經官能症患者）會透過強迫性的儀式與想法來折磨自己。我們也發現有人讓自己身體患病，實際上他常常有意或無意地等著疾病來報到，並將病痛視為天賜的禮物。這類人常常會招致意外。其實，如果他們並未無意識地想招禍，這些災禍根本不會發生。上述這些針對自己的受虐傾向，往往以不甚明顯或不那麼戲劇化的方式展現出來。例如有些人即使非常熟知答案，應試時卻答不出來；有人儘管對自己所愛或所依賴的人十分友善，卻常常忍不住說出違逆他們的話。對這些人來說，這些行為活像聽從敵人的指示，做出最傷害自己的事。

人們通常認為受虐傾向是病態或非理性的，但絕大多數的情況中，這類行為往往經過適度的合理化。受虐式的依賴會被認為是對對方所展現的愛或忠貞，自卑感被視為是對自己缺點的充分認知，而讓自己受折磨的苦難，則被視為來自無法改變的環境因素。

2 霍妮在她的〈神經症的傾向〉（neurotic trends，出自《心理分析的新方法》）一文中從不同觀點出發，得到與我所提出「逃避機制」類似的概念。兩者最大的差異點在於：神經症的傾向是個別神經官能症患者的行為驅動力，而逃避機制則是對正常人的行為驅動力。此外，霍妮強調焦慮症狀，而我的理論則著重個人的孤獨感。

除了受虐傾向，與之相反的施虐傾向，通常也存在於這類性格中。這些施虐傾向程度不一，有時清楚自覺，有時潛藏不顯，但它們從不缺席。我們發現有三種施虐傾向會緊密交織在一起。一是意圖使他人依賴自己，並對他人享有絕對且無限制的權力，就好像他人只是個工具，如同「陶藝家手中的泥土」。另一種傾向是，不只有絕對掌控別人的衝動，還要剝削、利用、偷取他們的一切，將他們開膛剖肚，極盡所能榨取每一分每一毫，這種欲望的對象可以是有形的東西，也可以是無形的東西（如情感或知識等）。第三種施虐傾向是使他人受苦，或想看到他人受苦——痛苦可以是肉體上的，但更多時候是心理上的。這種行為往往意欲積極地傷害、羞辱他人、使他人羞愧，或使他人處於尷尬與屈辱的情境中。

對比於社會上較無害的受虐傾向，理由明顯的施虐傾向通常更少自覺，也更常被合理化。這類傾向往往以反向作用[3]偽裝成對他人過度的善意或關懷。有幾種常見的合理化方式如下：「我管你，是因為我知道什麼才是對你最好的，而且為了你好，你應該聽我的，不要有意見。」或是「我是如此完美又特別，因此當然有權指望別人依賴我」。另一種用來掩飾剝削他人意圖的合理化方式是：「我為你付出那麼多，因此我有資格從你身上得到我想要的東西」。更具侵犯性的施虐衝動通常以兩種方式將行為合理化：「我曾被他人傷害過，所以我希望去傷害別人，只不過是單純的報復而已。」或者是「先下手為強，我是為了保護自己或朋友，以免他們受到傷害。」

有一種施虐傾向者與其施虐對象之間的互動關係常被我們忽略，在此值得特別強調：施虐傾向者對其施虐對象的依賴。

受虐傾向者對他人的依賴感相當明顯，但我們對施虐傾向者的既有認知正好相反，因為施虐者的形象似乎總是強硬而跋扈，而被施虐的對象總是軟弱而順服，因此我們很難想像強硬者竟會對其所宰制的對象產生依賴。然而徹底分析會發現這份依賴感的確存在。事實上，施虐者極為需要他所宰制的對象，因為他的力量感完全來自於他能掌控某個對象，他對某對象的依賴或許是毫無自覺的。舉例來說，一個男人可能對妻子非常殘暴，而且一再告誡她，她隨時可以離開，他求之不得。通常，妻子在壓力下根本不敢離開，因此兩人會一直相信男人說的話是真的。但有一天，當妻子鼓起勇氣宣告離開，可以想見男人會開始感到絕望、挫敗，並且哀求她不要離開。他會悲訴不能失去她，並宣稱他有多愛她云云。通常，妻子會因為習慣性地不敢肯定自我，很可能就相信他所言為真，而改變當初的決定，選擇繼續留在他身邊。至此，虐待行為再次上演，他會故態復萌，某天她再度無法忍受而意欲出走。他故計重施，然後她再次留下……。這樣的情節持續上演。

類似上述的循環發生在成千上萬的婚姻關係與人際關係之中，這些關係總是不可思議地能長久維持下去。上述例子中，當男子宣稱非常愛妻子，沒有她就活不下去時，他是否在說謊？就愛情來說，

3 譯註：指個人的表現行為與動機正好相反，對下意識的需求採取了相反的反應。

這得檢視所謂的「愛」是什麼意思。當他宣稱失去她就活不下去時，他所說都是真的，當然不能完全照字面來解釋。這裡所謂的「失去」，是指失去一個可以任他擺布的無助工具，因此，所謂的「愛」似乎只在關係可能瀕臨瓦解時才會出現。而在其他例子裡，施虐傾向者的確明確地「愛」著那些他自覺可以支配的對象，不論對象是妻小、助手、服務生，甚至是路邊的乞丐，他都存在著「愛」的感受，甚至感激之情。他或許會覺得是因為他實在太愛對方，所以才會想控制對方。然而真實的情況是，**他愛著他們是因為支配了他們**。他會以物質滿足、言語讚美、愛的宣告、機智才華的展現，或不時表示關心來安撫他們。他會給予他們一切——除了自由與獨立的權利。這種情感尤其常出現在親子關係中。父母對子女的支配與擁有權，往往隱藏在自然而然的關懷或保護之下。子女被放進黃金打造的鳥籠，只要不離開籠子，他們可以擁有任何東西。結果，孩子長大後往往對愛有很深的恐懼，認為「愛」意謂著遭到控制，將阻礙他尋求自由。

很多觀察家會覺得，施虐傾向不像受虐傾向那樣令人費解。人想去傷害或支配他人雖然不是好事，但似乎很符合天性。霍布斯認為「全人類都有一種普遍的傾向」，每個人的心中都存有「永無休止追求權力的欲望，至死方休。」[4]對霍布斯來說，權力欲不是邪惡的，而是人們渴求享樂與安全的合理結果。希特勒將支配欲解釋為人類所獨有、被生物性制約的適者生存現象。從霍布斯到希特勒，都將權利欲視為人性的一環，它顯而易見的程度似乎使得這個概念毋須多做說明。然而，針對自己而發的受虐傾向，卻似乎是個謎。我們該如何解釋竟然有人不僅貶抑、弱化、傷害自己，甚至還樂在其中？受虐傾向是否違背了我們認定每個人都應該追求快樂與自保的心理？我們如何解釋有人深受每個人都極盡所能避免的磨難所吸引，並試圖招致痛苦與折磨？

不過，有一種現象可證明為何受苦與衰弱會成為人類欲求的目標：受虐式性變態（masochistic）。在這種人身上，我們會見到他希望以某種方式受苦，並且樂在其中。當受虐式性變態者感到他人加諸在自己身上的疼痛時，會感到性興奮——但這並非受虐式性變態的唯一形式。他們所追求的通常不是真正的疼痛，而是透過身體受到束縛，讓自己成為無助且虛弱的個體，從而產生興奮與滿足。受虐式性變態者通常只是「道德上」變得軟弱，例如被人以小孩的方式對待或說話，或以各種方式叱責與羞辱。而在施虐式性變態者身上，我們會發現這類人的滿足感來自於相應的手段，諸如傷害他人身體、用繩索或鏈條綑綁他人，或以行動與言語羞辱他人等。

較之於受虐式性格，心理學家與作家更早注意到上述那種受虐式性變態者是有意識地享受著各種痛苦與羞辱，並主動追求這些東西。然而，隨著越來越多對這類行為的研究，人們逐漸意識到我們先前所談論到的那種受虐傾向，其實相當接近於受虐式性變態的特質，這兩者在本質上都屬於相同的現象。

4 參見霍布斯（Hobbes）所著《巨獸論》（*Leviathan*, London, 1951, P. 47）。

某些心理學家認為，既然有不少人想屈從於他人並因此受苦，那麼人類身上必然存在某種具備此目標的「本能」。如維爾肯德（Vierkand）等許多社會學家也得到相同的結論。第一位試圖提出理論研究的是佛洛伊德。他在早期的理論中，認為施虐與受虐傾向在本質上都是與「性」有關的現象。他觀察幼童的習慣，認為施虐與受虐傾向是一種固定發生於性本能發展中的「局部驅力」。他相信成人的施虐傾向與受虐傾向，乃導因於個人的性心理（psychosexual）早期發展過程中所遺留下來的異常癖好，或是性心理的晚期退化。後來，佛洛伊德越來越重視他稱之為道德受虐（moral masochism）的現象，在這類現象中，個人並非傾向於在肉體上受苦，而是在心理上。他也強調，儘管受虐傾向與施虐傾向表面上看似矛盾，但總是一起出現。然而，佛洛伊德改變了他對受虐傾向的理論說明。他認為人類在生物性中存在著天生的毀滅／破壞傾向，該傾向可以針對他人，也可以針對自身，因此他主張受虐心理在本質上就是所謂「死亡本能」（death instinct）的產物。他進一步提出，我們無法直接觀察到的死亡本能會與性本能混同，若針對自身而發則為受虐傾向，若針對他人而發，就成為施虐傾向。他主張，死亡本能與性本能混合，將能保護個人免於受到單純的死亡本能所帶來的危險和影響。簡言之，人如果無法將「毀滅」與「性」混合在一起，那麼他只有毀滅他人或毀滅自己兩種選擇。這樣的理論與佛洛伊德早期對施虐與受虐傾向的假設，在根本上是不同的。在他原始的想法裡，施虐傾向與受虐傾向在本質上都是「性」現象，但在他的後期理論中，卻變成與「性」無關的現象，其中的「性」成分，只是來自於死亡本能與性本能的合併而已。

雖然佛洛伊德有多年時間未曾關注與性無關的侵犯行為，但是阿德勒（Alfred Adler）倒是將我們在此處探討的行為傾向當作理論的核心。然而，他並未將它們視為施虐傾向或受虐傾向，而視為「自卑感」與「權力欲」。阿德勒只看到這些現象的理性層面。雖然我們探討的是貶抑自己與使自己微不足道等非理性傾向，但阿德勒將自卑感視為是對實際劣勢——如身體機能的缺陷或幼童普遍具有的無助感等——的適當反應。另外，我們將權力欲視為個人想「宰制他人」的非理性衝動，阿德勒則完全從理性面來看待，認為它是一種適當的反應，具有保護個人抵禦不安全感與自卑感威脅的功能。如同他一貫的觀點，阿德勒只看出人類行為的目的性與理性面，雖然他對個人行為複雜的動機做出許多有價值的見解，但都只停留在問題的表面，並未如佛洛伊德那樣深入個人心中非理性衝動的深淵。

在心理分析的文獻中，賴許[5]、霍妮[6]跟我自己[7]都提出了不同於佛洛伊德的觀點。

雖然賴許的觀點奠基於佛洛伊德性欲理論（libido，力比多）的原始概念，但他指出受虐傾向者最終追尋的還是快樂，其所招致的痛苦只是連帶產生的副產品，並非目的本身。霍妮則率先指出神經質人格裡的受虐傾向所具備的重要意義。她對受虐人格特質做了詳細而完整的描繪，以理論加以說明，

5 參見賴許（Wilhelm Reich）所著《個性分析》（*Charakteranalyse*, Wien, 1933）。

6 參見《現代的神經性人格》（*The Neurotic Personality of Our Time*, W. W. Norton & Company, New York, 1936）。

7 參見*Psychologie der Autoritäi in Autoritäi und Familie*, ed. Max Horkheimer, Alcan, Paris, 1936。

將之視為整體性格結構的結果。她的論點和我的理論都指出，受虐人格特質並非來自於性變態，後者其實只是在性方面表達出扎根於某種特殊性格結構下的心理傾向。

現在，我們要進入主要的問題：受虐式性變態與受虐人格特質結構的根源是什麼？再者，受虐傾向與施虐傾向的共同來源又是什麼？

本章開頭已經點出答案的方向。受虐傾向與施虐傾向，都是為了幫助個體逃避無法承受的孤獨感與無力感。對有受虐傾向者所進行的心理分析與經驗觀察皆充分證明（但若在此詳列則會超出本書的討論範圍），這類人內心充斥著孤獨與覺得自己不重要的恐懼感，但這些感受往往是不自覺的，被必須出人頭地、力求完美等補償性感受給掩蓋住了。然而，我們只要深入探究無意識的心理動態，必定會在其中發現這些負面感受。受虐傾向者會在消極意義上感覺他是「自由」的，意即他是孤伶伶的存在，獨自面對疏離而且帶有敵意的世界。關於這種心境，杜斯妥也夫斯基（Dostoevski）在名著《卡拉馬助夫兄弟們》（*The Brothers of Karamazov*）中有一段生動的描述：「他最迫切的需求是必須盡快找個人，能夠讓他交付自身的自由；作為一個不幸的人，他生下來就擁有了這份自由。」飽受驚嚇的人急切尋求某些人事物來束縛自己；他再也受不了擁有獨立的自我，瘋狂地試著擺脫，希望藉由消除「自我」這項重擔，再次尋得安全感。

受虐行為是達到這個目的的方式之一。不同形式的受虐傾向都有著同樣的目的：**為了擺脫個人的自我，為了去除自我**；換句話說，**為了消除自由所帶來的重擔**。這個目的很明顯存在於尋求依順某個超強的人或力量的那些受虐傾向之中（附帶說明，我們必須以相對立場去理解這類人所堅信的「優勢力量」。此處所謂的優勢力量可以來自於真實強大的他者，也可以因為個人本身自覺微不足道與毫無權力而產生的認知。如果情況是後者，那麼一隻小老鼠或一片葉子都可以形成威脅。）其他形式的受虐傾向在本質上也具有相同的目的。有些受虐傾向者的渺小意識還包含了一種加強了原先微不足道感的傾向。我們該如何理解這種情況？我們可否將之理解為，人藉由加深原本的恐懼感，以試圖去除掉那種感受？事實上，這正是受虐傾向者所做的事。只要我還掙扎於「想變得獨立又強大」與「感到自身不重要又無力」兩者之中，就會深陷於痛苦的矛盾處境。如果我成功地將自己縮小到什麼都不是，不去意識到已經與外界分離成獨立的個體，或許就能讓自己脫離這種折磨人的衝突。為此，個人會將自己設定為極度渺小、無助的存在，或讓自己淹沒於精神或肉體的痛苦中，或是使自己沉迷於極度的興奮與麻痺中。如果所有方法都無法脫離「孤獨」的負擔，自殺的幻想就會成為最後的希望。

某些情況下，這些受虐行為相對來說是成功的。個人若能找到滿足其受虐傾向的文化模式（例如屈從於法西斯意識形態下的「領袖」），那麼，他會發現自己與數百萬心有同感的人團結在一起，從而獲得安全感。然而，即便是這種受虐式的「解決途徑」，頂多也就類似於神經官能症患者在面對壓力時所表現的行為：個人成功消除了明顯的苦難，卻未緩解潛存於其中的衝突和無法言說的哀傷。而當受虐傾向者無法在所處的文化模式中找到出口，或他的受虐傾向大幅超越了社會中一般人的受虐程度，那麼上述的途徑就無法解決問題了。受虐傾向來自於個人無法承受的處境，雖然能輕易地加以壓制，最後卻使人受困於新的苦難之中。如果人類行為永遠都是理性且具目的性的，那麼受虐行為就會如同神經質行為一樣令人費解。然而，情緒與心理障礙的相關研究使我們得知：焦慮，或隨著某些無法承受的精神狀態而產生的欲求，足以成為人類行為的趨動力，這些行為往往會克服負面的心理狀態，但也僅限於掩蓋住最明顯的部分，有時甚至連這點都做不到。神經官能症患者的特徵類似於人在恐慌時所展現的非理性行為。例如，當人受困火場時會站在窗口呼救，完全忘記沒有人聽得見他的呼救。此時他仍然可以從樓梯間逃生，否則再過不久，樓梯間也將深陷火窟。他之所以大聲呼叫，是因為他亟欲獲救，這個行為似乎讓他朝得救又跨近了一步，不過結果只會以災難收場。同樣的，受虐傾向導因於個人想擺脫自我及其缺陷矛盾、風險、疑惑和孤獨，但受虐行為頂多只能消除明顯的痛苦，最後反而造成更大的折磨。如同所有神經官能症患者的行為，受虐傾向之所以是非理性的，正因為它是用來解決站不住腳的情緒處境的方法，最後這些方法勢必徒勞無功。

上述內容談到了理性行為與神經官能症之間的一項重要差別。理性行為的**後果**符合於該行為的**動機**，人採取行動是為了達到某種特定後果。而在神經官能症的欲求中，驅動行為的衝動在本質上具有消極、負面的特徵：為了**逃避**難以承受的處境。神經官能症的欲求朝向假設能解決問題的途徑，而事實上，這些行為無法達到預期的目的，行為人想逃離痛苦感受的心理太過強烈，導致他無法選擇真正能解決問題的方法，只能選擇假設可以解決問題的方法。

這種現象反應在受虐行為上，就能凸顯出人的行為是受到難以忍受的孤獨與微不足道感的驅使。

為了克服這些負面感受，他會貶抑自己、讓自己受苦、使自己徹底變得微不足道，以擺脫自我（此指心理而非生理面）。但肉體與心理痛苦並不是最後的目的，只是為了達到目的所付出的代價。這個代價相當巨大，他會像苦力一樣不斷付出以償還債務，但卻得到更多債務，因此永遠無法獲得他所希望換得的東西：內心的平靜與安穩。

我們之所以談論到受虐式性變態，是因為這類行為確實證明了有人會想尋求受苦的經驗。然而就如同道德受虐狂，受虐式性變態者也未將受苦當作行為的目的；在這兩種情況中，受虐行為只是作為一種為了成功放棄自我的工具。性變態與受虐性格之間的差異在於：性變態擺脫自我的趨向是以肉體為媒介來表現，它與性感受連結在一起，而道德受虐狂的受虐傾向則掌控了整個個人，並且會破壞個人所意欲達成的一切目標。在性變態的情況裡，受虐欲或多或少局限於肉體的層面；而且因為性變態者的受虐傾向會與「性」摻合在一起，因此參與釋放了性領域所產生的緊張感，從而找到了一些直接的宣洩。

個人毀滅自我並克服無力感的企圖，皆是受虐傾向的層面之一。另一個層面，是個人希望成為某種存於自身之外整體的一部分，藉由參與一切深入其中。這種力量可以是某個人、機構、上帝、國家、良心，或是某種心靈上的強迫力。藉由成為該力量的一環，感受它無可動搖的強大、永恆與魅力，並分享這股力量與榮光。個人交付出獨立的自我，並消滅了屬於自我的力量與自尊，他失去作為獨立個體的完整性，同時也放棄自由；但是，他也藉由參與自身所浸淫的力量，而得到新的安全感與新的尊嚴，並免於受到疑惑的折磨。對受虐傾向者來說，無論他的主宰者是外界的某項權威，或他已將權威內化為良知或心靈上的壓力，他都可以不必再做決定，也毋須承擔命運的責任，從而避免了該做什麼決定的困擾。同時，他也不再疑惑生命的意義為何，或者陷於「他」到底是誰的困惑，因為這些問題已因為他與權威建立起關係而得到解答。他的人生意義與自我認同，都可以由他所融入的偉大整體來決定。

受虐行為讓個人與外界得以建立的連結，完全不同於初始連結。初始連結是存在於個體化過程尚未發展完全之前。那時個體依然屬於「他的」自然與社會世界的一部分，尚未真正自其中獨立出來。初始連結給予個人真正的安全感與歸屬感。但是，因受虐而產生的連結則代表某種「逃避」，因為此時個人的自我已然浮現，卻無法體現自由，因此受到焦慮、疑惑與無力感的壓迫。雖然自我試圖透過這種「次等連結」（我們不妨稱之為「受虐式連結」）來尋求安全感，但這樣的嘗試永遠不會成功。自我的發展是一種不可逆的過程，所以雖然個人因為受虐式連結而感到安全，彷彿重新享有歸屬感，但實質上仍舊只是個無助的微小分子，在被淹沒的自我中繼續受苦。他和他所依附的力量永遠無法合而為一，因此對外界基本的敵意仍在，而且還帶有一股想克服依賴的衝動來獲得自由，即便自己毫無所覺。

那麼，施虐行為的本質又是什麼？如前所述，對他人施加痛苦的願望並非其本質。我們所能觀察到不同形式的施虐行為，皆導因於某些基本衝動，亦即完全掌控另一個人，使對方成為聽憑操控的無助對象，而自己則扮演他的上帝，隨心所欲地對待他。處置、羞辱與奴役等行為，都是達到目的的手段，而最基進的目的，就是使他人受苦。因為對一個人最大的權力，就是可以對他施加痛苦，逼迫他經歷苦痛卻無法自衛。施虐行為驅力的本質，正是對他人（或其他生物）進行完全的宰制。[8]

看起來，這種使自己成為他人主宰的行為，似乎與受虐傾向完全相反，但這兩種傾向竟然會緊密交織在一起，實在令人費解。就實際的結果來說，想依賴他人或受苦的願望，的確與支配他人或使人受苦的願望正好相反。然而，就心理學來說，這兩種行為傾向都來自相同的原因，亦即無法忍受自身的孤獨與軟弱。我建議將施虐與受虐性格中的基礎目的稱為「共生」（symbiosis）。心理學上，所謂「共生」指的是一個獨特的自我與另一個自我（或任何外在力量）結合在一起，各自失去自身的完整

8 薩德侯爵（Marquis de Sade）相信支配的特性即為施虐行為的本質，相關論述出現於*Juliette* II（引自高瑞爾〔Gorer〕所著*Marquis de Sade, Liveright Publishing Corporation*, New York, 1934）：「你並非想讓同伴感到快樂，而是想造成某種印象，你想對他施加的是痛苦而非享樂……你理解到這點。你使用這種方式，並感到滿足。」高瑞爾在對薩德的著作所進行的分析中，將施虐行為定義為「由觀察者所造成的外在世界的改變，繼而因為觀察到這些改變，而為觀察者本身帶來歡娛」。比起其他心理學家的論述，高瑞爾的說法較接近我對施虐行為的觀點。然而，我認為高瑞爾錯誤地將施虐行為的本質等同於支配或性行為所帶來的享樂。對他人進行施虐式的支配，特徵在於希望使施虐對象成為施虐者手中毫無自我意志的工具。而另一方面，從他人身上獲得非施虐式的享樂，則包含了對他人個體健全性的尊重，並奠基於人際之間的平等權利。在高瑞爾的定義下，施虐行為喪失了獨特性，變得等同於各種形式的性行為。

性，因此必須全然依賴彼此。施虐傾向者需要他的施虐對象，正如受虐傾向者也需要著施虐於他的對象，只是施虐者並非透過被他人壓制來獲得安全感，而是壓制他人。在這兩種情況中，個人自我的完整性都喪失了。分析起來，一種是我在外力中消融了自己，失落了自己，而另一種是我把另一個他變成了我的一部分，從而擴張了自己，得到原本的自我所缺乏的力量。然而，無論是哪一種心態，都是因為個人無法承受獨立自我所產生的孤獨，才導致與他人進入共生關係，這就是受虐與施虐傾向總是互相摻和的原因。雖然表面上兩者互相矛盾，但實質上卻根植於同一種基本需求。人們不會單純只有施虐或受虐的傾向，反而經常在共生情結中的積極面與消極面之間擺盪，因此，我們往往很難區別在某個特定時刻，是哪個面向在發揮作用。不過可以確定，在兩種情況下，個性與自由都失落了。

施虐行為通常會讓我聯想到明顯相關的毀滅性或敵意。的確，毀滅性或多或少牽涉到施虐傾向，但同樣也牽涉到受虐傾向。對受虐傾向的各種分析，都能證明這些敵意的確存在。然而，其中主要的差別在於，施虐者的敵意通常較有自覺，而且會直接表現出來，而受虐傾向中隱含的敵意則大抵是不自覺的，而以間接的方式表現。在後文中，我會說明毀滅性乃導因於個人感官、情緒與知性擴張所遭受到的挫敗，因此可以預期，它也是由導致共生需求的相同原因所造成。在此，我要強調一個論點，施虐行為雖然往往摻雜了毀滅性，但兩種性質並非完全相同。具有毀滅特質的人會想摧毀對象，意即捨棄並擺脫它，但施虐者卻想要支配對象，如果對象消失，他將承受損失。

我們發現施虐傾向在某種程度上也可以無關乎毀滅性，而表現為以友善的態度對待他人。在巴爾札克的著名小說《幻滅》（*Lost Illusions*）中，對這種「愛憐的」施虐傾向有一段經典的描述，可以傳達出我們所謂的「共生需求」。巴爾札克在故事中描述青年呂西安與偽裝成神父的巴格諾囚犯之間的關係。年輕的呂西安原本打算了結自己的生命，但神父在與他逐漸熟稔之後說道：

……眼前的這個年輕人與剛才已經死去的詩人之間毫無瓜葛。我把你撿回來，賦予你新生，正如同受造物屬於造物主。你也屬於我，就好像東方神話中的神獸伊夫利特從屬於精靈，就好像身體屬於靈魂。我要以強有力的雙手帶你筆直邁向權力之路；並允諾你的生命充滿歡樂、榮耀，以及享受不盡的盛宴。你將財富不缺，光采煥發；儘管我屈身於汙穢之中，也要確保你有出色璀璨的成就。我為享有權力而熱愛權力！雖然我必須放棄享樂，但我將永遠享受著你的快樂。簡言之，我會和你成為同一個人……我會愛著我的創造物，我會塑造他，讓他適應我的服務，以便讓我得以像父親愛著兒子那般愛著他。我親愛的孩子，我將替你駕馭馬車，為你的情場得意而歡欣鼓舞。我會說：我就是這個英俊的年輕男子。我創造了這位馬奎斯[9]侯爵，將他置於貴族圈；他的成就是我的產物。他不多言，他用我的聲音說話，事事遵照我的指示。

9 譯註：小說主人翁呂西安冒充偽神父用的名字是Marquis de Rubempré。

施虐—受虐性格經常與真正的「愛」產生混淆，這種情況並不只存在於流行的慣用語之中；尤其受虐傾向最常被視為是「愛的表現」。為了他人而表現出完全的自我否定，將權力與權利交付到他人手中，這類行為往往被讚譽為「偉大的愛」。「愛」的最佳證明，似乎莫過於心甘情願為所愛的人犧牲或放棄自我。事實上，上述情況中，所謂的「愛」必然是某種受虐式的渴望，並且來自當事人性格中的共生性需求。如果我們將真正的愛定義為「對特定人物的熱切肯定，並希望與那人的本質緊緊相繫」，所指的是以雙方獨立和完整為基礎的結合狀態，那麼，受虐式行為就完全相反了。真正的愛必須以平等自由為基礎，如果有一方完全屈就對方，或是喪失整體性，那麼無論這種關係如何被合理化或自圓其說，都只是受虐式的依賴關係。此外，施虐傾向也常戴上愛的假面具。當某人宣稱支配他人是為了對方好，就算經常向對方示愛，我們也會發現其本質仍是透過支配他人，讓自己獲得快樂。

至此，許多讀者應該會在腦中浮現這樣的問題：若依本文的描述，那麼施虐傾向不就等同於權力欲？針對這個問題，我認為以傷害與折磨他人為目的的那種毀滅性較強的施虐傾向，並不等同權力欲，但是權力欲是施虐傾向中最重要的表現形式。現代社會的諸多現象使得該問題變得更加複雜。自霍布斯以降，人們逐漸將「權力」視為個人行為的基本驅力，而在霍布斯之後的數世紀，人類社會越來越重視各種能夠約束權力的法律與道德。然而，隨著法西斯主義興起，人們對權力的渴望及其正當性的堅信達到了前所未有的高峰。數百萬人景仰權力所帶來的勝利，並將其視為力量的象徵。當然，統治人民的權力完全是以有形的方式表現優越的力量，如果我對某人擁有生殺大權，我就比他「強大」。但從心理意義上來說，**權力欲不是根植於力量，而是來自於軟弱**。這是個人無法孤獨生存的展現，是當個人欠缺真正的力量時，孤注一擲試圖尋求次級力量的表現。

「權力」一詞具有兩重意義。一是對某人擁有支配的能力；另一種則是擁有做某件事的能耐和影響力。後者與支配無關，純粹代表能力方面的掌握。當我們談到一個人無能為力時，腦子想到的正是這層意思，認為這是指這個人沒有能力做自己想做的事，而非認為這個人無法支配別人。因此，權威可以指支配行為或是本身能力的其中之一。這兩種特質不僅意義不同，還會互相排斥。當我們說到性行為領域和人類各種潛能時，「無能」往往導致個人產生想支配他人的施虐傾向；相反地，一個人如果有能力，也就是說，他能以自我的自由與健全作為基礎來實現潛能時，他並不需要去支配別人，也不會強烈渴望得到權力。在權力的兩種意義中，「支配」意義下的權力是「能力」的反面，就好像性虐待是性愛行為的反面。

每個人身上或許都能發現某種程度的施虐與受虐的特質。一種極端的情況是，個人的整體性格都被這些特質所控制，而另一種極端則是，這些特質在個人的身上完全不顯著。我們只有在談論第一種極端時，才能使用「施虐—受虐性格」一詞。這裡所謂的「性格」（character）是依據佛洛伊德談論人類性格時所使用的動態含意。性格並非指個人總體的行為模式，而是指引發行為的動力。由於佛洛伊德認為人類行為基本的動力都是一種「性驅力」，從而推演出如「口腔」、「肛門」、「生殖器」性格等概念。當然，如果我們不認同這些假設，也可以使用不同的歸類標準，但是，「性格是動態的」此一概念是無庸置疑的，儘管我們不一定會意識到某些性格背後的驅力。例如，一個人也許全然地被施虐欲所支配，但在他的意識中，卻相信這麼做只是責任感使然；甚至，他可能並未展現出任何明顯的施虐行為，而是充分壓抑內心的施虐驅力，使他看起來完全不具有施虐傾向。然而，若我們仔細分析他的行為、幻想、夢境與姿態，就會看出施虐衝動在他性格深層所發揮的作用。

施虐—受虐驅力在一些人的性格中占有重要的支配地位，我們可以將這類人視為具有施虐—受虐性格，但他們並不一定就是神經官能症患者。一種特定的性格結構是「神經質」或「正常」的判定，在很大程度上取決於人在社會情境中必須完成的任務，以及他在文化中的情感與行為模式。事實上，在德國與許多歐洲國家中，對絕大多數的低階中產階級而言，施虐—受虐性格頗為典型，我在後文會證明，納粹式意識形態最能吸引的對象，正具有這種性格結構。由於「施虐—受虐性格」一詞與性變態或神經官能症的概念有關，因此我寧可不談「施虐—受虐性格」，尤其當我指涉的對象是正常人而非神經官能症患者時，因此我以「**權威性格**」來取代。這樣的用詞很合理，因為「施虐—受虐性格」的獨特之處，多半表現在他們面對權威時的態度。這類人崇拜權威，有向權威順服的傾向，同時自己也想成為一種權威，讓他人順從。用這個詞還有另一個理由。法西斯體系自稱權威主義，因為在這樣的社會與政治結構中，權威扮演了支配性的角色。因此我以「**權威性格**」一詞，指涉這種性格表現了法西斯主義的人性基礎。

在繼續探討權威性格之前，我們必須釐清「**權威**」一詞的定義。權威並非某人所「擁有」的特質，就像擁有財物或身體機能一般。權威是指在人際關係中，一個人將他人視為優於自己的存在。但在人際之間優劣勢彼此拉鋸的關係中，一種被稱為「理性型權威」和另一種可描述為「抑制性權威」（或譯「約束性權威」），存在著根本的差異。

我舉個例子來說明。在老師與學生之間，以及主人與奴隸之間的關係，都是以一方對另一方的優勢為基礎。老師與學生有著相同的利害關係，如果老師能讓學生成功，就會感到滿足，否則，這份失敗將同時屬於老師與學生。相反地，奴隸主則希望盡可能剝削奴隸，他從奴隸身上得到越多就越滿足。與此同時，奴隸也會盡可能捍衛自己最低限度的福祉，雙方的利害關係明確地處於對立情況，對一方有利的事對另一方卻有害。以上兩種優勢具有不同的作用：第一種情況中，優勢是為了可以「幫助」服從者的條件；第二種情況，優勢是剝削服從者的條件。

這兩種權威的動態發展也不同：學生所學越多，與老師之間的鴻溝也越小，學生會變得越來越像老師。換句話說，老師對學生的權威關係將隨著時間自動瓦解。但是，如果優勢地位成為剝削行為的基礎，雙方優劣的差距就會隨著時間越來越嚴重。

在這兩種權威情境中，當事人的心理處境也不同。第一種情況中普遍存在著愛、讚美與感激等成分，權威本身也成為其對象某部分或完全認同的楷模。但是第二種情況中，被剝削者會對權威者產生怨恨和敵意，順從權威者將有違自身的利益。不過對奴隸來說，這份厭惡感只會導致衝突，讓身為奴隸的一方更受折磨，因為奴隸在衝突中可謂毫無勝算。因此，奴隸通常傾向壓抑怨恨，有時甚至將之轉化為對權威者的盲目崇拜。這麼做有兩個好處：其一，可以消除因為憎恨而帶來的痛苦與危險；其二，可以舒緩屈辱的感覺：如果宰制我的人是如此了不起又完美，那麼我就不必因為服從他而感到羞愧，因為他比我強大、睿智、優秀太多，我根本不可能跟他平等。如此一來，在抑制型權威中，對權威的憎恨或非理性溢美的成分往往會增強，而在理性型權威中，順從權威者會日漸強大，變得跟權威越來越相似，所產生的情感也會隨著劣勢者的壯大而遞減。

不過，理性型權威與抑制型權威的差異是相對性的。即便在奴隸與奴隸主的關係中，也存在著對奴隸有利的元素。奴隸會獲得最低限度的食物與保護，使他能繼續為主人工作。另一方面，唯有最理想的師生關係，才會完全不存在對立的利害關係。這兩種極端的權威之間有許多層次，如工廠工人與老闆之間、農夫兒子與父親之間，或家庭主婦與丈夫之間的關係等。然而，雖然現實生活中，兩種權威形式混雜並存，但的確有其實質差異。分析具體的權威關係，往往能區分出這兩種權威所占的明確比例。

權威不見得是命令「你應該這樣做」或「你不准那樣做」的個人或組織制度，除了外在權威，也包括以良心、責任或超我等形式出現的內在權威。事實上，當代思潮從基督新教教義到康德哲學的發展，可以說是以內在權威取代了外在權威。隨著新興中產階級在政治上的獲勝，外在權威喪失了威望，而以人類自己的良心取代了外在權威原本的地位。許多人認為這種改變就是自由的勝利。服從外在的命令（至少在精神層面）看起來與自由人的身分不相稱。但若是征服自己的自然傾向，並且讓個體中的一部分（如理性、意志或良知）去支配另一部分（如本能或自然性），這反而被認為是自由的真正本質。分析顯示，內在的良知跟外在權威一樣嚴厲地支配一切，而且它對個人行為具有的統治地位，甚至比任何外在權威都還要嚴苛，因為個人會覺得這些命令是他自己給的，怎能違背自己呢？

然而近數十年來，「良知」在很大程度上已經喪失重要的地位。外在與內在權威似乎無法在個人生命中扮演顯著的角色，只要不干擾他人的合法權利，每個人都是完全「自由」的。但是我們發現，權威並非真的消失，而是隱形了。「匿名權威」取代公開權威而盛極一時，它化身常識、科學、精神健康、常規與輿論等面目，沒有任何判斷的標準，只求不證自明的道理。它似乎不施壓，只是溫和地說服，就像一個母親對女兒說「我知道妳不會喜歡跟那個男孩子出去」，或廣告詞所宣稱的「試試這個牌子的香菸，你會愛上它的勁涼！」等，微妙的暗示充斥在我們的社會和生活之中。匿名權威比公開權威更具影響力，因為我們不會意識到被什麼力量逼迫去遵循命令，而外在權威多半有特定的指令，我們也清楚知道是誰給出命令，所以可以對抗那份權威，並從中得到獨立感與道德勇氣。至於內化的權威，雖然命令是我們自己內在產生的，但仍然意識得到。而如果是匿名權威，那麼命令的內容與下令的人都被隱形了，我們就好像被看不見的敵人攻擊，沒有人或物可以作為還擊的對象。

現在回到權威性格的探討，最必須注意的特徵就是這類性格對權力所抱持的態度。權威性格可以說存在著兩種性別：一種是權勢者，另一種是無權者。權威性格者所具有的愛、崇拜及願意順從他人等心情，會自動地被權力挑起，不論是來自某人或某組織所擁有的權力。權力之所以會使這些人神魂顛倒，並非由於該權力所具有的任何價值，單純只因為它是權力本身。就好像權力會自動在他心中引發「愛」的感受，同樣的，無權勢的人或組織，也會自動地在他心中引發輕蔑感。只要看到無權力的人，就會讓他想去攻擊、宰制或羞辱對方。其他性格的人或許會對於「攻擊無助者」這種想法感到膽寒，但對權威性格者來說，對方越無助，他就覺得越興奮。

權威性格有一項特質往往誤導了別人對這類性格的觀察：他們傾向於公然反抗權威，並且對任何來自「更優越／更上層」的影響力都感到相當憤慨。有時這樣的違抗會形成這類人所展現出來的整體印象，而順服的傾向便被隱藏到幕後，變得不甚明顯。這種人會不斷反抗任何權威，即使是對他有利而且毫無壓迫成分的權威也不例外。或者，這種人會對抗某些權威（尤其這些權威已經缺乏威力而讓人失望時），但同時（或稍後）又順服於其他威力較大、更有指望、似乎滿足了他們的受虐式渴望的權威。最後還有一種權威性格者，他們的反抗傾向完全受到壓制，只在自覺性的控制有所軟化時才會展現；抑或我們可能在事後才會發現他們的反抗傾向，意即當該權威的力量變弱或開始搖搖欲墜時，這類人才會表現出反抗的行為。第一種類型的人，反抗態度占據了行為的核心，我們很容易相信他們的性格結構跟順從式的受虐性格正好相反，因為他們好像以最大程度的獨立性為訴求，去反抗所有的權威。他們看上去就像基於內在力量與完整性，來對抗阻礙自由與獨立發展的各種勢力。然而，權威性格者對於權威所展示出來的對抗實質上只是一種造反，目的在企圖肯定自己，克服自身的無力感，其實順服的渴求依然存在——不論是否有所自覺。權威性格者從來就不是「革命家」，我寧可將他們稱作「造反者」。有許多個人與政治活動在膚淺的觀察家看來頗為困惑，因為他們無法解釋為何有些活動會莫名其妙地從「基進主義」轉變為極端的獨裁主義。心理學上，這些人都是典型的「造反者」。

權威性格對於生命的態度以及整體人生觀，都來自於他的情感傾向。權威性格喜歡限制人類自由的情境，喜歡順從於命運。「命運」對他所代表的意義，取決於他所具有的社會地位。對軍人來說，他的命運就是長官的意志或是心血來潮，他欣然順從。對小商人來說，經濟法則就是他的命運，他認為危機或繁榮都不是人類活動可以改變的社會現象，而是某種人必須順從的更高力量的展現。而對於那些最極端的權威性格者來說，權威對象的身分為何都無所謂，差別只在於必須順從的力量是大是小、或是有多少普遍性，而不是依賴的感覺。

對權威性格者來說，不僅是那些直接影響個人生活的力量，就連那些看起來決定整體人生的力量，也都被視為無法改變的命運。之所以會有戰爭，之所以某些人要被某些人統治，都是命運。命運同時決定了這個世界上的苦難永遠不會減少。命運或許在哲學上被合理化為「自然法則」或是「人類的天數」，在宗教上被合理化為「上帝的意志」，倫理上則被說成「義務」，但對權威性格來說，命運永遠是存在於個人身外更高的力量，個人對它除了順從，沒有別的辦法。權威性格崇拜過去，因為過往發生過的一切將永恆如此。期盼或致力於追求以前沒有過的事物，不是瘋狂就是罪惡。「創造」

的奇蹟（創造永遠是奇蹟）完全在權威性格者的情感經驗之外。

施萊爾馬赫（Schleiermacher）將「宗教經驗」定義為絕對依賴的感受，這說法大體上也可以用來定義受虐傾向者的經驗；在這種依賴中，「罪愆」扮演著相當特別的角色。加諸在未來所有世代身上的原罪概念，正是權威主義經驗的特徵之一。就像人類經歷過的其他失敗，道德規範成為人類永遠無法擺脫的命運，誰一旦犯了罪，就會永遠與他的罪行緊緊銬在一起。犯罪的後果可以用往後的贖罪來減輕，但贖罪行為永遠無法抵銷該罪行[10]。以賽亞（Isaiah）說：「你的罪孽雖然是腥紅的，但它們將可以如雪花般白淨。」這個想法與權威主義的人生觀完全相反。

所有權威主義思考的共同模式是，相信人生由人類自我、利益與願望之外的其他力量所決定，人類唯一的幸福途徑，即在於完全歸順這些力量。受虐式哲學觀的主旨就是「人類的無能為力」。凡德·布魯克作為納粹意識形態的先驅，清楚地表達出這份感受。他寫道：「謹慎的人會寧願相信災難的存在，相信人類沒有能力避免它，並對那些受到誘騙的樂觀主義者感到極度失望。」[11]希特勒的著作中對這種精神有更詳盡的說明。

權威性格並不缺乏進取心、勇氣或信念，但這些特質對這類人所具有的意義跟不渴望順服的人迥然不同。對權威性格者來說，人類活動乃根植於可能會克服的個人的無力感，此時所指的活動是以高於自身力量之名行動——可能是為了上帝、歷史經驗、自然法則或責任，但絕不會是為了未來、未出生者、無權力者或生命等。權威性格者的行動力來自於對優越權力的依賴，這種權力是不可侵犯或改變的。對這類人來說，「缺乏權力」永遠正確無誤地象徵著罪孽與劣等，而如果他所信仰的權威出現軟弱的跡象，那麼他的愛與尊敬將立刻化為輕蔑與憎惡。這類人身上欠缺「攻擊潛能」，意即，在還沒感受到可以順從於另一種更強大的權力之前，他們無法攻擊既有的權勢。

權威性格者的勇氣實際上只是有勇氣去接受所謂的「命運」，或接受代表命運的「領導者」賦予他命中註定的苦難——毫無怨言地忍受苦難是最高德性的展現——而非試圖終結苦難，或至少降低苦難的程度。不改變命運而是順從命運，是權威性格者的英雄氣概。

只要權威很強大而且具有管轄力，他便信仰權威。他的信念最終根植於他的疑惑，並構成補償的企圖。如果我們所謂的信念是指「擁有相當程度的信心，能夠實現當下僅作為潛能而存在的事物」，那麼他並沒有任何信念可言。權威主義的哲學觀本質上屬於相對主義與虛無主義，儘管它往往熱切地宣稱已經打倒相對主義，並展現出相當程度的行動力。事實上，它乃根植於極度的絕望感，以及完全缺乏信念，最後將導致虛無主義，甚至否定生命[12]。

10 雨果（Victor Hugo）在名著《悲慘世界》（*Les Misérables*）中，透過敘述主角賈維（Javert）的一生，相當動人地表現出「無法逃避自身罪行」的概念。

11 參見凡德．布魯克（Moeller van der Bruck）所著*Das Dritte Reich*, Hanseatische Verlag-anstralt, Hamburg, 1931, PP. 223, 224。

在權威主義哲學中，平等觀念並不存在。權威性格者有時會依據傳統或是按照自己的目的來使用平等一詞。但對他來說，「平等」並不具有真正的意義或分量，因為「平等」所關注的對象並不在這類人的情感經驗之列。在他看來，這個世界由兩種人所組成：有權力者與無權力者，優勢者與劣勢者。依據他的施虐—受虐性格，他只經驗過支配與順從，從未有過相互扶持的經驗。無論是性別或種族的差異，對他來說都象徵著優勢或劣勢的區別，他完全無法想像不具有這類意涵的差異性的存在。

對於施虐—受虐傾向以及權威性格的描述，都指涉到更極端的無助感，以及隨之而來的更極端的逃避形式——以跟自己崇拜或支配對象的共生關係來逃避。

雖然這類型的施虐—受虐傾向很常見，但我們只能將某些人或社會團體視為典型的施虐—受虐性格者。然而，有一種較溫和依賴傾向普遍存在於我們的文化中，甚至只有少數例外者不具這樣的依賴性。這種較溫和的依賴行為沒有施虐—受虐性格的危險與狂熱特質，但它的重要性讓我們不能予以忽視。

我談的是那種整個人生都在不知不覺中與外在力量產生關聯的人[13]。他們的所為、所感、所思，無一不與此力量有關。他們希望從「他」那裡得到保護，希望受到「他」的照顧，同時讓「他」對他們自身行為導致的後果負起責任。這類人通常沒有察覺自己的依賴性，而就算隱約意識到某些程度的依賴，他所依賴的人或權力往往也是模糊不清的。沒有任何明確的形象與那個勢力產生連結，它最重要的性質在於代表著某種功能，也就是保護與幫助個人、促進個人發展、陪伴在個人身邊，永遠不讓他孤單。具有這些特質的任何事物或許可以被稱為「神奇救星」（magic helper）。當然，這個神奇救星通常被人格化了，他會被設想為上帝、行為法則或是如父母、丈夫、妻子或上司等實際存在的人。我們必須注意的是，當實際存在的人扮演了神奇救星的角色時，就被賦予神妙的特質，以及身為人格化神奇救星時所具備的重要性。神奇救星的人格化過程往往可以在所謂「陷入熱戀」的時刻觀察得到。當某人與神奇救星產生這種連結時，他會試圖尋找它的血肉之軀。基於某種原因（通常來自性本能），他會使那個人成為他整個人生所連結與依賴的對象。即使對方也常常做出同樣的舉動，這也無法改變整段關係的實質樣貌。這樣的行為反而會讓人更深信，這段關係是真正的「愛」。

這種人對於神奇救星的需求，可以在實驗的情況下，以心理分析的過程來研究。當某人在接受心理分析時，往往會對心理分析師產生強烈的依戀，他的整個人生、所有行為、思想和情感，都變得與分析師息息相關。受分析者會有意無意地問自己：「這個分析師是否會喜歡這個、會對那個生氣、是否同意這個、或是會因那個而責罵我？」在愛的關係裡，某人選擇了這個人或那個人作為自己的伴侶，這項行為證明了這個特定的人之所以被愛，完全只因為他是「他」；但是在心理分析的情況下，

---

12 勞施寧（Rauschning）在《虛無主義的革命》中精采地敘述了法西斯主義中的虛無主義的特性。參見*The Revolution of Nihilism*, Alliance Book Corporation, Longmans, Green & Co., New York, 1939。

13 參見霍妮所著《心理分析的新方法》。

這份錯覺顯然不成立。絕大多數不同類型的受分析者會對不同類型的分析師產生相同的情感。這種關係看似愛情，也往往伴隨著性欲望，但是實質上是一種對人格化神奇救星的關係，這時，心理分析師所扮演的，就像其他有某種程度權威（如醫師、老師或神職人員）的角色，正好滿足正在尋求人格化神奇救星的人。

人們依戀神奇救星的原因，大致與共生驅力的成因相同：因為個人無法忍受孤單，無法完全展現潛能。在施虐—受虐性格中，這種無能會導致個人想藉由依賴神奇救星而擺脫孤立的自我，而我現在所探討的較溫和的依賴，只是想要別人的指引與保護而已。個人與神奇救星之間的關係強烈與否，與個人自發性表達智性、情感與感官等潛能成反比。換句話說，個人有可能不想透過他自身的行為，而是從神奇救星身上得到他對生命所抱持的期待。越是如此，人生的核心就越會從自己轉移到神奇救星（或他的化身）的身上。這時候，問題不再是如何靠自己活下去，而是如何操縱「他」，以免失去他，如何讓「他」做到我所期盼的事，甚至讓「他」為我該擔負的責任負責。

在極端的情況中，個人會將生命中所有的精力完全用在操縱「他」這件事上，操控方法因人而異。有些人對「他」完全服從，有些人盡力實踐所謂的「善行」，更有不少人將「自我受苦」作為主要的操縱方式。在此，我們會發現沒有一項感受、思想或情感不至少受到「操縱『他』的需求」所影響。換言之，沒有一種心理反應是自由或自發的。這種因自發行為受阻而產生、同時導致自發性更加受挫的依賴行為，雖然會帶來某種程度的安全感，但也會造成軟弱與束縛的感覺。當這些情況發生時，依賴神奇救星的人會感覺到——雖然往往不自覺——被「他」奴役，並且或輕或重地反抗「他」。這種對一己安全與幸福的寄託對象所產生的反抗，會造成新的衝突，所以如果個人不希望失去「他」，那就必須壓抑此種情緒；但是潛在的敵意將持續威脅著個人意圖在這種關係中所尋求的安全感。

如果神奇救星被具體化為實際存在的人物，當他無法達到個人期待他所具備的功能時，個人的失望感便隨之而生（因為對這個人所抱有的期待本來就是非常不切實際的，因此無論哪個實際存在的人被賦予這種角色，最後都會令人感到失望），再加上個人因受其奴役而產生的怨恨，就會導致不斷的衝突，這種情況最終往往讓個人結束這份關係，並挑選另一個實際存在的對象，以滿足對神奇救星的期待。如果新關係最終又被證明失敗，個人與神奇救星之間的關係會再度破裂，也許個人終將認定「這就是人生」，而接受結果。這些人所不知道的是，他所經歷到的失敗，並非因為沒有選擇正確的人來作為神奇救星，而肇因於他企圖透過操縱某種神奇的力量，以求獲得唯有個人自發活動才能達到的目的。

佛洛伊德已經發現人會終身依賴一個外在目標的現象。他將這種現象詮釋為個人早期與父母、尤其與性有關的連結延續了整個人生。事實上，這種現象對佛洛伊德造成極大的震撼，讓他斷言伊底帕斯情結（亦即戀母情結）是一切神經官能症的核心，並認為正常人格發展的主要問題在於成功克服伊底帕斯情結。

佛洛伊德將伊底帕斯情結視為心理學的中心現象，這是心理學上極重要的發現，但他未能充分解析：雖然父母與子女之間的確存在著性吸引現象，雖然因此產生的衝突有時的確構成了神經官能症發展的一環，但是，性吸引力以及隨之導致的衝突，都不是兒女對父母產生偏執依戀的主因。幼童自然而然地會依賴父母，但這種依賴不見得會限制兒童的自發性。然而，當父母扮演起社會的代理人，開始壓抑孩子的自發性與獨立性之後，日漸成長的孩童才會越來越感到無法靠自己站起來，繼而開始尋求神奇救星的協助，而且往往把父母視為「他」的化身。個人在往後的生命階段中，會將這份感情轉移到他人身上，如老師、丈夫或心理分析師等。我必須再次強調，個人之所以會需要將自己連結於權威的象徵，並非原先受到父親或母親的性吸引所造成，而是幼童時期在自發性與自我擴張上所遭遇到的挫敗，加上因此導致的焦慮所造成。

我們觀察神經官能症和正常發展個體的例子，發現其中不同的癥結點，就在於個人為自由與獨立所做出的掙扎。對許多正常人來說，這種掙扎完全以放棄自我收場，因此他們就此適應於外在世界，並被視為正常人。反觀所謂的神經官能症患者，他們並未放棄對完全順從的抵抗，同時又與神奇救星的形影相連——無論「他」以什麼樣的形式出現。這類神經官能方面的病症應該被理解為，試圖解決「個人基本依賴」與「對自由的追求」之間所存在的矛盾和衝突，而且這些嘗試都是不成功的。

二、毀滅性格

前文已經提過，施虐—受虐性格必須和毀滅性格區分開來，儘管在絕大多數的情況中，這兩種性格會交互摻雜在一起。毀滅式性格的目的並非為了與其對象積極或消極的共生，而是意欲摧毀對象本身；但毀滅式性格也導因於個人無法承受自身的孤獨感與無力感。我可以藉由摧毀外在世界，以逃避因為與外在世界相比而造成的自身無力感。當然，如果我成功除掉外在對象，我仍然是孤立與孤獨的，但我所擁有的將會是值得驕傲的孤立感，因為我不再被外在具有壓倒性力量的對象所擊倒。為了免於被外界壓垮，毀滅世界將是最後且幾近絕望的手段。施虐性格的行為目的在於吞併其對象，而毀滅式性格則致力於消除對象；施虐式性格往往藉由支配他人來強化微小的自我，而毀滅式性格增強自我的方式，則在於消滅所有的外在威脅。

只要仔細觀察我們社會場域中的人際關係，很難忽略為數眾多且幾乎無所不在的毀滅性行為。其中絕大多數的行為通常不是自覺的，而被各種方式適當地加以合理化。事實上，幾乎所有的理由都能被用來合理化毀滅性行為。愛、責任、良心、愛國主義等，都曾在以前或現在被當作毀滅他人或自己的偽裝。然而，我們必須區分這些不同的毀滅傾向。有些毀滅性是特定的情況所造成，例如是自己或他人生活和完整性、或一己所認同的觀念受到攻擊的反應；這種毀滅性是一個人在肯定人生時會出現的自然且必要的伴隨狀態。

然而，我們在此要探討的毀滅式性格並不具備如此合理的（或不妨稱為「回應式」的」）敵意，而是一種在個人內心持續地留存、一旦遇到機會就爆發出來的行為傾向。當我們面對某人展現欠缺客觀理由的毀滅性行為時，我們會認定那個人應是心理或情緒上有問題（儘管那人通常會為自己的行為找到合理化藉口）。然而大部分情況下，毀滅性的衝動以某種方式被合理化，至少有少數某些人、有時甚至是整個社會群體參與了合理化的過程，因此使得那些毀滅性行為在社會成員之間變成了「恰如其分」的行為。但非理性毀滅行為的對象，以及這些對象之所以會被選中的原因，並非我們關注的焦點。我們更關心的是，這種毀滅性衝動是一個人內在的激情，而這些激情總是能成功地找到發洩對象，如果別人因為任何理由而無法成為適當的對象，那麼他自己就可能變成那個對象。當這種情形發展到相當的程度，這類人往往會出現身體疾病，甚至可能自殺。

既然毀滅性傾向的用意在於去除個人必須相比的一切對象，我們假設毀滅性是為逃避無法承受的無力感而產生的，但是有鑑於毀滅傾向在人類行為中所扮演的巨大角色，這樣的詮釋似乎不足以解釋該現象。毀滅性的另外兩個來源——焦慮和人生的挫折感——應歸咎於孤獨和無力的處境。我們在此無須對焦慮感做太多的說明，任何會威脅到生命利益（物質與心理層面）的東西都會引發焦慮[14]，毀滅傾向是這類焦慮感最普遍的回應方式。這些威脅可能由某些特定的人局限在特定的情況下，如此一來，這些人就會變成毀滅傾向所針對的目標。另外，個人若持續受到來自外在世界的威脅，也會在心中形成持續性的焦慮感（雖然不必然是有意識的情況下）。這種經久性的焦慮來自於孤立與無力的個人處境，成為個人心中發展出毀滅性傾向的來源。

當個人嚴重感覺孤立與無力時會導致另一項嚴重的後果：對人生的挫敗感。孤立和無力感使人難以實現感官、情感與知性上的潛能。如果人欠缺自身內在的安全感與行為上的自發性，上述的潛能便無法實現。社會文化中對於個人享樂與幸福的禁忌，也加深了個人內在的受阻，例如從宗教改革以來，中產階級的宗教制約與社會習俗中，就一直有享樂方面的禁忌。儘管在今日社會，實質上的外在禁忌幾乎都已經消失，社會大眾多半有意識地贊成感官享樂，但是個人內在的受阻感卻依然嚴重。

佛洛伊德的研究也觸及上述「對人生感到挫敗」與「毀滅性格」之間的關聯，藉由探討他的理論，我們也應該表達出某些自己的想法。

佛洛伊德察覺到，當他的原始理論中將「性」與「自我保存」視為人類行為的兩大驅力時，這樣的預設忽略了毀滅性衝動所扮演的角色及重要性。後來，他相信毀滅性傾向與「性驅力」同等重要，因此認為人類身上存有兩種基本欲求：一種是針對生存的驅力，或多或少與性本能相同，第二種則為

14 關於這方面的論述，參見霍妮《心理分析的新方法》。

死亡本能，目的是毀滅生命。佛洛伊德假定後者會與性能量混同，繼而作用在自己的自我或自己以外的對象。他還進一步認為，死亡本能乃根植於所有活著的有機體都會具備的生物性特質，因此是生命中必然出現且無可改變的生物性本能。

佛洛伊德針對死亡本能的論述，的確考量到早期理論中所錯估毀滅傾向在分量上的重要性，但當這個論點訴諸凡人皆同的生物性解釋時，就忽略了毀滅性傾向會因個人與社群而有完全不同的展現。如果佛洛伊德的說法是對的，便必須假設對他人或對自己的毀滅性行為在不同時空中都具有相同的程度，但我們所觀察到的現象正好相反。不僅在我們的文化中，不同個人的毀滅傾向有極大的差異，甚至在不同社會群體之間的毀滅性程度也大不相同。舉例來說，在歐洲社會低階中產階級成員身上，毀滅性傾向明顯比工人階級或上層階級來得嚴重許多。人類學的研究也顯示，有某些民族的特性帶有高度的毀滅性傾向，而有些民族則明顯缺乏這種傾向，不論對象是他人或自己。

若要理解毀滅性傾向的根基，似乎必須先考量上述差異性，才能探究還有哪些因素會造成這些差異，以及這些差異能否解釋毀滅性程度的問題。

對此問題更詳細的探討已經超出本書範圍，然而我想提示答案大致的方向。人們身上毀滅性傾向的程度，會與他在發展人生時所遭受到的限制程度成正比。這樣的說法並不專指個人在哪一項特定的本能欲望上所遭遇到的挫折，而指涉其整體生命發展中所承受的挫敗，以及個人發展與表現感官、情感與智性能力時，在自發性上所受到的阻礙。生命自有其內在的推動力，會往成長、表達自我與實踐自我的方向進展。這些傾向如果受阻，生命的發展能量將逐漸分解，轉變成毀滅性行為的能量。換句話說：針對生存與針對毀滅的驅動力並非互為獨立的因子，而是成反比地相互依存。朝向生命的驅力受阻越嚴重，朝向毀滅的驅力就越強；越能實踐生命，毀滅性的力量就越小。**毀滅性是無法實踐自我生命的後果**。若有某些人或某些社會情況壓抑了個人生命的發展，將導致個人傾向於展現毀滅性行為，進而滋養了對別人或對自己的特殊敵對傾向。

因此，探究毀滅性傾向在社會活動中所扮演的動態角色，以及理解哪些因素會影響該傾向的強烈程度，都是非常重要的課題。我們已經指出宗教改革時期中產階級之間普遍存在的敵意，此敵意表現在某些基督新教的教義中，尤其是它的禁欲精神，以及喀爾文所描述、無故宣判某些人將永遠沉淪地獄的那種毫無慈悲感的上帝形象中。之後，中產階級將敵意偽裝成道德憤慨，合理化了他們對那些有能力享受生命者所抱持的強烈妒意。現代社會中，低階中產階級的毀滅傾向是納粹興起的重要因素，納粹主義吸引了具有這些毀滅性格的人，並利用他們去對抗納粹主義的敵人。從前文的探討，我們可以明顯地發現，毀滅性格皆來自於個人的孤立感，以及個人生命發展過程中所遭受的壓制，而這兩種情況驗證在低階中產階級的身上，會比在更高階級或更低階級身上，還要來得準確。

以克服因與外在世界懾人的威力相比而產生的微不足道感。

前文所探討的心理機制中，個人藉由放棄自我完整性或毀滅外在事物，使世界不再具有威脅性，以克服因與外在世界懾人的威力相比而產生的微不足道感。

其他的逃避機制則包括將自我從外界完全縮回，使世界不再具威脅性（我們發現在某些精神病態中有此現象[15]），或是在心理上將自我巨大地膨脹，使外在世界看起來相對渺小。雖然這些逃避機制對個人心理來說相當重要，但它們對大範圍的社會文化，則並沒有太大的重要性。所以本書不再深入那些機制，轉而將焦點放在其他對社會有重大意義的逃避機制。

三、機械化的順從

這項獨特的機制是現代社會大多數正常人所依賴的解決方式。簡單來說，個人不再當他自己，他完全採取了文化模式所提供給他的人格類型，因此變得跟其他人一模一樣，也變得完全符合他人的期待。「自我」與外界的差異消失了，個人對自身孤獨與無力的恐懼也因此隨之消散。這種機制就像某些動物身上的保護色，牠們看起來與週遭環境極為相似，使我們幾乎無法在環境中認出牠們。個人放棄獨特的自我，變成某種無自主性的東西，與圍繞在身邊的其他數百萬個機械人一模一樣，就再也不會感到孤獨與焦慮。然而，他所付出的代價相當昂貴；那就是喪失自我。

假如將「變成機器人」視為克服孤獨的「正常」方式，會違反在我們的文化中最廣泛流傳的一項關於「人」的概念。絕大多數的現代人被視為可以自由思考、感受與行為的個體。的確，這個概念並非只是個人主義的一般見解，而是每個人都認真地相信著他就是「他自己」，他的思考、感受與願望也都是「自己的」。雖然我們當中的確存在著真正的個人，然而大多數的情況下，這個信念只是錯覺，而且還會對個人造成危害，因為它會阻礙了人們去清除導致這種局勢的條件。

在此，我們所處理的是可以藉由一連串提問來快速揭示的基本心理問題。自我是什麼？那些讓人錯誤地以為是為自己而行動的那些行動本質是什麼？何謂自發性？什麼是獨創性的精神活動？最後，這些問題與自由有何關聯？在本章中，我設法指出個人的情感與思想如何被外在事物所引發，而主觀上卻被當作是自己所擁有的，以及，個人的情感與思想如何受到壓制，不再是真實自我的一部分。我們將在第七章〈自由與民主〉繼續探討這些問題。

我們先分析以下各種經驗所包含的意義，這些經驗若轉化成文字就是「我覺得」、「我認為」、

15 參見蘇利文（H. S. Sullivan）前文所引著作P. 68及以下內文，以及《精神分裂症研究》（*Research in Schizophrenia*）、《美國精神病學雜誌》（American Journal of Psychiatry, Vol. IX, No. 3），另參照雷齊曼（Frieda Fromm Reichmann）所著《精神分裂症感情轉移問題》（*Transference Problems in Schizophrenia*），以及《心理分析季刊》（The Psychoanalytic Quarterly, Vol. VIII, No. 4）。

「我想要」。當我說「我認為」時，似乎是一種明確而不含糊的宣稱，唯一的問題只是我所認為的東西是正確還是錯誤的，而非那個意見究竟是不是「我」所認為的。但是，有一項具體的實驗可以立刻顯示出，上述問題點並不如我們一般所認定的那樣。讓我們來看一項催眠實驗[16]。有一個實驗對象A被催眠師B進行催眠而進入睡眠狀態，催眠師暗示他，當他從睡眠狀態清醒過來時，會想閱讀一份手稿，他會相信他隨身帶著這份手稿。但是因為他遍尋不著手稿，繼而會相信是在座的另外一個人C偷走了這份手稿，並對C感到憤怒。A同時也被催眠師暗示，他會忘記這一切都是當他處於被催眠狀態時所被給予的暗示。另外，必須補充的是，C是A從來不曾感到憤怒的對象，在真實情況中，A也沒有理由對C感到憤怒；而且A實際上根本沒有帶來任何手稿。

接下來會發生什麼事？A清醒後，與旁人短暫聊過幾個話題，然後他說：「這話題突然讓我想到我曾在手稿裡寫下的東西，我唸給你聽聽。」他開始尋找手稿，當然一無所獲，之後暗示可能是C拿走了手稿。當C否認時，A終於爆發怒氣，直接指控是C偷走了手稿。他甚至進一步提出各種理由來佐證C就是小偷。A說，他從別人那裡聽說C非常需要那份手稿，還說C有一個很好的機會拿走它等等。我們聽到A不僅指控C，還編造出許多很「合理」的理由，讓他的指控看起來更加可信。（當然，這些理由都不是真的，A以前也從未想到過這些理由。）

假設此時有另一個人D走進房間。D不會懷疑A的確說出了自己的想法及感受；D會認定在這事件裡唯一的問題是，A的指控是否屬實，亦即，A所想的內容是否符合真實情況。然而，我們見證了整個催眠過程，我們並不在乎那些指控的真實性，那並非問題所在，因為我們很確定A的所思所感都不是「他自己的」，而是外來的，是被某人硬塞進腦袋的。

在實驗過程中才進入房間的D所得到的結論大致如下：「這裡有個人，A，他明確地表達了他的想法。他是最清楚自己想法的人，他究竟感受到哪些內容，他自己的說法就是最好的證明。另外，現場有其他人（B與C）都說，A的想法是別人硬加給他的，是從外面來的東西。公平起見，我不能判定哪邊的說法才是正確的；任一方都可能是錯的。但是既然情況是二對一，那麼比較有可能多數是對的。」然而，身為整個實驗的見證者，我們並不會對真相感到懷疑，如果剛加入的D事前也參加過催眠說明，那麼他也不會覺得疑惑。這類實驗可以就不同的人和內容，反覆地進行無數次。例如，催眠師可以暗示一顆生馬鈴薯是可口的鳳梨，然後被催眠者就會把馬鈴薯當成鳳梨，吃得津津有味，或者催眠師可以暗示被催眠者看不見任何東西，當被催眠者醒來時，就會像瞎子一樣。又或者，催眠師可以暗示地球是平的而非圓的，被催眠者就會熱烈辯稱地球是平的。

催眠實驗，尤其催眠後的實驗（D加入之後），究竟證明了什麼？它證明了我們可能有些自以為

---

16 關於催眠狀態的問題，參見艾里克森（M. H. Erickson）所著《精神病學》的文獻目錄（*Psychiatry*, 1939, Vol. 2, No. 3, P. 472）。

是的想法、感受、欲求甚至感官知覺，儘管我們的確親身體驗了這些東西，但它們卻是外界灌輸進我們腦袋的，基本上是外來的，並非我們自己所思所感。

上述特定的催眠實驗顯示出哪些內容？第一，被催眠者「**渴望**」某件事，也就是讀手稿；第二，他擁有某種**想法**，也就是C偷走了手稿；第三，他心中出現某種**感受**，他對C感到憤怒。前文中，被催眠者雖然擁有意志、想法與感受這三種心理現象，但所謂的「擁有」並非指涉來自於他真實的心理活動，而是從他自身之外的某處被放進他的心中，讓他主觀地以為這些東西是他自己所真實擁有的。同時，他還表現出並未被催眠師放進心中的許多想法，也就是說，他為了「解釋」C偷走了那份手稿，而編造出許多「合理化」說詞。雖然這些說詞之所以會出現，是為了解釋他對C的質疑，然而我們知道，事實上是那項質疑出現在先，而合理化說詞只是被創造來使該質疑看起來具有可信度；它們並不具有真正的解釋力量，而是事後才出現的。

此項催眠實驗已經明白地顯示出，雖然人會相信自己心理活動的自發性，但那些心理活動卻是在特殊情況下受到別人影響的結果。當然，這類現象絕不僅限於催眠實驗。我們的想法、感受與意志往往是由外界輸入，而非個人真正所擁有，其普遍程度甚至讓人覺得這些擬似性質的行為才是常例，而真正發自行為人自我內在的心理活動，反而是一種例外。

比起個人的擬似（pseudo）「意志」與「感受」，思考中的擬似性質是我們更為熟悉的。因此，我們應該先從「真實想法」與「擬似思考」的差異開始探討。假設我們置身某個小島，島上有許多在地漁夫與從都市來的觀光客。我們想知道接下來幾天島上的天氣狀況，因此詢問了一位漁夫與兩位觀光客——我們知道他們三人都聽過收音機的天氣預報。當我們詢問漁夫時，他會依據長年觀察島上氣象的經驗來思考問題，就像在我們詢問他之前，他都還沒有過判斷那樣。他知道風向、溫度、溼度與可作為天氣預測的其它因素，依據各自的重要性權衡，並且得出某種程度上相當明確的天氣判斷。或許他會記得在廣播中聽到的氣象預報，而引用該預報內容來支持他的判斷，不過如果該預報內容不同於他的判斷，他會非常小心衡量支持他的看法的理由；不論如何，此處的重點是，他所告訴我們的判斷是**他自己**的意見，是**他自己**思考的結果。

而當我們詢問兩位觀光客時，第一位觀光客知道他自己並不太熟悉當地天候，也沒有想去理解天氣的動機。他只是回答：「我無從判斷。我所知道的都是電臺廣播的內容。」至於我們所詢問的第二位觀光客，則屬於不同類型的人。他相信自己知道許多天氣方面的知識，儘管事實上他根本所知無幾。他是那種自覺一定能回答任何問題的人。他思考了一段時間，然後說出了「他的」判斷，那判斷內容與廣播的預報完全相同。我們詢問他如此判斷的理由，他告訴我們，他是依據當時的風向、溫度、溼度以及其他因素，讓他得出這樣的結論。

若單從外部行為來看，第二位觀光客的行為與漁夫並無不同。但如果我們仔細分析，將明顯發現第二位觀光客曾經聽過廣播的氣象預報，並相信了聽到的內容。然而，當他覺得必須表達出**他自己**對氣候的判斷時，遂忘了他只是單純複述別人的意見，並相信這是他自己經過深思熟慮才得到的說法。

他想像自己跟我們說的理由事先存在，因此他才有那些意見。但我們若審視那些理由，會發現若非他事先已經存在某種意見，那麼他所引述的理由根本無法使他得到任何結論。這些理由都是擬似的理由，功能在於讓他所提出的判斷看起來真的來自於自己的思考。他錯誤地認定他得出屬於自己的意見，但事實上，他只是接受了權威意見，卻沒有意識到其中的過程。他的判斷實際上很可能是正確的，而漁夫的判斷也可能是錯誤的，但那些正確的東西仍然不是「他自己的」意見，只能說漁夫「自己的」判斷有誤而已。

我們如果研究人們對某些特定事物——例如政治——所抱持的想法，就會發現一種現象。隨便問問一般報紙讀者對某個政治議題的看法，他多多少少會精確敘述他在報上讀到的內容，並當作是「他自己的」意見。重點是，他會相信他所說的，就是來自於自己的思考。如果他居住在某個政治意見都承襲自長輩的小社區，那麼「他自己的」想法受到嚴格長輩所遺留權威的掌控程度，可能遠超乎他的想像。另一位讀者，也許會因為一時的尷尬，亦即擔心自己被認為消息不靈通，因此所表達出的想法只是某種表面的態度，並非來自經驗、願望與知識綜合判斷的結果。美學的判斷中也存在相同的現象。一般人來到藝術館欣賞某名家如林布蘭（Rembrandt）的畫作，他會宣稱該作品美麗又動人。但我們分析他的判斷，會發現他對該畫作並沒有什麼獨特的內在反應，他之所以覺得這幅畫很美，只因為他知道應該要認為它很美。人們對音樂的判斷以及感知行為，也明顯出現同樣的現象。許多人看到某風景名畫之後，心中出現的畫面其實是重現了他們在明信片上見過無數次的東西，而當時他們卻相信

「自己」是看見了眼前所呈現的這幅風景。換個例子來說，當人們經驗了一件在眼前所發生的意外時，他們會根據媒體報導去轉述他們實際看到或聽聞的內容。事實上對許多人來說，他們所親身經歷到的某些事，例如藝術表演或政治聚會，都要等他們在報上讀到相關內容之後，那些事情對他們來說，才會變成真實存在的東西。

人們在批判思考上所受到的壓抑往往始於年幼時期。例如一個五歲小女孩可能隱約地察覺到，雖然母親總是滿口的愛與友情，實際上既冷漠又自私；小女孩也可能赤裸裸見識到母親的虛偽，例如撞見母親與其他男人有染，平日卻宣稱高尚的道德標準。小女孩感受到母親的表裡不一，讓她的正義與真理意識受到損害。然而因為小女孩仍非常依賴這個不允許任何批評的母親，或者她有個無法仰仗的懦弱父親，因此只能壓抑自己的批判能力。不久，小女孩將不再注意到母親的偽善或不忠。因為如果讓這種批判能力保持活躍，她將陷入無助又危險的處境，所以她寧可失去批判思考的能力。相反的，小女孩會牢牢記住母親既真誠又高尚，以及父母擁有幸福美滿的婚姻生活，她會心甘情願接受這樣的想法，並將其視為自己的想法。

在以上對「擬似思考」的所有敘述中，關鍵點在於某想法是否真是自己思考的結果，亦即是否來自行為人本身的心理活動，而不在於該想法的內容是否正確。就像先前提到漁夫預報氣象的例子，漁夫「自己的」想法有可能是錯的，而觀光客單純複述的權威想法卻可能是正確的。再者，擬似思考也有可能是完全符合理性與邏輯的，其擬似性質並不一定會以非邏輯的方式呈現。關於這點，我們可以探究所謂的「合理化說詞」，有些行動或感覺雖然實際上由非理性且主觀的因素所決定，卻往往看似有著理性和現實的理由。合理化說法往往看起來合乎邏輯又很有道理，其不合理之處僅在於，那類說詞雖然被個人認定為造成了某項行為的發生，但事實上，那並非個人行為的真正動機。

我們可以從一個眾所皆知的笑話中看到「非理性合理化說詞」的例子。有個人從鄰居處借來一個玻璃瓶，結果不慎打破了它，當鄰居要他歸還玻璃瓶時，他回答：「首先，我已經將它還給你了；再者，我根本就沒有跟你借什麼東西；最後，當你借我那個玻璃瓶時，它就已經破掉了。」另外，讓我們來看一個「理性的」合理化說詞：假設某甲手頭拮据，希望親戚某乙借給他一筆錢，但某乙卻拒絕了他，並跟某甲說，他之所以拒絕借錢，是因為如果借給他錢，只會讓他更加地不負責任，並助長他的依賴性。這番說理或許聽起來合情合理，但那只是某乙對自身行為的合理化說詞，因為無論如何，某乙都不會借錢給某甲。因此儘管某乙相信自己這樣做乃出自於對某甲的關心，但事實上，讓某乙不想借錢的原因是他的小氣吝嗇。

所以，我們無法只憑著一個人的陳述是否符合邏輯，來判斷我們所面對的是否為合理化說詞，我們必須檢視一個人行為背後的心理動機。具有決定性力量的並非該說法的「內容」，而是那個人究竟是「如何」思考的。個人積極思考所得出的想法總是新鮮又有創意；這裡所謂的創意，不一定指別人在此之前從未想到過，而是思考者確實使用了他自身的思考能力，來發現外在和自己內心的新東西。而合理化說詞則在本質上欠缺這樣的發現和揭露，它的作用只是為了鞏固個人心中存在的情緒性偏見罷了。合理化說詞無法洞察真實的世界，只能在事後試圖調和個人願望與既存事實之間的落差。

不管是「感受」或「想法」，我們必須區分源自自身的「真實感受」，以及我們相信是自己擁有、但實際上卻非如此的「擬似感受」。讓我們從日常生活中尋找例子，看看人在與他人接觸時所發生典型的擬似感受。我們觀察一位正在參加派對的男性。他看起來很快樂，開懷地與人友善交談，各方面看來都愉快而滿足。當他要離去時，對大家露出親切的笑容，並說他非常享受這個夜晚。門在他身後關上了——此時我們仔細觀察他。他的臉上顯露出突如其來的變化。笑容消失了；當然了，因為他現在孤單一人，身邊並沒有其他事物能引發他的笑容。但是，我所說的表情變化並非只是笑容消失，而是他臉上出現深切的悲傷，一種幾近絕望的表情。這表情大概只停留了幾秒鐘，然後他重新換上平日面具般的表情。這個男人隨後進入車子，回想著這個夜晚，納悶著他是否讓人留下良好印象，最後他認定應該是有。但是，「他自己」在那派對中是否真的感到愉快？我們剛才在他臉上所觀察到的絕望表情只是毫無意義的一時反應嗎？如果不對他進行更多了解，我們便無法判斷這個問題。然而，接下來發生了一段小插曲，提供了我們一些線索去理解他所展現出快樂感受的真正意義。

當天夜裡，他夢見與美國特遣部隊一起重返德國戰場，他接獲命令要穿越火線進入敵軍指揮總部。他穿上德軍的軍官制服，讓自己看起來像個德軍，後來便發現自己置身於一堆德軍軍官當中。他驚訝地發現德軍指揮總部竟然相當舒適，每個人對他都很友善。但隨著時間過去，他越來越害怕他們會揭穿他的間諜身分。其中有一個他較喜歡的年輕軍官試圖接近他，並對他說：「我知道你的真實身分，你只有一個辦法可以逃離這裡。你必須開始說一些笑話，開懷大笑，並且讓他們跟著你一起笑，這樣他們就會專注於你的笑話，而不會注意到你。」他非常感激這項提議，遂開始說笑話，並且出聲朗笑。後來，他的笑話多到讓其他軍官開始起疑，他們的疑心越重，他的笑話就顯得越牽強。最後他心裡充滿恐懼，再也無法待下去了，便從椅子中一躍而起，其他軍官開始追逐他。之後，夢境的場景改變，他坐在市區的軌道電車中，電車就在他家門口停下，他當時身著西裝，對於戰爭已經結束的想法感到非常安心。

隔天早上我們詢問他，他在真實世界中發生的事與他昨夜夢境中的關聯。我們在此記錄下某些較重要的關聯，以研判我們有興趣知道的重點。夢境中的德軍制服，讓他回想起在前晚派對上有位賓客說話帶著濃厚的德國腔，他還記得自己曾被這位賓客給稍微惹惱了，因為那位賓客一直不太注意到他的存在，雖然我們的主角還特地想讓那個人留下良好印象。當他在跟我們閒談這些事時，他回憶起在派對上曾經感受到這位德國口音很重的男人的確有開他玩笑，並且無禮地嘲笑他所說的話。回想著夢境中德軍指揮總部舒適的房間，他突然發現，那個房間非常類似於他昨晚置身的派對，但夢境中德軍房間的窗戶，卻像是他曾經參加某次考試的教室窗戶，他在那次考試中表現得非常差勁。他對這項關聯感到驚訝，繼而又想起昨晚去派對前，他有點擔心會給眾人留下不好的印象，部分原因來自於昨晚的賓客之中，有個人是他想追求的女孩的哥哥，而部分原因則因為派對主人對他的上司有相當的影響力，而他在事業上的成就多少得依賴上司對他的看法。在與我們談到這位上司時，他表示自己非常不喜歡這個上司，雖然必須對他展現友善的態度，卻對此感到非常受辱。而且，他也對派對主人有些微的不滿，儘管他當時並未意識到。他對夢境與現實情況的另一項聯想，是他在昨晚派對上曾說了一個有關禿頭的笑話，後來便為此憂心忡忡，惟恐自己得罪了派對主人，因為派對主人碰巧就是個禿頭。他對夢境出現的軌道電車感到疑惑，似乎找不到相關的線索。當他與我們談論到這點時，突然回憶起當他還是個小男孩時，每天必須搭乘軌道電車上學，隨後更多細節出現在他腦海，其中一項是某次上學途中，他曾經坐到駕駛員的座位上，心想駕駛軌道電車與駕駛一般汽車並無太大的不同，當時他還為此相當驚訝。很明顯的，在他昨夜夢境中所出現的軌道電車，正代表著他在昨晚派對後開的那輛車；而夢境中從戰場返家，則讓他想起兒時放學回家的情景。

對於熟悉夢境分析的人來說，上述內容已經清楚顯示該夢境的意涵，以及伴隨而來的關聯，雖然我們只有提到他的某些聯想，而且實際上幾乎沒有指出與他人格特質有關的內容，也沒有談及他過去或現在的生活處境。他昨夜的夢境顯示出當晚他在派對上的真實感受。他相當焦慮，害怕無法讓人留下好印象。他對派對中的某些人生氣，因為他覺得這些人不夠喜歡他，甚至覺得被揶揄了。該夢境顯示，他在派對中表現的愉快情緒只是為了隱藏住焦慮與怒意的工具，以及為了哄騙他所感到怒意的那些對象。他所有的愉快表現都是表面的假象，並非來自他自己，反而是掩蓋住「他自己」真正的感受——擔心與生氣——的面具。而這一切也使得他的處境變得不安全，因此他覺得自己像個深入敵營的間諜，隨時都有被揪出的危險。我們在他剛離開派對時所注意到、短暫出現在他臉上的絕望表情，現在可以確定並解釋其所代表的意義：在那個瞬間，他的臉部表情顯示出「他自己」真正的感受，雖然「他自己」在那當下並未真正意識到這份感受。在夢境中，這份感受以戲劇性卻相當清晰的方式呈現出來，雖然該夢境內容也並未指出他那些負面感受所針對的對象。

這個男人並非神經症患者，也未受到催眠；他是正常人，有現代人慣有的焦慮，也需要他人的認同。由於他習慣感受在一個特定的場合應該有的感覺，因此沒有察覺他所表現出來的愉快感「不是他自己的」，他會覺得事情怪異，是一種例外而非常態。

另外，個人的「意志」，也和想法與感受會發生的擬似情況一樣。大多數人相信只要自己不是被外在的權威公然強迫行事，他的決定就是**自己做的決定**，如果他想要某樣東西，就確實是**他自己**想要。但是，這是我們對自己最嚴重的錯覺之一。我們的許多決定其實不屬於我們自己，而來自外界的提示。我們說服自己：做決定的是我們自己，事實上我們只是害怕孤獨，或是因為生活、自由與舒適方面受到直接的威脅，而努力符合別人的期望罷了。

當孩童被問到想不想每天上學，他們回答「當然想」時，這種回答是真心的嗎？在許多情況下當然不是。孩童也許想上學，但他們往往喜歡玩耍或改做別的事。如果某個孩童覺得「我每天都想上學」，很可能是壓抑了對學校作業的厭惡感。他感到被期待每天都想上學，這份壓力大到足以掩蓋「他這麼頻繁地去學校只因為他必須這麼做」的感受。這個孩童如果能意識到有些時候他的確想去學校，但有些時候則因為他必須去學校，所以才去學校的事實，也許會覺得快樂一點。然而，責任感的壓力太過強大，使他自覺想做那些被期待要去做的事。

人們通常認為，絕大多數男人都是自願地想結婚。當然，在某些情況下，的確有某些男人意識到自己是基於責任或義務感才步入婚姻，但也會有某些男人之所以結婚，是因為「他自己」真的想結婚。同時，也有不少情況是，男人（也可能是女人）有意識地相信自己想要與某人結婚，但事實上卻發現自己身陷一連串通往婚姻、沒有退路的事件當中。婚禮前，他一直堅信是「他自己」想結婚。第一個「事實未必如此」的指標，就發生在婚禮當天他突然感到驚慌，有股想逃跑的衝動，當然為時已晚。如果當時他足夠「理智」，這份感受就只會持續短短的幾分鐘，當他被問到，是否無可動搖地堅定相信自己想結婚時，他會回答：「是的」。

我們還可以繼續舉出很多日常生活中的例子，人們看起來像是在做決定，也好像真的想要做某件事，但實際上，他們只是受到內在或外在壓力的驅使，而「不得不想要」做那件事。事實上，只要觀察人類決策的情況，就會發現很多人其實誤把一種屈從於傳統、責任或壓力的行為，當作是「自己的」決定。而「原創性的決定」——在這個宣稱個體選擇是其存在基礎的社會中——幾乎成了一種相對少見的現象。

在此，我希望再描述一個「擬似意願」的例子，此例分析了某些沒有罹患神經官能症的人所經常出現擬似意願的情況。雖然這個例子與本書主要關注的廣泛文化現象並無太大的關聯，但它能夠讓不熟悉潛意識力量和作用的讀者，有機會認識到這種現象。而且，該例強調一個前文提及的概念：「壓抑的發生」與「擬似行為」之間的關聯。雖然我們大抵是從神經官能症行為、夢境等壓抑力量來看待壓抑一事，但我認為有必要強調，所有壓抑都會削弱部分真實的自我，並將個人被壓抑的感受代換為擬似感受。

我要介紹的是一位二十二歲的醫學系學生的案例，他對學業很感興趣，與人的相處情況相當正常。雖然他有些倦怠感，對人生沒有多大的熱情，但他並不會特別感到不滿。他之所以接受心理分析，其實是基於理論上的理由，因為他想成為一個精神科醫師。他對生活唯一的抱怨來自於他在醫學系功課上所遭遇到的阻礙，他常常無法記住學過的東西，並且在課堂上異常疲倦，相較於其他學生，他的成績非常差勁。他對此感到困擾，因為如果是其他科目，他似乎擁有較佳的記憶力。他完全不懷疑自己的確想研讀醫學，卻經常懷疑自己是否擁有這方面的能力。

經過幾週的分析，他對分析師提到某個夢境：他身處由他一手打造的摩天大樓頂樓，環視著周圍的建築，在心中感到一絲絲得意。突然間，摩天大樓崩塌了，他被埋在斷垣殘壁之中。他感覺周遭有人努力搬走破碎瓦礫要將他救出，而且聽到有人說他受了重傷，醫生會立刻趕過來等。彷彿等了無止境的時間，醫生才姍姍來遲。當醫生終於趕到時，卻發現忘記攜帶必要的急救器材，無法對他提供任何救助。他頓時對醫生感到極度憤怒，下一瞬間他突然發現自己站了起來，理解到他根本沒有受傷。他嘲諷著醫生，夢境在此結束。

這位醫學系學生並無太多與這個夢境相關的聯想，但以下是具有重要意義的幾則。當他回想夢境中所出現、由自己打造的摩天大樓時，他向分析人員說明，這讓他想起，一直以來他總是對建築很有興趣。小時候，有很多年的時間，他最喜愛的娛樂就是玩積木，他十七歲時就夢想成為一位建築師。他向父親提到這個想法，他的父親以非常親切的態度跟他說，他當然可以自由選擇未來的職業，但父親肯定這項想法只是他兒時願望的殘留物，其實他想念的應該是醫學系。這位年輕人認為他父親是對的，從那刻起就再也沒跟父親談到這個問題，並理所當然地研讀醫學。關於夢境中醫生姍姍來遲，以及忘記攜帶急救器材，他所提出的相關聯想相當模糊而且貧乏。然而，談到這部分夢境時，他突然想到，他在這裡接受心理分析的時間與原來說好的時段不一樣，雖然他對這個變動並未提出抗議，但其實對此相當生氣。此時，在他說話的過程中，他的怒意正節節升高。他指控分析師任意調整時段，最後咆嘯：「好吧，總之，我就是不能做我想做的事」。他對他的怒氣以及這句話感到吃驚，因為到目前為止，他從未對分析師或整個分析過程抱持敵意。

後來他又做了一個夢，夢的內容他只記得某些片段：他父親在車禍中身受重傷，他身為醫師，理應照料父親。但是當他對父親進行檢查時，他感到渾身無力，完全無法勝任這個工作，陷入一籌莫展的窘境。他就這樣驚醒過來。

在聯想的過程中，他不情願地指出，過去幾年他的確曾想過他的父親會突然過世，這樣的想法讓他害怕。有時他甚至想到父親死後遺留給他的財產，以及他會拿這些錢去做些什麼。他並未繼續發展這樣的幻想，因為每次他都在這種幻想出現時就立刻壓抑它們。以這次的夢境跟上次的夢境比較，他驚訝地發現兩個夢境中的醫生在當下都無法提供幫助。此時，他比以往任何時刻都還清楚地了解到，他永遠無法成為一位有用的醫師。當分析師向他指出，他的第一個夢境展現出他對於醫生的重要性感到明確的怒意與嘲笑時，他想起每當他聽到或讀到某位醫師無法救治病患時，心裡就出現得意洋洋的感覺，但他在那些當下，卻都沒有意識到這份感受。

在後續的分析過程中，他心中曾被壓抑下來的東西都逐漸浮上檯面。他相當驚訝地發現，原來他對父親一直抱有強烈的恨意，而且，他對於醫師價值的看法，都屬於他人生中所瀰漫的無力感的一部分。雖然表面上他是依據自己的計畫安排人生，但現在他感受到內心深處充滿著放棄的念頭。他終於理解，從前的他堅信無法做自己想做的事，而必須遵從著他人的期望。他越來越清楚地意識到，他從來就不想成為一個醫師，而他所感到這方面的能力不足，都只是心理上消極抗拒的表現。

這個例子相當典型地呈現出個人對自身真實願望的壓抑，以及將他人期望當作自己真實願望的現象，我們不妨說，他的「原始願望」被「虛擬願望」取代了。

「虛擬行為」取代了個人在想法、感受與意願等方面的「原始行為」，最後甚至導致「原始自我」完全被「虛擬自我」所取代。原始自我乃個人心理行為的發源地，而虛擬的自我充其量只是某種代理人，它只能呈現出個人所被期待扮演的角色，卻打著「自我」的旗號。誠然，個人可以同時扮演許多角色，而且在主觀上相信每個角色都是「他自己」。但事實上，個人完全沉浸在他相信被期待扮演的角色之中，對許多人來說（甚至是絕大多數人），虛擬自我完全扼殺了原始自我。有時候在夢境、幻想或酒醉時，個人所擁有的真實自我會短暫地出現，這些想法與感受可能已經好多年沒出現在腦海裡了。它們通常是負面想法或感受，個人必須加以壓抑，否則會因此害怕或羞愧。然而，有些時候這類想法或感受也可能正是個人內心最美好的事物，但他也必須壓抑它們，才不會被嘲笑或遭受攻擊。[17]

自我的喪失以及被虛擬自我所取代的狀況，都使個人陷入強烈的不安全感之中。個人會感到疑惑，因為他的自我在本質上只是反映出他人的期待，他幾乎失去了自我認同。為了克服因喪失自我認同而產生的焦慮，個人不得不順服，藉由持續尋求他人的認可與贊同來重建對自我的認同。雖然他不知道自己是誰，但是至少別人會知道他是誰。那麼，只要他完全依照他人的期待行事，只要聽他們的，他也就能知道自己是誰。

現代社會的機械化現象，加深了個人內心的無助感與不安感，因此人們願意順從提供安全感、並讓人免受疑惑之苦的權威。下一章將探討德國社會中使人們必須接受權威的獨特條件，並說明在納粹

17 心理分析的過程，在本質上是為了讓被分析者發現他所擁有的原始自我。所謂的「自由聯想法」就是要被分析者表達出原始的想法與感受，表達出真實自我；但此處所謂的真實自我，並非指被分析者口中所說出的想法，而指涉那想法或感受本身是原始的，並未受到外在期待的修飾。佛洛伊德強調了對「不好的」東西的壓抑，但似乎並未完全理解那些「好的」東西也會受到壓抑。

運動的核心成員（亦即低階中產階級）身上，存在著典型的獨裁機制。本書的最末章將繼續探討「個人變成機械人」在我們身處的民主社會中所呈現的文化現象。

第六章
納粹主義的心理意涵

在上一章中，我們的探討聚焦於兩種心理典型：權威性格及個人行為的機械化。我希望針對這兩種心理典型所進行的詳細分析，將有助於理解本章與後續要探討的問題：納粹主義，以及現代民主背後的心理意涵。

在探討納粹主義的心理意涵之前，我們必須思考一個基本問題：在理解納粹主義時，各種心理要素之間具有什麼樣的相關性。在一般通俗或科學方式對納粹主義所進行的討論中，常常存在兩種相反的觀點：第一種觀點認為，心理學無法為法西斯主義的經濟與社會現象提供解釋；而第二種觀點則認為，法西斯主義完全屬於心理學的研究範疇。

在第一種觀點中，研究者或許將納粹主義完全視為經濟變動的結果，也就是德國資本主義擴張趨勢所造成的後果；或許認為這基本上是政治現象，由企業家與貴族地主所支持的單一政黨統治整個國家。簡單來說，納粹主義之所以成功，導因於社會中少數人對其他多數人進行欺詐與高壓統治。

第二種觀點則認為，我們只能以心理學（或所謂精神病理學）的概念去解釋納粹主義。這個觀點認為希特勒根本就是個瘋子，而他的追隨者也同樣瘋狂而且精神錯亂。如同穆福德所闡釋的，法西斯主義的真正起源是「人類的心靈，而非社會經濟情況」。穆福德論述道：「它來自人們排山倒海的自尊、對殘酷行為的喜好、精神分裂等人心變化，而非來自《凡爾賽條約》或德意志共和國本身的軟弱無能。」[1]

然而，在我的想法裡，上述幾種解釋不論是只強調社會的政治與經濟要素而排除心理因素，或是只強調後者而忽視前者，都不盡然正確。納粹主義的確是心理問題，但心理要素本身必須視為受到社會經濟因素所造成的結果；納粹主義也是經濟和政治問題，但它對人們所具有的掌控，卻必須在心理學的基礎下才能適當地理解。本章的關注焦點在於納粹主義的心理學面向，亦即其人性基礎。這意謂著兩個層面的問題：那些會受到納粹主義所吸引的人，具有什麼樣的人格特質，以及，該意識形態究竟具有什麼樣的心理特質，竟使得納粹主義對這些人產生如此巨大的影響力。

為了探討納粹主義成功背後的心理基礎，我們必須做出以下區分：在順從於納粹政權的眾多人民之中，有一部分的人臣服於納粹，沒有強烈的抗拒，但也並未成為納粹意識形態和政治主張的擁護者；另一部分的人則深深受到這種新式意識形態的吸引，狂熱地追隨著宣揚該意識形態的人。第一種類型的人主要包含工人階級、自由主義者與天主教布爾喬亞階級[2]，這些人（尤其是工人階級）擁有完善的組織，而且雖然從納粹主義開始發跡直到一九三三年為止[3]，他們持續對納粹抱持著敵視的態度，卻從未基於政治理念對納粹主義展現出內在的抵抗。希特勒上臺後，這些人的抗拒意識更是迅速瓦解，此後便很少對納粹政權造成危害（當然這幾年中還是有極少數的人對納粹政權做出零星的英雄

---

1 參見穆福德（L. Mumford）所著《生命的信仰》（*Faith for Living*, Harcourt, Brace & Co., New York, 1940, P. 118）。

2 譯註：原文為Bourgeoisie，泛指地位低於貴族、高於農奴的小資產階級。

3 譯註：希特勒與納粹黨自一九三三年開始統治德國。

式反抗行為）。從心理角度解釋，這些人之所以願意順從納粹政權，主要原因似乎來自於他們內心的倦怠與聽天由命的狀態；下一章我們會指出，即便在民主國家中，這也是現代人的特質。德國社會的工人階級還存在另一種心理特質，足以解釋他們對納粹政權的順從行為：工人階級自一九一八年第一次革命成功後所遭受到的挫敗感[4]。工人階級在戰後[5]所懷抱實現社會主義的強大希望，或至少希望提升政治、經濟與社會地位的願望一直無法實現，姑且不論原因為何，他們經歷了持續的挫敗，完全澆熄了原本抱有的希望。到了一九三〇年，最初革命成功的甜美果實都已消失殆盡，讓他們心中充滿了放棄感、對領導者的不信任，也對任何政治組織與政治活動的價值產生懷疑。他們依舊身為各自所屬政黨的成員，有意識地繼續相信他們的政治理念，但在內心深處，絕大多數的工人階級早已放棄對政治活動的有效性抱持期待。

希特勒掌權後誘發了另一個動機，使當時德國社會中的大多數人民願意對納粹政府效忠。對數百萬計的德國人民來說，希特勒所領導的政府便代表「德國」，一旦他掌握政治實權，若有人與他作對，便意謂著自外於德國社會；等到其他政黨遭到廢除，納粹黨就「等同」於德國，反對納粹黨就是反對德國。對一般百姓來說，最難以忍受的事莫過於不跟社會中勢力龐大的群體合而為一。一個德國公民無論多麼反對納粹主義的原則，但若要他們在「受到孤立」與「歸屬於德國」之間做選擇，多數人寧可選擇後者。我們在許多例子中都能看到，有些人本身並非納粹黨徒，但在面對外來批評時都會捍衛納粹主義，因為他們覺得攻擊納粹就是攻擊德國。當社會中的人們普遍害怕孤立，而且該社會的道德原則相對薄弱時，一旦某個政黨獲得政治實權，這些因素就有助於讓該政黨贏得絕大多數百姓的效忠。

上述內容可歸結為一項理解這個時期納粹在「政治鼓吹」上相當重要的原理：任何對德國的攻擊，以及任何關於德國人的誹謗性宣傳（如第一次世界大戰時期的「德國佬」[6]一詞），都只會加強原本並不完全認同納粹主義的德國人民對納粹的忠誠感。然而，德國社會的這種情況，並不會因為他人不做出誹謗性宣傳而獲得根本的解決，要解決這類問題，在任何國家都一樣，人民必須普遍擁護這項基本真理：倫理原則必須凌駕於國家民族的生存，個人透過支持這些原則，使自身歸屬於現在、過往與未來都共享著相同信念的社會。

對比於前文所談到擁有消極聽天由命心態的工人階級、自由主義者與天主教布爾喬亞階級，納粹意識形態受到小店主、工匠及白領工作者等低階中產階級的熱烈歡迎。[7]

低階中產階級的老一輩成員構成了較消極的群眾基礎，他們的子女則成為較積極的鬥士。在他們心目中，對領導者盲目的崇拜、憎惡種族與政治上的少數族群、渴望征服與支配、頌揚日耳曼民族與

4　譯註：此指德國十一月革命，發生於第一次世界大戰之後，主要由工人團體推翻了威廉二世的德意志帝國政權。
5　譯註：此指一九一八年第一次世界大戰結束，德國戰敗。
6　譯註：原文為Hun，是具有貶意的蔑稱。

北歐種族[8]的地位等，在情感上深深吸引著他們，使他們成為納粹理想的熱切信徒和鬥士。為何納粹意識形態對低階中產階級這麼有吸引力？要找答案必須探究這類人所具有的社會性格。低階中產階級的社會性格明顯相異於工人階級、高階中產階級、貴族與上層階級。事實上，自古以來，他們的確存在某些特有的心理性質：愛強憎弱、目光狹隘、對他人有敵意、在情感與金錢上都節儉克制，主要信奉禁欲主義等。他們的人生觀很狹隘，不但懷疑並且厭惡陌生人、對熟識的人感到好奇又嫉妒，卻把嫉妒感合理化為道德上的憤慨；他們的整個人生（無論經濟或心理上）都立基於一種匱乏。

前文指出，低階中產階級與工人階級具有不同的社會性格，並不代表工人階級並沒有這種個性結構，只是說明那些性格特質是低階中產階級的**典型性格**，而僅有少部分工人階級會以明確的方式展現出相同的性格結構。不過，我們也能在大多數工人階級的性格中找到對權威尊敬或節儉克制的特質，儘管可能以較不強烈的方式來呈現。另一方面，大部分的白領工作者（尤其是在大型工廠的工作者）比較近似於勞力工作者，而不像未曾享受到壟斷式資本主義興起的好處，反而還嚴重受到威脅的「舊中產階級」[9]。

雖然早在一九一四年第一次大戰前，低階中產階級就有著相同的社會性格，但不可否認的是，戰後的事態確實加強了這些特質：渴望順從並且希望獲得權力。

在一九一八年德國十一月革命之前，低階舊中產階級、工匠及小型獨立商人的經濟地位已經逐漸衰退；但在那段時期，他們的經濟處境尚未達到絕望的地步，有許多因素使其尚稱穩定。

當時君主政體的統治毫無疑問扮演著穩定經濟的角色，低階中產階級的成員藉由仰仗和認同這份權威來尋求安全感，甚至是自我陶醉的驕傲感。另外，宗教與傳統道德在社會中也牢牢扎根，「家庭」依舊不可動搖，在充滿敵意的世界中為個人提供安全的避風港。此時的個人覺得歸屬於一個穩定的社會與文化體系，在其中擁有明確的地位，他對既有權威的順從與忠誠，恰好滿足了自身的受虐傾向。然而，儘管如此，個人並未走向極端自甘的屈從，而是保留了自身人格的重要感。一個個體所缺乏的安全感與進取心，都因強大的外在權威而獲得了心理補償。簡言之，當時個人擁有的經濟地位依

7 關於本章的探討內容，尤其是關於低階中產階級在當時德國社會所扮演的角色，參見拉斯威爾（Harold D. Lasswell）所著論文〈希特勒主義的心理〉（The Psychology of Hitlerism），出自*The Political Quarterly*, Vol. IV, 1933, Macmillan & Co., London, P. 374，以及蘇曼（F. L. Schuman）所著《納粹獨裁政權》（*The Nazi Dictatorship*, Alfred A. Knopf, New York, 1939）。

8 譯註：Nordic Race，支持德意志種族學的學者認為，此優秀人種起源於阿爾卑斯山以北的歐洲中部。

9 此處提出的觀點主要來自於一份未出版的研究成果〈從一九二九年到三〇年德國勞動者與受雇者的性格〉（Character of German Workers and Employees in 1929/30），研究者為A. Harris, E. Herzog, H. Schachtel, E. Fromm。F. Neumann為此提供歷史導讀，贊助單位為International Institute of Social Research, Columbia University。該研究分析了六百份詳細的問卷調查，顯示出有少部分的受調者展現出權威性格，另外有約莫數量相同的受調者渴望獲得自由與獨立，而絕大多數的受調者都以較不明確的方式，呈現出不同性格特質的混合體。

舊穩固，足以使他有一種自尊感與相對安全感，而他所依靠的權威也足夠強勢，可以額外給他個人地位所無法提供的安全感。

戰後德國的社會處境在相當程度上發生變動。首先，舊中產階級的經濟衰退逐漸加遽，並因為受到一九二三年達到高峰的通貨膨脹而更加嚴重，徹底摧毀了中產階級在過往數年努力工作的成果。一九二四到一九二八年間，經濟成長為低階中產階級帶來了新的希望，但一九二九年之後的經濟蕭條再次摧毀那時的斬獲。正如在通貨膨脹時期，中產階級身處工人階級與上層階級的夾縫之中而成為最為脆弱的族群，因此遭受最嚴重的打擊[10]。

然而除了上述經濟因素，心理因素也使情況更加惡化，最終竟導致國家戰敗與君主政體的垮臺。德國社會中的布爾喬亞階級在心理上將君主政體與國家視為自身存在所依恃的堅固磐石，君主政體與國家所遭受到的挫敗粉碎了他們的生命基礎。如果社會大眾可以公開嘲笑皇帝，如果政府官員可以遭受攻擊，如果國家被迫改變形式並且必須接受共產黨煽動者作為內閣成員，以及一位馬鞍製造商竟能出任德國總統[11]……，那麼，一般市井小民到底還有什麼可信賴的？他們曾經以卑微的態度認同這些國家機構；如今，這些機構都不見了，他們將何去何從？

當時的通貨膨脹也在經濟與心理層面造成了重大的影響，使人們對國家權威大打折扣，同時嚴重打擊了人們所抱有節儉克制的原則。如果多年來犧牲享樂、省吃儉用而累積的積蓄，竟會因為不是自己的錯誤而瞬間蒸發，那麼生活節儉的目的何在？如果國家可以推翻銀行票據與借貸等相關信用機制，一般百姓還能夠相信誰給出來的承諾？

戰後，低階中產階級不僅經濟地位急速衰退，他們原本擁有的社會聲望也因此下降了。在戰前，該階層的人覺得自己優於工人階級，但十一月革命之後，工人階級的聲望大大提升，低階中產階級就相對降低了社會地位。他們曾經還能夠鄙視別人，如今這些小店主之輩不再享有這份他們曾經視為生命中重要資產的特權。

除了上述因素，中產階級對自身安全感的最後防線——家庭——也徹底粉碎了。戰後的社會發展動搖了父親在家庭中的權威，以及舊中產階級所相信的道德觀念，這種情況在德國尤為嚴重。年輕一代的人們隨著自己的喜好任意作為，不再在乎他們的行為是否為父母所讚許。

導致這項發展的原因相當多重而複雜，我們無法在此一一敘述，我只談論其中幾個因素。舊社會的權威象徵如君主政體與國家的相繼崩壞，連帶影響了父母這個權威角色。年輕一代原本被父母教導要敬重君主與國家，但這些權威如今被證明是軟弱無力的，使得父母在後代面前也喪失聲望與權威。另一項因素是，老一輩在社會各項劇烈變動、尤其是通貨膨脹之下感到混亂與迷惑，他們無法像靈活

10 參見前註所引蘇曼之著作P. 104。

11 譯註：此指艾伯特（Friedrich Ebert），早年以製作馬鞍為業，在十一月革命後，成為德國威瑪共和的首任總統。

又年輕的一代那樣適應於新的社會處境。因此，年輕一代自覺優於長輩，再也無法認真看待長輩和他們的教誨。而且，中產階級的經濟衰退，使得父母不再有能力扮演對子女經濟資助的角色。

低階中產階級的老一輩越來越感到難堪與憤恨，但這種心理狀態只能消極的展現；年輕一代則傾向於採取直接的行動。年輕人不再像他們父母輩曾擁有經濟獨立生存的能力，所以經濟地位更加惡化。專業性市場已經飽和，當醫師或律師謀生的機會微乎其微。曾經參與戰事的人認為有權利享受（比起他們實際得到的）更優渥的生活，尤其多年來習慣下命令、行使權力的年輕軍官，實在無法甘於當個小職員或四處奔波的業務員。

漸次嚴重的社會挫敗使人民產生某種心理投射，成為國家社會主義（National Socialism）的重要來源：舊中產階級成員不再關注自身的經濟與社會命運，而是從國家的角度去思考自己的命運。國家戰敗與《凡爾賽條約》成為實際挫折（自己真實遭受的社會挫敗）轉移的象徵。

後代學者常認為，第一次世界大戰的戰勝國在戰後對待德國的方式，導致了納粹主義的興起。這種說法需要進一步釐清。大多數德國人的確認為這份和約不公平；然而，雖然中產階級抱著悲痛的心情看待德國戰後的處境，但工人階級面對《凡爾賽條約》，卻沒那麼反感。工人階級原本就反對舊政權，對他們來說，德國戰爭失利對他們而言代表政權打敗仗，他們認為自己的革命行動是勇敢地站出來反抗舊體制，完全沒有理由感到羞愧。反之，十一月革命的勝利建立在君主政體的垮臺，這讓工人階級在經濟、政治與人權地位皆有所提升。因此，整個德國之中，對《凡爾賽條約》的憤恨是以低階中產階級為基礎，不過他們為國家抱持的憤慨是一種合理化藉口，實際上是將他們所遭遇到的社會自卑感投射為國家民族的自卑感。

這種投射在希特勒的人格發展中格外明顯。他是低階中產階級的典型代表，是毫無發展機會或前途的無名小卒。他強烈感受到自己是被拋棄的人，在《我的奮鬥》一書中，他常談到自己年輕時代是一個「無足輕重」與「默默無聞的人」。雖然這種情況完全導因於他自身的社會地位，但他卻將其合理化為國家象徵。他出生在德意志帝國的屬地以外，自覺受到民族方面的排斥強過社會方面的排斥，因此，所有子民都可以回歸的偉大德意志帝國，在他眼中成為社會威望與安全保障的象徵[12]。

舊中產階級的焦慮、無力，以及孤立於社會整體的感覺，加上由這些處境所衍生出的破壞性格，並非納粹主義唯一的心理源頭。農民對於他們所積欠債務的城市債權人充滿怨恨，而工人則對於自一九一八年首次革命成功後，政府在欠缺戰略進取心的領導階層率領下的長年政治退縮，深感失望與洩氣。此外，大多數人民也深深感受到個人自身微不足道和無力的處境——前文已論述過，這種感受是面對壟斷性資本主義所特有的心理情結。

上述心理要素並非納粹主義的「成因」，而是構成納粹主義的人性基礎，若缺乏這些要素，納粹

12 參見希特勒（Adolf Hitler）所著《我的奮鬥》（*Mein Kampf*, Reynal & Hitchcock, New York, 1940, P. 3）。

主義不可能獲得發展。我認為，若要分析納粹主義的興起與成功，便必須處理心理情境，以及各種經濟與政治情況。有鑑於已經有不少文獻研究該時期德國社會的政治與經濟等問題，加上本書所欲探討的具體內容不在此列，因此我們沒有必要深入探討這方面的政治與經濟問題。然而，在此我還是想提醒讀者去注意該時期大企業家與瀕臨破產的貴族，在納粹主義的崛起過程中所扮演的角色。若是沒有這些人的資助，希特勒不可能成功，而這些人之所以出資贊助，乃導因於他們認為這樣做比較符合自身的經濟利益，而非出自心理因素。

這些擁有資產的階級在當時所面對的德國國會是這樣的，有百分之四十的議員是社會主義與共產主義者，代表著對既存社會體系相當不滿的族群。另外，納粹黨人在國會中占有越來越多的議員席次，他們所代表的社會階級也激烈反對德國的資本主義。可見在這樣的國會中，絕大多數的意見都與資產階級的經濟利益相衝突，並將他們視為有危害的人物。於是，這些資產階級便主張民主運作沒有效果。事實上，我們也可以說民主機制運作得實在太過有效了。當時德國的國會組成相當充分地代表了社會上各個不同的階級的聲音，反映出各自所追求的利益目標，正因如此，議會體制才無法一致同意保障大企業家與半封建地主的特權。這些特權階級期望納粹主義能夠扭轉社會上針對他們而來的怨恨情緒，並將這些情緒導向其他方向，同時操控國家民族，以為他們的經濟利益效勞。整體而言，這些資產階級並未對社會情況感到失望，然而，他們在許多小細節上誤會了。希特勒及其官僚並不是能夠任由例如蒂森與克魯伯等大公司[13]所操控的工具，這些大企業家必須與納粹分享權力，甚至往往還得順從他們。儘管納粹主義被證明實際上對其他所有階級的經濟情況都是有害而無一利，但是它卻促進了最有力的德國工業團體的利益。納粹體系是德國戰前帝國主義的「有效率」版本，從君主體制失敗之處重新站起來。（然而，在納粹掌權之前的威瑪共和時期，國家政權並未真正阻礙德國壟斷式資本主義的發展，而是以其可支配的媒介促進其發展。）

論述至此，或許會有不少讀者心中存有這樣的疑問，該如何調和以下這兩項主張：「納粹主義的心理基礎奠基於舊中產階級」與「納粹主義的運作乃為了追求德意志帝國主義的利益」？這個問題的答案，原則上可以呼應「城市中產階級面對資本主義興起所扮演的角色」此一問題。在戰後時期，受到壟斷式資本主義最嚴重威脅的是中產階級，尤其是低階中產階級。這些人對生活感到焦慮和憎恨，漸漸陷入恐慌狀態，一心渴望支配那些無權力者，也渴望歸順他人。這些情感被一個完全不同的階級利用，以建立一個符合自身利益的政權。希特勒正是有效地採用了上述手段，因為他妥善地將低階中產階級在心理及社會地位上能認同的憤恨、厭惡與劣勢等布爾喬亞階級的特色，與所謂的機會主義者結合起來，後者願意服侍於德國企業家與貴族地主的利益。希特勒在一開始佯裝成舊中產階級的救世主，允諾摧毀大型百貨公司、推翻銀行資本家的經濟宰制等（歷史文獻清楚記載著這些內容），但是

13 譯註：Thyseens與Krupps為德國當時的兩大鋼鐵工廠，後來在二戰期間大舉資助希特勒。

這些承諾從未兌現。然而，有沒有兌現並不重要。納粹主義從來就不具有任何政治或經濟原則，我們必須理解的是，納粹主義所擁有的唯一原則就是極端的機會主義。最重要的是，在當時的德國社會，成千上萬的布爾喬亞階級若依照當時社會情況正常發展下去，在財富與權力上都永無翻身之日，如今成為納粹官僚的一分子，卻能得到納粹逼迫上層階級交出來共享的財富與威望。非納粹黨的人，則得到當局從猶太人與政敵手中搶走的工作機會；至於其他族群，雖然沒獲得實質的好處，卻「看了一場好戲」。納粹黨所造成的虐待情境為這些人提供了情緒上的滿足，納粹意識形態也讓他們感到比其他人類優越許多，這些心理要素足以（至少暫時如此）彌補他們在經濟或文化面十分匱乏的事實。

現在，我們已經看到某些社會經濟的變化會對人們造成深遠的心理影響，特別是中產階級的衰退，以及壟斷式資本主義的興起。儘管政治意識形態加強或系統化了這些心理層面的影響（正如十六世紀的宗教意識形態），但如此激發出來的心理力量，卻被有效地利用在與人們原本經濟利益相反的方向。納粹主義使低階中產階級在心理上再度活躍起來，但是另一方面卻破壞了他們的舊社經地位。納粹主義在這些人身上煽動一股心理力量，最後使之成為為德意志帝國主義經濟與政治目的奮鬥的重要元素。

在後續的內容中，我將試圖論述希特勒的人格、主張，以及納粹體系表現出一種極端的權威性格結構，並藉由該性格特質向某種程度上也具有同樣性格結構的人，提出強有力的訴求。

我們可以將希特勒的自傳作為權威性格的絕佳例證，此外，它也是納粹相關文獻中最具代表性的著作，因此我將以之作為分析納粹主義背後的心理意涵的主要材料。

權威性格的本質在於同時展現出施虐與受虐的傾向。所謂的施虐行為被理解為，行為者想對他人擁有不受限制的權力，並在一定程度上摻雜了破壞性；而所謂的受虐行為，目的則在將自身消融於壓倒性的強權之中，分享其力量與榮耀。施虐與受虐傾向皆導因於孤立的個人無法忍受孤獨，需要與他人產生某種象徵性的關係，來克服這份孤獨感。

在希特勒的自傳《我的奮鬥》中，隱含著**對於權力的施虐式渴求**的多重面向。希特勒鄙視且「愛護」著德國百姓，他與德國百姓之間的關係相當典型地呈現出施虐的特質，就好像當他對待政敵時也會展現出明顯的破壞性，這正是施虐行為的主要特徵。希特勒在該書中談到社會大眾對於支配的滿足：「他們所渴望的是見到強者獲勝，殲滅弱者，或使其無條件投降。」[14]「就好比女人……比起支配懦弱之流，她們更想屈從於強壯的男人。因此，大眾熱愛統治者而非哀求者，比起自由主義式的放任政策，他們更想看到不寬容對手的教條；國家若施行自由主義，他們往往會不知所措，甚至覺得被國家遺棄了。社會大眾既未察覺到自己的靈魂受到肆無忌憚的威嚇，也不會發現他們的人性自由遭到荒唐的削減，因為，他們永遠不會理解國家政策對他們所進行的哄騙行為」[15]。

14 同前註所引希特勒之著作P. 469。

希特勒認為，以演說者的優勢力量馴服聽眾的意志，是政治宣傳的基本要素。他甚至毫不猶豫地承認，當聽眾處在身體疲勞的狀況下時，最容易受到演說者的暗示與影響。在探討一天之中哪個時段最適合進行政治群眾大會，希特勒說：「早晨甚至整個白天，人的意志力似乎最有活力抗拒別人的意志，然而到了夜晚，人們會比較容易順從意志更強者的支配力。事實上，在所有的政治集會中都存在著兩種相反力量的角力，但此時專橫如使徒本色所具有的優秀演說才能，將更能輕易贏得那些本身自然而然體驗到抗拒力轉弱的民眾，來服膺這股新意志，遠超過那些仍能充分控制自己的思想與意志力的民眾」16。

希特勒相當注意哪些條件會使人們比較渴望屈從於他人，他對於參與公眾集會的個人處境做了精采的敘述：

人們之所以會參與公眾集會，原因就是參與集會的人都處於心理孤寂的狀態，並且非常害怕這份孤獨感，演說者可以輕易利用這點使參與者成為新運動的追隨者。人們在集會中第一次接觸到偉大社群的藍圖，這對多數人具有鞏固與鼓勵的效果……光是這個理由，群眾運動也是必要的。如果參與集會者來自小工廠，那麼當他自覺渺小地踏入群眾大會，感受到身邊有成千上萬與他信念相同的人……便會自動屈服於我們稱為「群眾暗示作用」的神妙影響力。17

戈培爾也以類似的語氣描述群眾的心態，他在小說《麥可》中寫道：「人民其實什麼都不想要，只希望受到妥善的治理。」[18]對戈培爾來說，群眾「根本就是雕刻家手中的石材。領導者完全可以任意地操弄群眾，就好像畫家與顏料之間的關係。」[19]

戈培爾在另一本著作精確地描述施虐傾向者對其施虐對象的依賴：除非他對某人具有操控權，否則將會感到非常軟弱與空虛，這種權威能給他新的力量。這其實是戈培爾描述發生在自己身上的感受：「有些時候，人會陷入深沉的絕望之中。若想克服這種絕望感，就必須再次回到群眾面前。群眾就是我們的權力來源。」[20]

納粹黨人將上述針對群眾而來的獨特權力稱為統御力，德國勞工陣線領導人萊伊對此權力有過不少敘述。在探討納粹未來的領導者必須具備什麼樣的特質，以及對納粹未來領導者所施行的教育方針

15 同前註所引之著作P. 56。

16 同前註所引之著作P. 710及其後數頁。

17 同前註所引之著作P. 715、P. 716。

18 參見戈培爾（Joseph Goebbels）所著《麥可》（*Michael*, F. Eher, München, 1936, P. 57）。（譯註：戈培爾擔任納粹德國的國民教育與宣傳部部長，擅長演說，以鐵腕捍衛希特勒政權。）

19 同前註所引之著作P. 21。

20 參見戈培爾所著*Vom Kaiserhof zur Reichskanzlei*, F. Eher, München, 1934, P. 120。

時，萊伊寫道：「我們要知道這些人是否具備適當的意志去指導、控制他人，簡單來說，就是去統治他人……。我們希望去統治他人，並享受著這份權力……我們應該教導他們如何騎馬……讓他們感受在活生生的動物身上所享有的絕對宰制力。」[21]

希特勒對於國家未來的教育方針同樣強調權力的取向。他認為，對於未成年人的「整個教育與未來發展，應該著重於讓他們堅信自己絕對優於他人。」[22]

希特勒在其他文獻中宣稱，應該教育孩子如何忍受不正義之對待，而不能有違抗意識。希特勒的想法已經不會讓讀者覺得奇怪了，至少我希望不會。因為這種矛盾正是施虐與受虐傾向的典型展現，既渴望獲得權力，又渴望屈從於權力。

希望對社會大眾擁有控制權的這種渴望，驅動著所謂的「菁英分子」，亦即納粹的領導者。如同前文所引述的，這份權力欲有時顯露得極為坦率自然。有時，領導者會以較不唐突的方式展現權力欲，強調「受到統治」正是社會大眾所希望得到的對待方式。有時，領導者必須奉承社會大眾，藉以隱藏對群眾的輕蔑和嘲笑，於是便出現了這種欺騙手法：當談論到個人擁有的自我保存本能時（我們在後續探討中將會提到，對希特勒來說，這項本能在某程度上就等同於對權力的渴求），希特勒對群眾說，亞利安人的自我保存本能已經展現出最高貴的形式，「因為亞利安人自願讓自我附屬於社群生活，萬一時局需要，他還會犧牲自我保存之本能。」[23]

在「享受權力」這方面，雖然領導者被擺在第一順位，但社會大眾也並未被剝奪在這方面所享有的施虐式心理滿足。在德國社會中（後來延伸到被德國占領的其他國家），種族與政治上的弱勢族群被視為極度軟弱與衰敗，於是便被用來餵養德國群眾所具有的施虐性格。當希特勒及其納粹官僚享受著對德國群眾的操弄權力，這些群眾就被教育成也可以享受對其他民族擁有操弄權威，並且要憑藉這股激情宰制整個世界。

希特勒毫不掩飾地表達出他自己或他的政黨目的在於宰制整個世界。希特勒取笑和平主義，他說：「的確，當最高等級的人在某程度上已經征服和壓制整個世界，成為世間唯一的主宰時，和平、人道等理念或許聽起來還不錯。」[24]

希特勒一再宣稱：「身處種族毒害的時代下，當一個國家若能致力於保存最優秀的種族，這國家在未來將會成為世界的主宰。」[25]

一如既往，希特勒試著合理化並證成他對權力所抱有的欲望。最主要的理由如下：他對其他民族

---

21 參見萊伊（Robert Ley）所著*Der Weg zur Ordensburg*, Sonderdruck des Reichs-organisations-leiters der NSDAP für das führercorps der Partei，引述自Konrad Heiden, *Ein Manngegen*, Europa, Zürich, 1937。
22 參見希特勒所著《我的奮鬥》P. 618。
23 同前註所引之著作P. 408。（譯註：希特勒大肆鼓吹亞利安人為最優越的種族，進而對其他種族進行滅絕行動。）
24 同前註所引之著作P. 394及其後數頁。
25 同前註所引之著作P. 994。

所進行的宰制行為，其實是為了那些民族的利益著想，是為了整個世界文化著想；對於權力的渴望乃根植於自然法則，他的行動只是認同並且遵循這些法則。他的行為是受到如上帝、命運、歷史與大自然等更高權威的命令指示，他之所以對其他民族與國家進行宰制，目的在於防止自己與德國百姓受到他人的宰制。他要的只是和平與自由。

我們可以在《我的奮鬥》一書的論述中找到關於上述的第一種合理化例證：「在德國往昔的歷史發展過程中，德國人民如果曾像其他民族那般享有民族統合，今日的德意志帝國或許已經是世界霸主了。」希特勒認定，在德國宰制底下的世界將會得到「和平——不是由淚眼婆娑、懷抱和平主義的專業女性哀悼者手中的棕櫚枝所支持，而是由一個最高統治者所屬種族的優勢武力，讓整個世界臣服於較高等級的文化之下」。[26]

在最近幾年[27]，希特勒向外界保證，他的目標不僅在確保德國人民的幸福，他的行動也符合了全文明的最佳利益。透過媒體的宣傳，希特勒的此類言論廣為人知。

上述第二種合理化說詞，說明他對權力的渴望乃根植於自然法則。然而，該項說詞的內容其實不僅為了合理化，同時也顯示出希望屈從於身外的權威，我們可以在希特勒將達爾文主義粗糙地通俗化中看出端倪。在「物種自我保存的本能之中」，希特勒看到了「人類形成社群的第一個原因」。[28]

物種自我保存的本能導致強者為宰制弱者而戰，最終在經濟上形成適者生存的原則。將自我保存的本能視為對他人擁有權力的觀念，在希特勒的著作中有相當顯著的表述，他認為「人類最初的文明，勢必較少依賴於馴養的動物，而是依賴於使役較劣等的人類族群。」[29]希特勒將自己的施虐傾向投射在「大自然」，他認為「大自然」是「所有智慧生物中的殘忍皇后」[30]，而這位皇后所訂下的保存法則，則與「堅固的必然性法則，認定世界上最優秀且最強大的種族將獲得勝利」密切相關。[31]

有趣的是，希特勒雖然支持上述這種粗糙的達爾文主義，但自詡為「社會主義者」的他，卻又因此而捍衛著無限制競爭的自由原則。在一場反對不同國家種族之間相互合作的辯論文中，希特勒說：「這樣的合作結盟會使得自由競爭的能量受到阻礙，人們將不再透過鬥爭而選出最優秀者，如此一來，最健康與最強壯者終將獲得勝利的真理將永遠無法實現」[32]。他在其他地方也說過，人類在能力上的自由競爭乃是生命的智慧所在。

事實上，真正的達爾文主義當然並非施虐──受虐性格者的情感表現。相反地，對大多數達爾文主

26 同前註所引之著作P. 598及其後數頁。
27 編註：此處指納粹政權於一九三四年成立之後的數年間。
28 同前註所引之著作P. 197。
29 同前註所引之著作P. 405。
30 同前註所引之著作P. 170。
31 同前註所引之著作P. 396。
32 同前註所引之著作P. 761。

義的擁護者來說，該理論所訴諸的是整體人類進一步朝更高文化演進的希望。但在希特勒看來，該理論同時表達並證成了他自身所具有的施虐性格。他相當天真地向大家揭露達爾文主義對他所造成的重大心理影響。他住在慕尼黑的時候，還是一個默默無名的人，他當時習慣在清晨五點起床。他會「習慣性地將麵包碎屑或已經硬掉的派餅丟給在小房間中出沒的老鼠，然後在旁觀看這些滑稽的小動物為爭奪這稀少的佳餚彼此扭打。」[33]希特勒認為這項「競賽」活動，就是達爾文主義中「生存競爭」的小規模演出。對希特勒來說，那些小動物就像居於劣勢地位的布爾喬亞階級，在現代社會中的鬥爭取代了古羅馬皇帝所觀賞的競技場活動，而這些鬥爭也是希特勒要製造歷史馬戲的預備程序。

希特勒對自身施虐傾向的最後一項合理化辯護，是將他對權力的渴望解釋為為了防範別人的攻擊，這項說詞在他的著作中有多重意義的表達。根據希特勒的說法，他與德國百姓永遠是無辜的，而敵人才是具有施虐性格的殘暴者。這種政治宣傳手法中有不少是經過深思熟慮後製造出來的謊言。然而，其中某些部分的內容的確具有偏執狂患者控訴時所特有的情緒「真誠」性。這類控訴的功能，在於防止他人發現控訴者自身所具有的施虐性格與破壞意圖。它的表現模式為：你才是那個具有施虐性格傾向的人，因此我是無辜的。在希特勒身上，這種防衛機制達到了極端的非理性程度，因為他對敵人所做出的控訴，正是他所坦率承認自己的行動目的。希特勒對猶太人、共產主義者與法國人所提出的指控，其實正好對應於他自己宣稱的「最合法的行動目標」。然而，他幾乎不費吹灰之力就以一些說詞加以合理化，掩飾這樣的矛盾。他指控猶太人引導法屬非洲軍隊進入萊茵河地區，聲稱他們藉由非洲人帶來的「種族混雜」，意圖摧毀白人種族，並「進而提升自身地位，取得主宰權力」。希特勒顯然察覺到這種矛盾——他譴責他人追求的，卻正是他宣稱屬於自己民族最崇高的目標。因此，他試圖將這矛盾合理化，宣稱猶太人自我保存的本能，缺乏亞利安人追求主宰所具備的那種理想性格特質。[34]

希特勒也對法國人做出同樣的控訴。他指控法國人意圖壓制德國，劫奪德國的力量，並以此證明必須摧毀「法國人意圖成為歐洲霸主的行動」[35]；但是他又大方承認，如果他處在克列孟梭[36]的位置，他也會採取一樣的行動[37]。

希特勒指控共產主義者都是野蠻人，而馬克思主義的成功則只是來自其政治意志與基進分子的暴虐行為。然而，他也同時宣稱：「德國社會所欠缺的東西，就是將靈巧的政治意圖與野蠻殘暴的力量緊密地結合起來。」[38]

---

33 同前註所引之著作P. 295。
34 同前註所引之著作P. 414。
35 同前註所引之著作P. 966。
36 譯註：克列孟梭（G. B. Clemenceau）為法國總理，在第一次世界大戰中表現穩健，更因此贏得「勝利之父」的封號。
37 同前註所引用希特勒之著作P. 978。
38 同前註所引用之著作P. 783。

發生在一九三八年的捷克危機與當前歐洲社會的戰事[39]，皆為上述現象帶來許多例證。納粹對周邊國家進行的壓迫，無一不被納粹與希特勒解釋為是對德國遭到侵犯的防衛。或許我們可以將希特勒所做出的指控單純視為偽造事實，因而不像他對猶太人與法國人所做出的指控那般帶有偏執的「真誠」色彩。然而，這類指控依舊具有一定程度的宣傳效果，某部分的德國人民——尤其是因本身性格結構，而容易接受這類偏執性指控的低階中產階級——更是深信不疑。

希特勒對無權力者相當蔑視，尤其當他談到那些與他擁有相同政治目的（希特勒宣稱他是為了國家自由而戰）的人們時，這種現象特別明顯。也許希特勒對維護民族自由的偽善之處，莫過於瞧不起那些毫無權勢的革命分子了。他以諷刺與輕蔑的口吻談起那些國家社會主義者小團體，他在早年曾於慕尼黑加入過該組織。關於當時他第一次參與集會的印象，希特勒說：「糟糕！相當地糟糕！這根本就是以最差勁的方式在舉辦俱樂部活動而已，而我現在卻要加入這種俱樂部？然後他們就會開始討論新成員，那就意謂著我被逮住了。」[40]

希特勒將他們稱為「一個荒謬可笑的小機構」，他們所能提供的唯一好處就是提供「真實人際活動的機會」。[41]希特勒表明永遠不會加入現存的大型政黨，這種態度正是希特勒的特徵，因為他必須在一個讓他感到卑微又無能的團體中起步。一個必須跟既有權力搏鬥或與同地位者相互競爭的大型政黨，無法激發他的進取心與勇氣。

當希特勒談到印度革命，同樣顯示出對無權力者的蔑視感。希特勒曾經比任何人都強力打著民族自由的口號來形容自己的目標，但現在卻對力量微小但卻膽敢反抗強大的不列顛帝國的印度革命分子嗤之以鼻[42]。希特勒回憶道：「有些亞洲來的托缽僧，或許還包括某些印度來的自由鬥士，在歐洲各處奔走，試圖用呆板的主張去欺騙比他們聰明太多的歐洲民族，這些人竟然宣稱不列顛帝國的社會基石是在印度，並且即將瀕臨崩潰……然而，印度反抗軍永遠不可能成功……一群殘疾者的結盟根本完全不可能動搖強大的帝國……我不會只因為知道他們的種族低劣，就把我的國家民族的命運與這些所謂的『受壓抑的民族』命運相連在一起。」[43]

「熱愛有權者」以及「憎惡無權者」是施虐—受虐性格的典型表現，這充分解釋了希特勒及其追隨者的政治行動。當時，威瑪共和政權以為他們藉由仁慈寬大的手段可以「安撫」納粹黨人，但他們這樣做不僅未能安撫納粹，反而因為缺乏權力與強硬態度，而導致納粹的憎惡。希特勒厭惡威瑪共和，**因為它**軟弱無權，他讚賞企業家與軍事領袖，也是因為他們擁有權力。他從不反抗既有的強權，

39 譯註：本書於一九四一年問世，正值第二次世界大戰前夕，亦即納粹相當活躍的時期。
40 同前註所引用之著作P. 298。
41 同前註所引用之著作P. 300。
42 譯註：英國在一八五八年到一九四七年間，在印度建立殖民統治。
43 同前註所引用之著作P. 955及其後數頁。

而永遠在打擊那些他認為軟弱無能的團體。希特勒（包含墨索里尼）的「革命」，都是在既有權力的保護下才敢展開，他們最喜愛的攻擊對象就是那些無法保護自己的人。我們甚至可以大膽認定，在各種因素中，希特勒對大英帝國的態度其實取決於這種心理情結。只要他覺得大英帝國強而有力，他就會熱愛且仰慕它。希特勒的著作表達了他對大英帝國懷抱的這份情感。但希特勒在慕尼黑時期前後開始感到大英帝國的地位變得軟弱，他的熱愛因此轉為憎恨，並想摧毀它。由此觀之，在對待希特勒這類型的人格特質者時，「姑息／安撫政策」最終所招致的是厭惡，而非友誼。

至此，我們所談論的都是希特勒式意識形態中施虐性的一面。然而，前文中我們對權威性格的觀察也顯示出，該性格同時包含了受虐性的一面。除了會對無助者施展權力的願望，也有向超強力量順服、甚至消滅自我的願望存在。納粹式意識形態與政治實踐的受虐性在涉及社會群眾時明顯地展現出來。他們一而再地被教導：個人毫無意義、毫無價值。社會大眾應該要接受個人的無意義這項事實，融入更高的權力當中，以分享那份權力的力量與榮耀，而且感到驕傲。希特勒在對理想主義的定義中清楚表達這個理念：「理想主義本身就能使人自動分享權力者所擁有的特權，從而使人們成為形塑整個世界秩序的一粒塵埃。」44

戈培爾曾對他所謂的「社會主義」下了類似的定義，他寫道：「作為一位社會主義者，就是將『我』呈現給『你』；社會主義就是要為了整體而犧牲個人。」45 犧牲自我，將自我貶為一粒塵土、一個分子，依據希特勒的說法，這意謂著放棄維護個人自我想法、利益與幸福的權利。這種棄絕是政治組織的本質，在政治組織中，「個人不再表述一己的意見與利益……」[46]。希特勒讚賞「無私」的態度，教導社會大眾「若要追求自身的幸福，人將會從天堂跌入地獄。」[47]教育的目的即在於教導個人不要維護自我。德國學童在學校中必須學習「不只在受責罵時保持沉默，必要時，也得學會以沉默來忍受不正義的對待。」[48]關於社會發展的最終目的，希特勒寫道：「在民族國家中，民族性的生活觀終將成功地帶我們進入較高貴的時代，屆時人們關心的不再是犬、馬、貓的育種，而是關注於人類本身的提升。這時社會大眾會自願沉默地放棄自身權利，而另一部分的人將會樂意做出奉獻與犧牲。」[49]

最後這句話令人感到意外。我們會期待希特勒在描述某類型的人們「自願沉默地放棄自身權利」之後，接下去應該是要說，有另一種相反類型的人（也許是領導者）必須擔負起國家發展的責任或類似的內容。但希特勒卻將另一種類型的人也定義為具有犧牲奉獻的能力。在此，我們實在很難理解

44 同前註所引之著作P. 411。
45 參見戈培爾所著《麥可》P. 25。
46 參見希特勒《我的奮鬥》P. 408。
47 同前註所引之著作P. 412。
48 同前註所引之著作P. 620及其後數頁。
49 同前註所引之著作P. 610。

「沉默地放棄權利」與「樂意地犧牲奉獻」之間的差異為何。容我大膽猜測，我相信希特勒此處真正想區分的是放棄權利、聽天由命的社會大眾，以及宰制整個社會的統治者。但是，儘管希特勒在某些時候會公然承認他自己與所謂的「菁英分子」對權力的渴求，但也常加以否認這點。在上一段最後那句話中，希特勒顯然不想如此坦率承認自己對於權力的渴望，因而用「樂意犧牲奉獻」來取代「統治社會的欲望」。

希特勒清楚承認他所謂自我否認與自我犧牲的哲學，是使用在那些經濟處境困頓的人身上，這些人的經濟狀況無法為他們帶來任何幸福。希特勒所想像的完美社會秩序，並不是為了讓每一個人都能幸福快樂；而是能利用社會大眾的貧困，使他們信仰他所教導的「個人必須毀滅自我」的論調。希特勒坦白宣稱：「我們求助於廣大的貧窮百姓，他們的貧困使得他們的個人生活絕非世上最幸運的東西……。」[50]

希特勒對社會大眾灌輸自我犧牲的觀念有個明顯的目的：如果統治者及菁英要實踐權力欲，社會大眾便必須認命與服從。然而，我們也能在希特勒身上看到這種受虐傾向的渴望。對他來說，他所順從的力量是上帝、命運、必然性法則、歷史與大自然。事實上，這些辭彙對他來說都具有相同的意義，亦即是超強力量的象徵。他在自傳開頭談到，對他來說「很幸運地，**命運**指定了布勞瑙小鎮作為我的出生地。」[51]接著他說，所有德意志民族都應該萬眾一心，因為只有這樣，當這個國家小到無法容納所有德意志民族全體時，**必然性法則**便會給予他們「獲得領土和疆域的道德權利」[52]。

對希特勒來說，德國在第一次世界大戰的戰敗是「來自**永恆果報**的應得懲罰」[53]，而跟其他種族混同組成的國家則「是一種罪孽，違背了永恆**上帝**的意志」[54]，希特勒還認為，這樣的國家「違抗了永恆**造物主**的意志」[55]。德國人的使命是「宇宙創造者」所安排的[56]。**天堂**優於人類，人們或許會因為運氣好而騙過別人，但「天堂不會受到賄賂」[57]。

讓希特勒留下比上帝、天佑與命運更深切感受的是**大自然**。過去四百年來的歷史發展趨勢，是以主宰大自然取代主宰人類，但希特勒卻堅持人類可以、也應該統馭人類，但無法統馭大自然。我在前文引述過他的說法，他認為人類歷史可能並非起源於馴服動物，而是起源於支配較低等的人。希特勒認為，「人類可以征服大自然」的這種想法是相當愚蠢的，他嘲笑那些自以為能征服大自然的人：

50 同前註所引之著作P.610。
51 同前註所引之著作P.1。
52 同前註所引之著作P.3。
53 同前註所引之著作P.309。
54 同前註所引之著作P.452。
55 同前註所引之著作P.392。
56 同前註所引之著作P.289。
57 同前註所引之著作P.972。

一這些人手中除了『理念』之外，就沒有其他武器了。」希特勒認為人類「並未主宰大自然，而是根據一些自然法則和奧祕的知識提升了自己在世界上的地位，成為欠缺這些知識的其他動物的主人罷了。」[58]在此，我們再次看到了同樣的想法：大自然是我們必須順從的強大力量，至於其他生物，則是我們應該去宰制的對象。

我設法指出希特勒的著作顯現出我們先前談論過的權威性格的兩種基本特質：渴望對他人施展權威，以及渴望順從一種超強的外在力量。希特勒的理念在一定程度上與納粹黨的意識形態是一致的，他在著作中所表達的理念，都是他在無數次演說活動中一再傳達、為他的政黨贏得了社會群眾支持的那些主張。該意識形態來自於他的性格，連同他的自卑感、對人生的憎惡、禁欲主義，甚至對那些能享受人生者的嫉妒，這些特質都是施虐—受虐傾向的溫床；而且針對的對象，是那些因類似性格而受其理念吸引與刺激，進而成為熱烈追隨者的人。他們覺得希特勒表達出了他們的感受。然而，讓低階中產階級感到滿意的不只是納粹的意識形態；納粹的政治實踐活動也實現了意識形態所應允的東西。德國社會變成一種階級社會，在其中的每個人都可以屈從於上位者，並對較下位者具有施威的權力；最高領導者還能將更優越地位的命運、歷史與大自然等作為自己融合的對象。因此，納粹的意識形態及其政治實踐，滿足了源自部分社會大眾人性結構的欲望，也為另一群雖然不喜歡支配與順從，卻聽天由命、不再相信可以自己掌控人生的人，提供方向和指引。

上述探討是否提供了線索來預測納粹政權在未來的發展穩定性？我自認不夠資格做出任何預言。

然而有幾點還是值得一提，例如從我們探討過的心理前提而發展出來的結論。在這些心理背景下，納粹主義不是正好滿足了社會大眾的情感需求嗎？這樣的心理功能不是增加了納粹政權的穩定性嗎？

從所有的討論來看，上述問題的答案明顯是否定的。人類個體化的發展過程，以及「初始連結」的破壞，是無法回復的過程。中古世紀毀滅的過程花費了四百年，到我們的時代才完成。除非能夠摧毀現代整個工業體系、整個生產模式，將人類社會轉回到前工業時期的階段，否則人類將會繼續保持已完全脫離外在世界的個體化狀態。我們已經看到人類無法承受這種消極的自由；他試圖逃入新的束縛，以取代已經完全脫離的初始關係。但是，這些新關係並不是真正地連結於外在世界，而是個人為了獲得新的安全感，以放棄自我的整全性作為交換的代價。個人與外在權威的分裂狀態從未消失，即便個人可能是有意識地自願屈從於權威，但那些權威嚴重阻撓並削弱了他的人生。與此同時，個人生存的世界不僅讓他逐漸變成一個「微小分子」，另一方面也提供給他每一種變成個人的潛能。現代工業體系所具備的生產能力，實質上已經不只滿足每個人經濟上的基本保障，其所提供的物質基礎還能讓人充分表現知性、感官與情感潛能，同時大幅降低工作的時間。

權威主義的意識形態及其實踐活動的功能，可對比於神經官能症對個人所造成的影響。這種病症

58 同前註所引之著作P. 393及其後數頁。

源自個人無法承受的心理情境，同時提供使個人能夠繼續生存的方法。然而，這些解決之道並無法為個人帶來幸福或人格上的成長，它們並未消除造成神經官能症的根本原因。如果要找到令人滿意的方法，人類本性的發展動力就是促使個人去追求更好解決之道的重要因素。個人的孤獨與無力感、他對自身潛能的實現渴求、現代工業生產力漸增的客觀事實，都是能夠促進個人發展的強勁要素，構成擴大追求自由與幸福的基礎。個人若為了逃避自由而進入共生關係，只會暫時地減輕痛苦，但無法根除痛苦。人類的歷史就是日漸個體化的發展史，同時也是自由逐步發展的歷史。人類對於自由的追尋並非因為某種形而上的力量，也無法以自然法則來解釋，而是個體化過程與文化發展的必然結果。權威體系無法根除會助長人類追求自由的基本狀況，也無法杜絕這些狀況所造成對自由的追求。

第七章

自由與民主

一、個體化的假象

在前面章節，我試著指出現代工業體系中所具有的諸多普遍性要素，尤其是壟斷性資本主義的某些面向，都助長了一種現代人內心無權力感與孤單的處境，甚至造成焦慮與不安的人格發展。我也具體探討了德國社會的某些特殊情境，是如何成為某些人「權威性格」的意識形態與政治活動發展的溫床。

然而，我們自身的情況又是如何？我們所擁有的民主是否只受到大西洋彼岸的法西斯主義，以及我們自己軍隊中「第五縱隊」[1]的威脅？果真如此，那我們所處的情況的確嚴重，卻並不危急。然而，雖然我們必須嚴肅看待來自外國及我們自己國家內部的法西斯主義的威脅，但是，最嚴重的錯誤與危險之處，其實在於我們看不到目前社會上也存在著與世上其他地方同樣的現象，而這些現象正是法西斯主義賴以孳長的肥沃土壤，也就是個人所感受到的不重要性與無權力感。

上述說法挑戰著現代人的普遍信念。該信念認為在我們的社會裡，個人已經掙脫了所有的外在枷鎖，因此現代民主體制成功地實現了真正的個人主義。我們自豪地認為已經不受制於任何的外在權威，可以自由表達想法與感受，甚至理所當然地認為這樣的自由幾乎保障了我們的個體性。然而，擁

有表達思想的權力這件事，只有當我們擁有真正屬於自己的思想時，才具有意義；只有當我們內在的心理狀態使我們能建立自身特有的個體性時，「掙脫外在權威的個人自由」才能帶來長遠的實質性利益。我們是否真的已經實現這樣的目標，或至少已經接近這樣的目標？本書的探討內容乃針對各種人性因素，因此會以批判的方法分析這個問題。在此，我將繼續探討前面章節省略未談的某些問題。在說明現代人所擁有的兩種自由面向時，我指出當前社會在經濟上助長了個人的孤立與無力感，而至於心理層面，我們也曾指出這種無力感或許導致權威性格者展現出逃避行為；或者讓個人產生強迫性的遵從行為，孤立的個人從而變成了某種機械人，喪失了自我，同時卻還有意識地相信他是自由的，並且只服從於他自己。

我們必須檢視現代文明為何會造成這種服從性格，即便本書只能深入其中幾個重要面向。外在世界對於個人的自發性情感所造成的壓抑，並進而限制了真正的個體化發展，乃始於個人生命的早期階段。事實上，從對孩童的教育中就已經出現這種壓抑現象[2]。這並不是說「教育」必然會壓抑個人的

1 譯註：泛指隱藏在國家內部的敵方間諜。

2 依據安娜．哈特克（Anna Hartoch）的報告（這是一本收集個案研究的著作，研究對象為Sarah Lawrence 幼兒園的孩童，參與的研究者為M. Gay、A. Hartoch、L. B. Murphy），針對三到五歲的孩童所進行的羅沙哈測驗（Rorschach test），顯示出孩童「保護其自發性」的意圖，成為孩童與具有權威的成人之間的主要衝突。

自發性，如果「教育」的真正目的在於促進孩童的內在獨立與個體化發展，使其人格成長與健全，那麼教育倒未必導致對自發性的壓抑，因為這種強加在成長中孩童的限制，只是作為真正支持成長與發展過程中的暫時性手段。然而，在我們的文化中，「教育」往往削弱了孩童的自發性，它以附加的情感、想法與期待，取代了孩童的原創性心理活動（再次重申，我在此所使用的「原創性」一詞，並非意指其他人從未有過該項心理活動，而指該心理活動乃起源於孩童自身，是其**自身**行為及**自身**思考的結果）。在此，我們以一個例子來說明，最早期對個人情感所進行的壓抑行為，乃針對著個人對外界所抱有的敵意與厭惡感。

首先，大多數孩童都具有某種程度的敵意與叛逆性，因為外在世界阻礙了他們自身的發展，也因為他們處於弱勢，而不得不屈就於這些衝突。教育實踐的基本目標之一就在於消除這種抗拒式的回應。消除的方式相當多元，從威脅與懲罰，以至於較巧妙地以賄賂或「溝通」的形式表現，前者使孩童感到畏懼，後者則使孩童感到困惑，不過兩者都能使孩童放棄他原本所帶有的敵意。孩童先是放棄表達他的感受，最終會直接捨棄那種感受。另外，孩童還被教育不要去意識到他人對自己所展現的敵意與偽善——有時這並不容易辦到，因為孩童往往能注意到他人所展現出的這類負面特質，他們並不像成年人那樣輕易就被表面言語給矇騙住。孩童往往會「無緣無故地」厭惡他人，唯一的理由是他們感覺得出來對方所散發的敵意或偽善。這種厭惡反應會立即遭到制止；往往不需要太多時間，孩童就會發展到和成年人一樣的「成熟」度，並且喪失了對善人與惡棍的區辨能力，只要後者並未做出明目張膽的壞事。

另一方面，在孩童早期所接受的教育中，他們被教導要擁有一些完全不屬於自己的感受；尤其被教導要喜歡他人，對人毫不挑剔地友善，而且要學會面帶笑容。就算「教育」無法達到這些目的，在孩童往後的人生階段中所遭受到的「社會壓力」，也會接續進行著這些教育內容。如果你不微笑，就會被認定為欠缺「討人喜愛的人格」，而若你想販售服務，不論是服務生、銷售員或醫師，都必須擁有這種討人喜愛的人格才行。只有處在社會金字塔底層那些出賣勞力的人，以及處在金字塔頂端的優越分子，不需具備這種「討人喜愛的人格」。友善、愉快及「笑容」所傳達出的一切，都變成了個人的自動化反應，就好像電燈開關般，可以隨時開啟與關閉[3]。

當然，在不少情況下，個人都會意識到自己展現出來的友善只是故作姿態；然而，在絕大多數的情況中，行為者會喪失這份自覺，以及分辨「虛情假意」與「自發性友善態度」的能力。

3 為了生動地說明「友善態度的商業化」，我在此引用《財富雜誌》（*Fortune*, September, 1940, P. 96）針對霍華強森連鎖餐廳（The Howard Johnson Restaurants）所做的報導。強森雇用了一批「消費者」，要求他們到每家分店考察是否有經營疏失。他說：「因為每道食物都是依據總公司所指定的標準食譜與方式所烹製，所以這些督察員會知道他應該得到的牛排大小，以及蔬菜的味道等，也會知道餐點上桌所需的等待時間，並且知道女侍與帶位者所應展現出最適當的友善態度。」

個人所抱持的敵意會受到外在世界的直接壓抑，而個人所具有的友善態度則會遭到外在附加的偽造物所扼殺，然而，情況並不只如此。外在世界壓抑了廣泛的自發性情感，並以虛假的感受取而代之。佛洛伊德將其中一種壓抑作為他整體理論的核心觀點，亦即對「性」的壓抑。儘管我相信「性滿足」的受挫，只是社會對個人自發性行為所進行的眾多壓抑之一，但我們不能低估它的重要意義。在那些完全禁止性行為的社會中，這種壓抑所造成的後果相當明顯。另外，在某些社會處境中，人們將性視為具有某種強迫特質的東西，以之作為像烈酒或毒品一般消費的選擇，這讓性行為變得毫無情趣可言，其存在只為了讓人自我麻痺而已。在上述這兩種極端情況之外，因為人的性欲具有一定的強烈程度，若對其進行壓抑，將不僅對個人的性活動造成影響，更將削弱個人在其他方面自發性表現的勇氣。

在今日社會裡，個人情感普遍受到壓抑。無疑的，任何具創造性的思考與活動，都與情感密不可分。儘管如此，當今社會似乎將「不帶個人情感地生活著」視為一種理想。當我們說某人是「情感衝動的」，似乎等同於指責他是不完美或失衡的。社會接受了這項標準，使得個人在相當大的程度上受到弱化；個人的思考內容變得貧瘠而且缺乏活力。另一方面，由於無法完全扼殺掉情感，便必須讓情感成為一種與個人人格知性面完全分開的存在，結果導致社會上普遍出現廉價而虛假的多愁善感，電影與流行歌曲等庸俗的文化產物，便以此餵養絕大多數情感飢渴的消費者。

在此，我要特別探討一種禁忌式的情感，社會對它所進行的壓抑觸碰到了人格的深層根基，那就是個人對於不幸事件的感受。如同前章所見，個人對於死亡及生命中不幸事件的感受，不論模糊或清晰，都屬於性格特質的基礎層面。每一種文化都有獨特的方式去面對死亡議題。對於那種個體化進展極為緩慢的社會來說，「個體存在的終結」並不會造成太大的問題，因為個人生存的經驗本身較不發達，「死亡」基本上並未從「生命」中被區別出來。而在個體化高度發展的文明裡，我們將發現其對待死亡的方式，乃奠基於獨特的社會與心理架構。希臘人將所有注意力投注在生的層面，將死亡描繪為陰暗且沉悶的生命延續。埃及人將永生的希望建立在相信肉體必須獲得保存，至少相信那些在世時具有不容侵犯權力的人可以長生不死。猶太人則相當務實地接受死亡這項事實，因為他們以此生最終所能達到幸福與正義的理想狀態，來接受個人生命終將毀滅的觀念。基督徒則將死亡視為是不真實的，試圖以死後的人生去撫慰世間不幸的心靈。而我們當代的文明則很乾脆地否定死亡，也連帶否定了這個重要的生命面向。現代文明不允許人們意識到死亡，不容許人們將死亡轉化為生命的強烈動機或作為促成人類團結的基礎，也不允許人們將「對死亡的感受」視為一種必要的經驗。然而，若缺乏這種經驗，生命的欣喜與熱情將會欠缺強度與深度。再者，就好比所有壓抑行為都會導致的後果，人們對受到壓抑的東西就算能做到眼不見為淨，那些東西並不會就此消失。因此，死亡的恐懼以一種不被承認的方式潛藏在人們心中，儘管人們一再試圖否認。正因為人們壓抑著這份感受，使得生命變得毫無生氣，也就是說，對死亡感受所進行的壓抑，導致了生命中其他經驗的單調乏味，以及充斥於整個生命基調的煩躁不安。我敢說，這份壓抑也解釋了我們的社會何以願意付出那麼龐大的金錢去舉辦喪禮的原因。

在將某些感受予以禁忌化的過程中，現代精神病學扮演著不甚明確的角色。一方面，現代精神病學中最偉大的代表人物佛洛伊德，突破了傳統上將人類心智理解為理性且具目的性的說法，成功開啟一條容許探索人類激情深淵的途徑。但另一方面，藉著佛洛伊德的成就而發展得更加完備的精神病學，卻成為操控人格趨向的工具。許多精神病學家與精神分析學家，描繪出一種永遠不會過度悲傷、過度生氣或過度興奮的「正常」人格圖像。他們使用「幼稚」或「神經質」等詞彙，來譴責不符合傳統模式中「正常」個體所應具有的人格特性或人格類型。上述這些論述的影響，比傳統而直率的批判形式更具危險性。在早期，個人至少能知道是哪些人或哪些教條對他做出批判，並且能夠予以回擊。但是，誰能對「科學」進行反擊？

在個人情感與感受中發生的扭曲現象，也同樣出現在原創性的思考方面。在個人剛開始接受教育的時期，原創性的思考能力便已經受到壓抑，外在世界將現成的內容強加於人們的腦袋中。我們很容易發現這種過程是如何發生在幼童身上。孩童對外在世界充滿好奇，他們想實際掌握它，也想透過知識了解外在世界。他們想知道事實，因為這是最安全的方式，使他們能夠在陌生又強大的世界中找到方向。然而真實的情況是，孩童的想法並未獲得認真的回應，外界面對孩童的態度有時是公然的輕蔑，有時是一種微妙的高傲感——這通常是對付所有無權力者（如孩童、老人或病患）的常用態度。這類態度不只強烈壓抑了個人的獨立思考能力，也包含著更嚴重的缺陷：不誠懇（行為者通常並未意識到），這是一般成年人在對待孩童時會出現的典型行為。這種偽善有一部分來自於成年人賦予孩童虛構的世界圖像，它對於生命意義所能提供的有限指引，就好比將北極的生活知識告訴一個想組織探險隊去撒哈拉沙漠的人。除了這種對外在世界的籠統扭曲之外，還存在許多具體的謊言，企圖隱瞞住世界的真相；基於各式各樣的理由，大人並不希望孩童知道這些真相。例如大人脾氣惡劣，但卻將之合理化為對孩童行為的不滿，或是為了掩飾父母的性行為或爭吵，而認定孩童「不適合」知道這些東西。因此，孩童所展現出的好奇心，將換來不甚友善或是禮貌性的勸阻反應。

孩童將在這樣的前提下進入學校，甚至成長到大學階段。在此，我希望簡短地談論今日社會所採行的某些教育方式，這些方式持續壓抑了個人的原創性思考。其中一點是，教育強調個人應該掌握「知識」來理解事實，或許我應該使用「訊息」一詞。當今教育充斥著這種可悲的迷思，認為個人如果知道越多知識，就越能理解什麼是「現實」。太多零散又毫無關聯的資訊傾倒進學童的腦袋，占據了學童的時間與精力，導致他們完全無暇也無力進行思考。的確，欠缺事實性知識的思考行為是空泛而虛構的，但若空有大量的訊息，所產生的效果就跟缺乏訊息一樣，都會對思考造成阻礙。

另一種壓抑個人思考的方式，在於認定所有真理都只是「相對性的」[4]。在此所謂的「真理」被當成某種形而上的概念，如果有人提到想追求真理，他就會被現代的「進步」思想家認定為落伍。後者宣稱「真理」完全是某種主觀性的想法，幾乎就像「品味」一樣。致力於科學研究的人，必須將所有主觀因素區隔開來，如此才能不帶任何個人情感與興趣來看待世界。科學家必須用無菌的雙手來接近事實，就好像外科醫師接近他的病患一般。上述這種相對主義，常常打著經驗主義或實證主義的名號，或以相當重視是否正確使用各種詞彙的態度來闡釋理論，無論如何，它導致人們在思考行為上喪失了必要的動機，也就是思考者本身的期待與興趣。相反的，個人變成一部單純記錄「事實」的機器。實際上，正如同普遍的思考行為，乃來自於思考者「必須掌握物質生活」的需求，真理的追求亦奠基於個人與社會群體的利益與需求。若排除這些利益，人們將會缺乏探求真理的動機。永遠有某些群體的利益會因為發現真理而助長，這些群體的代表就成為人類思想的先鋒。當然，偶爾也存在著某些團體因為隱瞞真理而獲得利益的情況，但只有在這種情況下，利益的存在才會阻礙人們對真理的探索。因此，真正的問題不在於利益是否存在，而在於實際存在著的究竟是哪一種利益。我認為，每個人之所以都對「探尋真理」抱有某種程度的渴望，原因就在於每個人都對真理具有一定程度的需求。

首先，針對個人在外在世界中的發展情形，我認為上述命題在孩童身上尤其清楚可見。每個人小時候都曾經歷無能為力的狀態，那時「真理」正是無權力者對外在世界所能擁有的最強大的武器。但作為個人利益來源的「真理」，並非只關係到他在外在世界中的發展定位；個人力量的大小也多半來自於他對自身真實性認知的多寡。個人對自我的誤解或許可以暫時充當自我面對挫折時的安慰劑，但久而久之將使個人的衰弱程度更加惡化。個人最大的力量來自於自我人格在最大程度上的健全發展，這同時意謂著個人必須能在最大的程度上了解自我。「認識自我」[5]作為一項重要的行為指引，目的就在於增進個人的力量與幸福。

除了上述因素，還有其它因素也很容易混淆一般成年人的原創性思考能力。個人在社會生活中會面臨包括心理、經濟、政治與道德等層面的基本問題，而大部分文化只有一個功能，那就是使人們對這些議題感到困惑。現代文化用來掩蓋真相的煙幕彈之一，就是宣稱那些問題對一般人來說太過複雜，是他們所無法理解的東西。事實上，幾乎絕大多數與個人及社會生活相關的基本問題，都單純、簡單到每個人都可以理解。讓事情顯得非常複雜，複雜到只有某些「專家」才能理解，甚至連專家也了解有限。這種情況，很容易使人不再相信自己有思索重大問題的能力。人們無助地陷入龐大而雜亂的資訊中，同時可悲地耐心等候專家找出解決問題的方式與方向。

現代文化對個人所造成的這種影響導致雙重的後果：其一是每個人對他人言論或報章刊印的東西，都抱持懷疑主義與犬儒主義[6]的態度；其二則是每個人都幼稚地相信別人以權威立場所說的任何內容。融合了憤世嫉俗與天真輕信的心態，正是現代人面對外在事物時的典型特徵，這種心態最終必

---

4 參見林德（Robert S. Lynd）所著《知識何用》（*Knowledge for What?*, Princeton University Press, Princeton, 1939）。關於該議題的哲學面向，參見霍克海姆（M. Horkheimer）所著*Zum Rationalismusstreit Philosophie*, Zeitschrift für Sozialforschung, Vol. 3, 1934, Alcon Paris。

5 譯註：原文為know thyself，為蘇格拉底經常引用的一句名言，參見柏拉圖的〈申辯篇〉。

6 譯註：「犬儒主義」一詞衍生為帶有不信任或諷刺之意。

然造成對個人的壓抑，導致個人不敢自行思考與決定。

另一種癱瘓個人的批判性思考能力的方式，就是毀滅個人對外在世界的結構化印象。我們如果不從整體結構的角度去看待各種事實，那麼這些事實就會喪失具體特質，只留下抽象和量化的意義；最後，每一項事實只是**另一項**事實而已，重要的只是我們「究竟知道了多少個事實」而已。廣播、電影與報紙等媒體在這方面都具有極大的影響力。當電臺播報某個城市遭受炸彈襲擊而造成數百人喪生時，竟會在播報過程或是這個消息播畢之後，插入某個香皂或紅酒的廣告。同樣的播報員使用著同樣具暗示性、討喜的、帶有權威性的語調，前一分鐘還在告訴聽眾政治局勢是多麼動盪不安，下一分鐘卻馬上向聽眾介紹（有支付費用給廣播電臺的）某品牌香皂是多麼好用。又例如，新聞影片播放完被魚雷襲擊的船隻畫面後，便緊接著播放時尚表演秀的報導。報紙報導某社交名媛的陳腐觀點或早餐習慣時所用的篇幅和嚴肅態度，竟不下於報導科學與藝術等方面的重大事件。因為上述現象，我們不再在乎我們接收到的東西，我們不再興奮，我們的情緒與批判能力受到阻礙，最終讓我們對世界上所發生的事物變得缺乏熱情與漠不關心。在「自由」的名義下，人生失去了一切結構；它是由許多細小的片段所組成，片段之間毫無關聯，完全沒有整體意識。個人帶著那些片段被孤單地遺棄了，就好像小孩只擁有一幅拼圖；差別在於小孩子還知道房子的形狀，可以在他的拼圖遊戲中找到房子的某個部分，但是成人在他手中所擁有的眾多碎片裡，卻看不出「整體」的意義。他感到困惑與害怕，只能持續地盯著手上看不出意義的細小事實碎片。

關於個人在情感與思考能力上所欠缺的「原創性」，也發生在個人行為意志上，但是要辨識出這個方面欠缺原創性，有一定的難度。現代人擁有太多願望，而他所面臨的唯一問題似乎是，雖然他知道他想要什麼，卻無法得到。我們將所有精力都花在試圖得到想要的東西，卻從未質疑這個行為的前提：我們**知道**自己真正所想要的東西。我們從未停下來好好思考，一直以來拚命追求的是否真是自己所想要的東西。求學階段，我們想得到好成績，長大成人之後，我們想不斷獲得成就、賺取更多金錢、贏得更多聲望、購買更好的車、去更多地方旅行等。然而，倘若我們能在狂亂的行為中停下來思索，腦中就會出現這些問題：「如果我真的得到了這份新工作，如果我買下這輛新車，如果我能實現這趟旅行……然後呢？這所有事情的目的究竟為何？我真的想得到這些東西嗎？我正在追求一個應該讓我開心，達成時就會感到滿足的目標嗎？」這些問題讓我們害怕，因為問題質疑的對象正是我們所有行為的基礎，亦即我們對自身欲求的認知。因此，我們往往希望盡快擺脫這些擾人的疑惑，說服自己是因為疲累或沮喪，才會被這種問題困擾，然後放棄思考，繼續追求我們相信屬於自己的目標。

上述內容隱約顯示出現代人的生活處於某種假象之下，他們幻想自己知道想要什麼，事實上，他只是欲求著外界期待他應該欲求的東西。為了說明這個現象，我們必須認清一件事：知道自己真正要什麼，並不像大多數人所以為的那麼容易，反而是人類必須解決的最困難的問題之一。然而，人們卻把現成的目標當作是自己的目標，拚命逃避這個困難的問題。現代人設法達成被期望的目標時，總是心甘情願接受各種困難的挑戰，但卻害怕冒險或負起責任去探索自己真正想要的目標。雖然我們知道我們的某些作為並不比演員或被催眠者所展現出來的行為更為自動自發，但是強烈的活動往往被誤認為是自決行動的證據。當一齣戲的劇情大綱分配給每位演員時，演員會活力充沛地扮演好被指派的角色，甚至自行添加臺詞與某些橋段，讓角色更具說服力。但儘管如此，他依舊是扮演著他人所賦予的角色。

要辨認出我們所擁有的期望、想法與情感並非自己所真正擁有，而是由外界灌輸給我們的，這件事的困難性與權威及自由等問題息息相關。近代歷史的發展過程中，教會的權威逐漸被國家所取代，之後，社會良知承續了該權威，而到了我們的時代，則轉由常識與輿論這類匿名權威來主導，這些權威的功能都在使社會大眾遵從某種外在規範。因為現代人已經掙脫了舊式公然的權威形式，因此看不到自己已經成了一種新式權威的犧牲品。我們變成了一種機械，活在自以為是獨立意志個體的假象中。這個假象唯一提供的幫助，就是幫助我們對不安全感渾然不覺。基本上，個人所擁有的自我已經被削弱，因此會覺得無力與極度的不安全。現代人與所處的外在世界喪失了真正的連結，所有人與所有東西都被工具化了，個人變成他親自打造的機器中的一個小裝置。他思考著、感受著、也欲求著他相信應該思考、感受、欲求的東西，過程中他喪失了真實的自我；而一位自由人所能擁有的真正安全感，只能來自這個真實的自我。

個人因為喪失自我而增強了順從的需要，否則就會對自我產生嚴重的疑惑。如果我只是我應該被期待的樣子，那麼「我」究竟是什麼？我們在前面章節提到，個人對自我的懷疑肇始於中世紀社會秩序的崩解，在當時的社會裡，個人至少還可以在穩固的秩序中擁有明確的地位。自笛卡兒（Descartes）以降，「個人認同」已經成為當代哲學的重要議題。今日，我們理所當然地認定「我就是我」，但是對自身的疑惑依舊存在，甚至更加嚴重。皮蘭德婁[7]在其劇作中傳達出了現代人的這份感受，他用以下問題作為開場：「我是誰？除了我的肉體持續存在以外，我究竟還有哪些證據可以證明自己的身分？」然而，皮蘭德婁並不像笛卡兒最終仍舊肯定自我，他的答案是否定的：我並沒有自我，除了本能反映出其他人對我所抱有的期望之外，就沒有自我了；我只是「你們所要求的那個樣子」。

「喪失自我」使得個人必須更加遵從外在的規範，因為個人只有在符合別人期待時，才能對自己有把握。不遵循這樣的人生藍圖的風險，不僅得不到社會的認同、甚至遭受更嚴重的孤立，更可能喪失對自己人格的認同，也就是有精神失常的危險。

藉由遵從他人的期待、不標新立異，個人才能消解對自我身分所感到的疑惑，並獲得某種程度的安全感。然而，這必須付出昂貴的代價。放棄個人的自發性與個體性將導致個人生命的挫敗。個人一旦變成自動化機械人，儘管在生理上依舊存活，但心理上已然等同死亡。雖然他還是會經歷生活中的

7 譯註：Luigi Pirandello，義大利劇作家與小說家，曾獲諾貝爾文學獎。

各種變化，但他的生命卻像沙塵般從指縫中流逝。在心滿意足與樂觀主義的外表下，現代人其實有著深沉的悲哀。事實上，現代人已經瀕臨絕望邊緣。他拚命抓住個體化的念頭；他想要變得「與眾不同」，但除了「我很不一樣」之外，他沒有更大的長處。我們被告知賣車票的鐵路售票員的姓名；藉由在手提袋、撲克牌及手提收音機等物品印上物主的姓名縮寫，將這些東西變成「個人專屬」……，這些現象在在顯示出現代人對於「與眾不同」的渴求，然而，這些行為幾乎就是個體化所殘存的最後遺跡了。現代人渴望獲得豐富的人生，但身為機械人，他無法以自發性的活動去體驗生命，只好透過間接的方式感受生命中的興奮與激情，例如酗酒、競技性運動，甚至將電視螢幕裡的虛構角色當作體驗生命的代理人。

如此一來，「自由」對現代人而言，有什麼意義呢？

雖然現代人已經脫離了禁止他依自身意願思考與行為的外在束縛，所以如果他知道自己要什麼、想什麼、感覺如何，就可以自由地照自己的意志去行為。但是，他並不知道。因此他遵從了匿名的權威，採取了某種並非屬於自己的樣貌，但是他越是如此，就越覺得無能為力，也更加被迫順從。在樂觀主義與積極進取等等說詞的掩飾下，現代人被深刻的無力感壓得喘不過氣來，使他活像癱瘓般眼睜睜看著災難逼近而無能為力。

表面上看來，現代人似乎在經濟與社會生活上運作良好；然而，如果我們忽視了令人欣慰的表象之下那股深層的不幸，將是非常危險的事。如果生命喪失意義，是因為人們並未真正擁有屬於他自己的生命，就會使人感到絕望。人不會因為身體飢餓而甘願安靜地死去，同樣也不會因為遭遇心靈的飢餓而甘願安靜地死去。如果我們只關心「正常人」的經濟性需求，而不去關注被機械化了的社會大眾所遭受的無意識折磨，那麼我們將無法從人性基礎面的角度，看出對我們文化造成嚴重威脅的危機。只要領導者為社會大眾提供興奮和刺激，也承諾可以提供據稱能為個人生命帶來意義與秩序的政治結構與象徵，那麼社會大眾隨時願意接受任何意識形態與任何領袖。人形自動化機械所感受到的絕望，正是法西斯主義政治目標的沃土。

二、自由與自發性

至此，本書談論了「自由」的兩個面向的其中之一：現代社會裡受到孤立的人，在掙脫了曾經提供他們生命意義與安全感的老舊束縛之後，所感受到的無力與不安全感。前述內容顯示出個人無法承受這種孤單；身為孤立的個體，他與外在世界相比是一種完全無助的狀態，因而感到恐懼；也由於處於孤立的處境，對他來說，整個世界已然瓦解，個人在其中完全找不到定位。個人不但對自己和人生充滿巨大的疑惑，最終甚至對自己所賴以指引行動的原則都感到懷疑。無助感與疑惑感都會使生命幾近癱瘓，為了生存下去，人只好企圖逃避自由——逃避消極的自由。他被迫接受新的束縛。這種束縛不同於原來的束縛，當時雖然受到權威或社會群體的支配，但他並沒有完全脫離原來的束縛。「逃避自由」並未使現代人恢復安全感，只是讓人忘記自己依舊是個分離的實體。現代人不惜犧牲自我的整全性，以尋求脆弱的新安全感。因為他無法承受孤獨，遂選擇放棄自我。於是，消極自由又導致新的束縛。

我們的分析是否終將導向一個結論：人類無可避免地將陷入「新自由通往新的依賴」的循環？免於受到舊式束縛的自由使人感到極為孤獨與孤立，是否必然地讓個人逃避自由而進入新的束縛之中？

「獨立」與「自由」等同「孤立」與「恐懼」嗎？抑或，是否有一種積極自由的狀態，讓個人可以作為獨立個體而存在，卻不致感到孤立，而能夠與世界、他人及大自然連結在一起？

我們相信的確有積極自由的存在，在其中，漸增的自由不會形成惡性循環，人們可以是自由且不孤單的，具有批判能力卻又不會充滿疑惑，獨立自主並同時成為人類整體不可或缺的一部分。我們可以透過實現自我與「做自己」來獲得這樣的自由。然而，何謂「實現自我」？理想主義哲學家相信，人可以單純藉由知性的領悟來達成自我的實現。他們堅信「個人」可被切割為兩個部分：個人的「理性能力」可以壓制與監守個人的「生物性本質」。然而，這種切割的後果將導致個人的情感生活與知性功能雙雙被削弱。因為他們將個人的理性能力視為看守人犯（個人的生物性本質）的衛兵，連帶地使「自己」本身也成了階下囚；這麼一來，個人理性與感性兩個層面都將嚴重地被削弱。我們相信若要實現自我，不僅必須透過理性思考，還必須實現健全的人格，積極展現情感與智性上的潛能。每一個人都具有潛能，而只有當個人表現出它們時，這些潛能才能獲得真實的存在。換句話說，「**積極自由」就在於個人自發性地展現出完整且健全的人格**。

此處我們所面臨的是心理學中最困難的問題：自發性。我必須另外寫一本書才能完整探討這個問題。然而，根據目前為止本書論及的內容，我們可以藉由某些對比來理解「自發性行為」的主要特質。自發性行為並非受到孤立與無力感所驅動的強迫性行為，也不是毫無判斷力接受來自外在指令的那種機械人模式。自發性是自我所展現出的自由行為，心理學上，「自發性」（spontaneity）一詞意指拉丁文字根「sponte」的原意，也就是個人的自由意志。此處所謂的個人行為，並非單純指涉「做某些事情」，而是指運作於個人情感、智性與感官經驗中的創造性特質。自發性的前提之一，即在於接受個人的完整人格，不再將個人切割為理性與感性兩種層面；因為，唯有個人不再壓抑自我的主要部分，唯有當個人完全了解自我，唯有當人生經驗的所有層面達到整合，個人才有可能實現自發性的行為。

儘管自發性行為在我們的文化中相對地罕見，但我們並非完全缺乏這種行為。為了幫助讀者理解，我想提醒讀者一些我們都曾見過的自發性行為的例子。

首先，我們知道有某些人的確（或曾經）擁有自發性的行為，他們的思考、感受與行為都是出於真實自我的表達，而非自動化的機械表現。這類型的個人大抵以藝術家而知名。事實上，我們可以將「藝術家」定義為「能自發性地表現自己的人」。如果這就是藝術家的定義（小說家巴爾札克正是如此定義自己），那麼某些哲學家與科學家也能被冠上藝術家之名，而其他人與他們的差別，就像老派攝影師與有創造力的畫家之間的差異。當然，另外有不少人其實也擁有同樣的自發性，只不過他們並不如已經成為眾人熟知的藝術家那般，有能力（或能獲得訓練）利用客觀媒介來表現自我。不過，藝術家所擁有的地位其實是很脆弱的，只有那些成功的藝術家，其個體性與自發性才會受到社會大眾的尊敬；如果他無法賣出他的作品，那麼他在同時代的人眼中，依然只會是個怪胎或「神經病」。在這方面，藝術家的處境很像歷史上的革命分子，成功的革命者就是所謂的政治家，不成功的革命者則是罪犯。

另外，我們也可以在幼童身上看到「自發性」。幼童有能力去感受與思考真正屬於他們自己的東西；我們可以從他們的思想、言語，以及臉部表情發現「自發性」的存在。如果有人問，究竟是什麼原因使得幼童對絕大多數的人都具有強大的吸引力，除卻某些個人情感或習慣等理由，我相信原因必然在於這種自發性的特質。這個特質強烈地吸引著每一個尚未麻木無感，尚有覺察能力的人，沒有其他東西比「自發性特質」更有吸引力與說服力，不論該特質來自兒童、藝術家，或其他無法依年齡與職業來歸類的個人身上。

大多數的人都能在某些時刻發現自己展現了自發性行為，那同時也會是真正的幸福時刻。例如對壯麗景色完全不做作地打從內心的讚嘆、經過思考後終於領悟到某項真理、一種不是一再重複經歷的感官享樂，或者是在心中對某人突然湧現的愛意等。在這些時刻裡，我們都確定地感知到什麼是自發性行為，如果這類經驗的出現不是那麼的罕見與短暫，我們甚至能夠因而對人類生命充滿憧憬。

為什麼自發性行為會引領人們獲得真正的自由？我們在前文提到，消極的自由會使個人成為孤立的個體，與外在世界的關係疏離而且充滿不信任，自我會變得軟弱，而且持續受到外在的威脅。相反的，自發性行為使人不必犧牲自我的整全性，就能克服孤獨所帶來的恐懼，因為，在自發性地實現自我的過程中，個人就能重新與世界、與他人、大自然，以及與自己產生連結。在自發性行為中，「愛」是最重要的元素。在此所謂的「愛」，並不需要將自身消融於他人，也不需要占有他人，而是自發性地去肯定他人，以保全自我為基礎，與他人產生連結。真正的「愛」所具有的動態特質，正是這種兩者並存的狀態：它始於個人對於克服分離感的需求，卻將個人導向與外界合而為一，同時不會泯滅個體性的狀況。「工作」則是另一項重要的元素。這裡所謂的「工作」，並非為了逃避孤獨而去進行的強迫性行為，不會使人與大自然之間的關係對立，形成人在某種程度上宰制著大自然，在某種程度上卻又敬畏著它，甚至使人成為自己親手創造的產物的奴隸。相反地，真正的「工作」意謂著創造，人類透過創造性行為而成為大自然的一分子。所有的自發性行為，不論是個人的感官享樂或參與社群之中的政治性活動，都與上述真正的「愛」與「工作」具有相同的特質。自發性行為確立了個人獨特的自我，同時也將自我與他人及整個大自然連結在一起。「自由」所帶來的二分法——個體性的完整浮現與孤獨的痛苦——被更高層次的人類自發性行為給化解了。

個人在所有的自發性行為中擁抱著外在世界，他的自我不僅完好無缺，甚至變得更強大更穩固，**因為自我的堅強程度會與其積極主動的程度成正比**。人類所能擁有的其他事物，都無法為人們提供真正的力量，不論是物質財富或是如情感、思想等精神特質。人類對於外在事物的使用或操控，也無法為人們提供力量；人類所使用的東西，也不會單純因為被使用，就變成屬於人類所有。唯有我們以自己的創造性活動真正認同的東西，才屬於我們自己，無論對象是人類或其他無生命的事物。唯有透過自發性行為而帶來的特質，才能賦予自我真正的力量，進而成為個人整全性的基礎。若沒有能力自發地行動，無法表達自己真實的感受與想法，後果必然導致個人必須以虛擬的自我去面對他人與自己，而這也正是自卑感與軟弱感的主要根源。不論我們是否有所認知，我們最羞愧的事莫過於無法「做自己」，相反地，讓我們最感驕傲與幸福的，就是能夠去思考、感受，以及表達出真正的自我。

以上論述顯示，真正關鍵的其實是自發性行為的過程，而非結果。但是，現代社會文化所強調的東西卻剛好相反。我們的生產並非為了得到具體的滿足，而是為了達到販賣商品的抽象目的；我們以為只要透過購買行為就可以得到一切物質或非物質的東西，把這些東西變成我們的，不需要付出任何創造性的努力。同樣的，我們將自身的人格特質與努力行為的成果，都當成可以換取金錢、聲望與權力的商品。於是，人們的關注焦點遂從創造性行為所能提供的當下滿足感，轉變為完成後的成品所能轉換的價值。因此，人就此錯過唯一能帶給他真正幸福感的滿足——當下的行為經驗——而追求一種在他自以為得到的同時，就已令他失望的幻象，也就是名為「成功」的虛幻幸福。

個人如果能透過自發性行為來實踐自我，從而跟世界建立連結，他將不再是孤立的分子，他與整個世界都將成為結構化整體的一部分；個人在其中將會居於最正確的位置，因此對自身與生命意義的疑惑感都將一掃而空。因為，這些疑惑感是來自於他所感受到的疏離，以及人生所遭受到的挫敗；所以當他的生命不再充滿強迫性或機械化行為，而取而代之以自發性的生活，疑惑感就會自動消失。個人會意識到自己是積極主動而且具創造力的個體，並體認到**生命唯一的意義，就在於生命活動的本身**。

個人如果能克服對自身與生命處境的基本疑惑，以自發性的生命活動去擁抱整個世界，與世界建立關係，最終就能以個人的身分獲得力量，並得到安全感。不過，這樣得來的安全感，迥異於個人主義者之間所特有的安全感，正如此時個人與世界所產生的新連結，也相異於初始連結。新的安全感並非個人從外在更高力量所得到的保護，也不是生命的悲劇特質就此被消除了的那種安全，新的安全感是動態的，不以保護為基礎，而以個人的自發性為基礎。那是每一個當下，靠人的自發性所求得的安全，不但唯有自己能給予，也是在因為消除了需要幻覺的情境而不再需要幻覺的那種安全。

「積極自由」意指對個人獨特性的充分肯定。人生而平等，但也有與生俱來的差異性，這種差異性的基礎是人打從出生起就有的生理與心理上的天賦，以及所受到生命過程中環境經驗的影響。每個人的人格特質很少一模一樣，就好像兩個生物絕對不會擁有完全相同的生理條件。自我若要獲得真正的成長，必然奠基於這種獨特性之上；那是一種有機的成長，也是個人所特有（而且也是獨有）的核心展現。對比之下，自動化機械的發展過程就不是有機的成長，在其中，自我的成長基礎受到阻礙，某種擬似的自我被強加在真實自我之上，如前文所見，那基本上只是外來思考與感受模式的綜合體。有機的成長之所以可能，必須奠基於高度尊重自我的獨特性——無論是他人或自己的自我。對於獨特自我所賦予的尊重與培養，將是人類文化最有價值的成就，然而在今日，這項成就受到了嚴重的威脅。

自我的獨特性絕對不會牴觸平等原則。「人類生而平等」的主旨在於所有人都享有同樣的基本人性特質，共享人類的整體命運，擁有不可剝奪的幸福與自由的權利。進一步來說，平等原則意謂著人與人之間是一種團結關係，而非支配與順從的關係。平等並不代表「所有人都必須具有相同的條件與處境」，但今日的平等概念來自於個人在經濟活動中所扮演的角色，在買方與賣方的關係中，每個人在性格上的差異性都被泯除了。在這種情況下，只有一件事情是重要的：賣方有東西可以販售，買方有金錢可以買下那東西。在經濟活動中，人與人之間並無差異性可言；但是若要成為真正的人，其個體化過程的本質即在於個人獨特性的養成。

「積極自由」還蘊含了一個原則：對個人來說，在獨特的自我之外，並不存在更高位階的力量，個人就是自己人生的中心與目的，個性的成長和實踐永遠不會次要於所謂更高尚的目標。如此對「積極自由」的詮釋極可能引發爭議，因為這樣的積極自由是否預設了放任式的利己主義？是否否定了所有「為理想而犧牲」的信念？若接受這樣的觀點，是否將導致無政府般的社會混亂？事實上，本書前文的論述已經直接或間接地回答了這些問題。然而這些問題實在非常重要，我在此必須再次闡明清楚，以免讀者誤解。

「個人不應臣屬於任何比自己高的力量」這樣的主張，並未否定「理想」所具有的崇高特性。相反地，該主張強烈地捍衛著所謂的「理想」，然而更要求我們必須對所謂「理想」的內容進行批判性分析。在現代社會中，人們往往很容易將任何不含物質利益的追求都當成了理想，或是將願意犧牲自我利益而追求的事物都當成理想，但這只是對於「理想」的相對主義式心理描述。如果該描述為真，那麼一個法西斯主義分子渴望屈從於更高位階的權力，同時宰制他人，那麼他也跟為了人類自由平等而奮戰者一樣擁有「理想」嗎？如果是這樣，我們永遠無法解決這樣的疑惑。

我們必須區分真正理想與虛構理想之間的差異，這和釐清真理與謊言的差異一樣重要。所有真正的理想都具有一項共通點：它們表達出了對某種尚未完成、但有益於促進個人成長與幸福目標的願望[8]。我們不一定總是知道什麼有助於達成這個目標，我們也可能對某些理想對人類發展的影響有不同看法，但這並不足以成為支持相對主義的理由，這種相對主義主張使我們無法知道什麼促進生命，或什麼阻礙生命。就像我們不見得永遠確定哪些食物是健康的、哪些食物是不健康的，但我們並不會因此下結論說，「我們完全無法辨識出哪些食物是有毒的」。同樣的，只要我們願意，我們可以去探究哪些東西對人類的精神層面是有毒的。我們知道貧窮、壓迫、孤立等處境會阻礙生命的發展；我們知道某項事物若能增進個人自由、使個人獲得勇氣與力量，該事物就對生命發展有所幫助。對人類來說，什麼東西有好處而什麼東西有壞處並非形而上的問題，而是一種經驗性問題，可以透過對「人類先天的本質」與「某些情境對他的影響」進行分析而獲得解答。

但是，我們又該如何解釋像法西斯主義分子所主張的那種明顯會阻礙個人生命發展的「理想」？我們該如何理解，竟會有人願意追尋這些假「理想」，其所表現出來的熱烈程度就好像在追求真正的理想一樣？我們可以藉由分析某些心理條件來回答這個問題。受虐傾向顯示出人會受到痛苦與順服的體驗所吸引。無疑的，痛苦、屈從、甚至自我毀滅，都是人生正面目標的對立面，然而，某些人會主觀地將這類行為目標視為痛快和迷人的經驗。沒有其他事情比這種受到對生命有害事物吸引的現象，更適合被稱作「病態式反常行為」。許多心理學家認定「追求享樂與避免痛苦」是指引人類行為唯一的合理原則，但動態式心理學則顯示出，主觀的快感經驗並不足以評斷某些行為在人類幸福上所代表的價值。對受虐傾向所進行的分析就是一個適當的例證。該分析顯示，主觀感受到的愉悅經驗或快感，可以是病態式反常行為的結果，卻很少涉及經驗所代表的客觀意義；就好比有毒之物也許嘗起來異常甜美，也不能證明該毒物對人體產生好的作用[9]。因此，我們必須將真正的理想定義為能夠促進自我的成長、自由與幸福，並且將虛構的理想定義為是強迫性與非理性的東西，儘管在主觀上可能具有吸引力（就像順從他者的驅力），但實際上卻會對個人的生命發展造成危害。一旦我們接受這樣的定義，就會知道真正的理想並非某種優於個人的神祕力量，而是極致肯定自我的明確表達。任何所謂的「理想」若無法做到這點，就代表那並非真正的理想，而只是一種病態的目標。

8 參見奧托（Max Otto）所著《人性的冒險》（*The Human Enterprise*, T. S. Croft, New York, 1940, Chaps. IV and V）。

9 此處所談論的問題涉及一個重要論點：動態心理學能清楚說明各種倫理學的議題。心理學家若想在這方面有所貢獻，便必須注意「道德問題」與「個人性格」之間的關聯性。任何心理學理論，包含佛洛伊德的論述，若僅以享樂原則處理這類議題，將無法適當地理解個人性格在此所扮演的角色，只會將問題歸結於獨斷且非經驗性的道德教條。如同本書所提出的，針對自私、受虐式的犧牲行為，以及所謂的「理想」進行分析，為心理學與倫理學的互動關係提供了良好的例證，值得進一步發展。

這裡我們要談另一個問題：自我犧牲。我們將「自由」定義為不屈從於任何更高的力量，這樣的定義是否會完全排除一般所認定的「犧牲行為」，包括自我生命的犧牲？

這個問題在今日社會更顯得重要，因為法西斯主義宣稱「自我犧牲」是最高等級的價值，這讓許多人認定其具有某種理想主義的特質。事實上，從前文的論述就可以邏輯地推導出該宣稱的謬誤。「犧牲」有兩種不同的類型。其中一種關係到個人生命中的悲劇性事實，意即在某些時候，生理自我的需求會與精神自我的目標產生衝突；事實上，我們或許不得不犧牲生理性自我，才能維護精神性自我的整全性。這類犧牲行為總是具有悲劇性特質。死亡絕對不會是甜美的，即便是為了最高理想也一樣。死亡始終苦澀得難以言喻，但它仍可能是我們的個體性最極致的表現。然而，這種「犧牲」與法西斯主義所鼓吹的犧牲完全不同，法西斯主義的犧牲並非為了維護自我而付出的昂貴代價，「犧牲」本身就是行為的目的，這種受虐式的行為是以否定生命與毀滅自我的方式去實踐生命。此處所謂的犧牲，只是法西斯主義各種流派目標的至高表現——摧毀社會大眾的個人自我，使其絕對服從更高的權力。事實上，這曲解了真正的犧牲觀念，就好比自殺行為是對生命最嚴重的曲解。真正的犧牲行為預設了對個人精神整全性絕不讓步的堅持，而那些已經喪失精神整全性的人所做出的犧牲行徑，只是為了掩飾道德上的空虛感罷了。

回應前述最後一項反對意見：依據「自發性」的定義，如果每個人都被允許自由行為，如果人們都不承認自己以外的更高權威，是否將導致無政府般的社會混亂狀態？基本上，「無政府」一詞指涉的是社會大眾進行著無頭蒼蠅般的自利行為與毀滅行為，因此，決定性的因素便在於一個人對人性究竟抱持什麼樣的理解。

在此，我引用第五章〈逃避的機制〉論述過的內容：人類在本質上並非善良亦非邪惡，生命與生俱來就有成長、發展與表達潛能的傾向；如果生命遭遇挫敗，如果孤立的個人受不了疑惑、孤獨與無力感，那麼他將被迫展現出毀滅性，渴望獲得權力或是順從權力。相反地，如果人擁有積極的自由，如果人可以充分又堅定地實現自我，那麼，造成他反社會驅力的基本原因將會消失，在這種情況下，只有病態或不正常的人才會對社會造成危害。人類在歷史上從未實現過如此的積極自由，然而卻依舊鍾情於這份理想，即便某些學者往往使用深奧難懂、甚至是非理性的形式來表達這個概念。

我們沒有理由去懷疑為什麼人類歷史上會出現那麼多的酷行與破壞性。若說有什麼事情會讓人感到驚喜（並因此受到鼓舞），我相信那就是人類儘管經歷過這麼多邪惡事件，卻依舊保有（甚至發揮了）我們在歷史上，乃至現今社會的無數個人身上所見到的尊嚴、勇氣、高尚與仁慈等品質。

另外，如果「無政府」一詞所指涉的是個人不承認任何一種權威，那麼若要回應上述關於「無政府」的質疑，可以參考前面章節所提及的理性權威與非理性權威之間的差異性。理性權威就好比真正的理想，有助於個人的成長與發展，它在原則上絕不會和個人及其本身的真正目的形成衝突，除非那原本就是病態行為的目的。

本書主旨在說明「自由」對現代人來說具有兩種意義：現代人掙脫了各種傳統權威，逐漸成為獨立的「個體」，但同時也變得孤立、無力，甚至變成自身之外的其他目標的工具，與他人及自己都越來越疏離；這些狀態逐漸侵蝕著個人所擁有的自我，使其感到軟弱與恐懼，而願意屈從於新的束縛。另一方面，「積極自由」等同於個人潛能的完整實現，並且伴隨著個人所擁有積極且自發性的行為能力。在現代社會中，人類所享有的「自由」已經來到了關鍵性的轉捩點，因為它被本身的動能所驅使，威脅著要轉變成其悖反面。民主體制的未來端賴個人主義的完整實現，自文藝復興以來，自由主義就是現代思想的意識形態目標。我們時代的文化與政治危機，並非是由過度嚴重的個人主義所造成，而導因於我們所以為的自由主義只是一個空殼。

「自由」若要獲得最終的勝利，前提在於民主體制必須發展成以個人成長與幸福為目標的社會，個人的生命意義不再需要所謂的「成功」或其他事物來背書，個人也不再需要屈從於國家或經濟體制等外在力量，或受其操控。最後，個人所擁有的良心與理想，不再只是外在要求的內化，而是為了能夠真正表現自身的獨特目標。上述境況不可能發生於現代歷史之前的任何時期，在過去的年代，那些都只能作為理想上的目的而已，因為從前的社會欠缺發展真正的個人主義所必要的物質基礎。然而，現今社會的資本主義創造了這項前提。人類社會解決了物質生產的問題（至少原則上如此），我們可以預見一個物質充裕的未來，人們將不再需要因為物質貧困而努力爭奪經濟特權。我們今日所面對的問題，在於如何組織社會與經濟上的各種力量，因此，人作為有系統的社會的一分子，應該成為各種力量的主宰，而不是它們的奴隸。

至此，我強調了「自由」的心理學面向，也試圖指出心理問題離不開人類生存的物質基礎，以及現存社會中的政治、經濟與社會等結構。在這樣的前提下，我們發現若要實現積極自由及個人主義，勢必要去面對經濟與社會所發生的變革，這些變革將是個人能自由實現自我的必要前提。本書的主旨並不在於探討上述前提所產生的經濟問題，或描摹一個未來社會的經濟計畫，但我應該在此說明我所相信的解決方向。

首先，必要的前提在於：我們承擔不起喪失任何現代民主重要成就的風險，無論是代議式政府組織，亦即政府由人民選出，必須對人民負責；或是「人權法案」（Bill of Rights）向每一位公民所提出的權利保障。我們也不能放棄新的民主原則：「任何人都不應該挨餓受凍，社會應該對所有成員負責，確保每位成員都不會被迫屈從於權力，也不會因為害怕失業或挨餓而喪失人性尊嚴。」我們不僅必須保存這些成就，更應該繼續鞏固與發展它們。

儘管當代社會已經發展出民主體制，但這還不夠，距離完整實現民主仍有一大段距離。民主的進步在於增進個人享有的實質自由，使個人擁有主動權與自發性，這不僅體現在某些私人的心靈層面，更重要的是體現在每個人生存所必要的基本活動——工作——之中。

針對個人的工作問題，社會必須提供什麼樣的基本條件？我們必須屏棄非理性與無計畫性的社會形式，由計畫性經濟取代之，這代表社會必須在這方面做出計畫性的具體努力。社會必須能夠以理性的方式去掌控社會問題，就好像人類掌控著大自然一樣。在此，一個必要的前提是，社會必須消除由極少數的人對整體經濟所進行的祕密控制，這些少數人掌控著巨大的經濟權力，但對於那些命運操控在他們手裡的人們，卻完全不負責任。我們或許可以將新的經濟秩序稱為「民主式社會主義」（democratic socialism），名稱並不重要，重要的是我們應該建立一個理性化的經濟體系，以滿足社會大眾的經濟需求。在今日，絕大多數老百姓不僅完全沒辦法影響整體經濟機制，甚至在他們各自所從事的工作裡，根本沒機會去發展真正的主動性與自發性。他們只是「被僱用者」，除了被指定的工作內容以外，雇主並不期待他們多做些什麼。只有在某種計畫性經濟體制裡，國家能以整體力量理性地掌控經濟與社會層面中的各種影響，如此，社會成員方能共同分擔社會責任，並且在各自的工作上發揮創造力。在此，最重要的是，讓「個人」有機會實踐真正的人性活動；社會整體的目的將與個人的目的（不僅在意識形態上，也是在現實上）合而為一；屆時，個人將能為工作積極地付出努力與理性思考，對工作內容負起責任，因為該工作所代表的意義與成果，與個人自我的目的密切相關。我們必須以讓社會大眾積極明智共同合作的方案，來取代由少數人所進行的祕密掌控，我們必須將「民治、民有、民享」的原則，從形式上的政治領域擴展到實質的經濟層面。

針對「某種經濟與政治體系是否真的能夠增進人類自由」這個問題，我們不能單純使用政治與經濟概念來回應。「實現自由」的唯一判準在於，個人是否積極主動地參與、決定他自己的人生和社會生活，這並不只是參與形式上的投票行為，更應該遍及每個人的日常生活、工作，以及與他人的互動關係。當代政治中的民主特性如果只局限於政治領域，將無法處理一般社會大眾在經濟領域中完全無足輕重的問題。但單純只從經濟性概念出發，例如將生產工具社會化等，也不足以解決整體的問題。在此，我並非刻意使用「社會主義」這種欺詐性的用語，就好像在「國家社會主義」中為了某些策略上的利己理由而使用該詞彙。我認為「社會主義」一詞在蘇俄社會中已經變成虛偽的用語，他們雖然將所有的生產工具都社會化，但事實上，某些握有實際權力的官僚體系依舊操控著廣大的社會百姓。即便政府的控制對大多數人民的經濟需求或許很有效，但勢必阻礙了自由與個體化的發展。

在今日社會裡，為了隱藏某些事實，許多詞彙都嚴重地遭到誤用。對同盟者的背叛行為被稱為「姑息／綏靖主義」；軍事上的侵犯行為可以偽裝成防衛性的攻擊；對弱小國家的占領行為則假藉著友好條約之名行事；對全體人民所進行的殘暴壓抑則被冠上國家社會主義之名。**民主**、**自由**以及**個人主義**等語詞也遭到濫用。事實上，有一個方法可以界定「民主」與「法西斯主義」之間的真正差異。「民主」作為一種體系，能在經濟、政治與文化等方面創造出各種背景條件，以幫助個人達到完整的發展。而「法西斯主義」不論隱藏在哪種名稱之下，都是迫使個人屈從於外在目的，並且削弱個體化真正發展的一種制度。

顯然，建立「民主」實踐的條件中，最困難之處即在於「計畫性經濟」與「每一個個人的積極合作」之間的矛盾。在大型工業化制度的那種規模下要執行計畫性經濟，需要高度的中央集權，結果難免形成一個必須管理中央集權機制的官僚體系。另一方面，若要由全體國民（或整個體系中的最小單位）去掌控社會權力，並共同參與其中，社會便需要一定程度的分權機制。除非我們能做到融合「由上而下的計畫性經濟」與「由下而上的積極參與」，除非底層百姓能夠持續地影響社會發展的趨勢，否則所謂的計畫性經濟將再次淪為少數者宰制社會大眾的工具。如何結合中央集權與分權機制，將是現代社會必須面對的主要課題之一。這項課題當然也有解決之道，就好像我們已經解決了使人類幾乎能夠完全主宰大自然的技術性問題。然而，若要處理這個課題，我們必須清楚認知該課題的必要性，並對社會大眾有信心，相信社會大眾有能力去面對他們因身為人類而真正應該關注的問題。

在此，我們再次面臨「個人主動權」的問題。個人所擁有的主動權，是「社會整體的經濟發展」與「自由資本主義下的個人發展」最強烈的動機，但是它帶有兩種原則性的限制：社會必須選擇性地促進個人的某些特質，例如意志與理性，同時讓個人在其他方面的發展從屬於各自所具有的經濟性目的。這項原則若能在高度個體化與競爭性的資本主義中運作良好，將能夠讓社會中無數的經濟個體獲得發展的空間。在今日社會中，這個空間逐漸萎縮，只有少部分的人能夠去實踐個人的主動權。我們若想體現並擴展此原則，讓整體人格獲得自由，便必須以社會理性與和諧的努力為基礎，並藉由適當的地方分權機制，以保障社會體系中的最小單位者能實際且積極地參與並掌控社會活動，才有可能成功。

唯有人有能力掌控社會，使經濟機制附屬於個人幸福的目標，並積極參與社會活動，才能擺脫那些迫使他感到絕望的孤獨與無力處境。在現代的社會裡，人們雖然不再像過往那般深受物質貧困之苦，卻苦於自身變成了巨大機制中的一個小齒輪，甚至是一項自動化裝置，使生命變得空虛且喪失意義。民主體制勢必不可退縮，而且要更加積極地實踐過往數世紀以來自由鬥士所拚命爭取的目標，人類社會才可能戰勝各種極權制度。唯有社會能灌輸人類最強的信念——相信生命、相信真理，更相信「自由」是積極又自發性地體現個人自我——民主才能戰勝虛無主義。

【附錄】

人格與社會發展過程

我在本書中主要藉由對宗教改革時期及當代等各個歷史時期的分析，來探討社會經濟、個人心理與意識型態之間的相互關係。或許有不少讀者想研究這些分析之中所包含的理論性問題，因此我特別在這份附錄中簡短地說明上述分析背後所依據的一般理論基礎。

在研究一個社會群體對某社會現象所作出的心理反應時，我們所面對的是該群體成員的性格結構，亦即群體中每一個「個人」的性格結構；然而在本書中，我們關心的並非這些成員彼此之間不同的特性，而是大多數團體成員所共有的部分。我們可以稱此性格為社會性格。社會性格必然不如個人性格那麼特殊。在描述個人性格時，我們探究的是特別形成這位或那位個人性格結構的特性整體，而社會性格只包含特選的一些特質，亦即，**由群體共有經驗與生活方式所發展出來的大多數成員性格結構的核心**。雖然每個社群中總會存在某些「離經叛道者」擁有與其他成員完全不同的個性結構，但社群中絕大多數成員的個性結構，都是此核心的變化型，差異僅來自各自的出生條件與人生經驗不同等偶然性因素。如果我們想徹底瞭解一個人，這些差異因素具有絕對的重要性，但如果我們感興趣的對象並非個人，而是在特定的社會秩序中人們的集體行動力如何受到引導，以及運作成生產性的力量，那麼我們便必須關注「社會性格」。

「社會性格」是理解社會過程的關鍵概念。在心理分析學的動態意義下，所謂的「性格」是指人為了滿足自身「需求」而展現出來的行動力，為了動態地適應於社會生存方式所形成的特殊形式。由此養成的性格決定了個人的思考、感受與行為。我們普遍有著「個人思考完全屬於智性活動，是獨立於人格之外的心理結構」的傳統信念，然而事實並非如此。再者，當我們所思考的內容是關於倫理、哲學、政治、心理或社會問題，而非具體對象的經驗主義式的操作時，上述信念更是錯誤的。除了涉及思考活動中的邏輯性，思考活動也相當程度地取決於思考者的性格結構。無論思考的內容是整體政策或理論系統，或是如正義、愛、平等、犧牲等單一概念，都是如此。每一項概念與每一項政策或教義都會帶有情緒性基礎，而這項基礎乃根植於個人的性格結構。

針對這點，我已在前面章節中提出許多例證。在宗教教義與政治體制方面，我試著指出早期基督新教與當代權威主義的情緒性根基。至於單一概念，我則論述了在「施虐—受虐性格」中，「愛」意味著共生性的依賴，而非以平等為基礎的相互肯定與連結；「犧牲」意指個人自我對更高力量的絕對屈從，而非維護自我在心理與道德上的整全；「差異性」意指權力地位的高低之分，而非在平等基礎上實現獨特的個性；「正義」意指每個人都應得到他所應得的東西，而非個人可以無條件實踐與生俱來且不可讓渡的權利；「勇氣」意指心甘情願屈從與忍受痛苦，而非個體性對抗權力的終極肯定。當兩個不同個性的人談到如愛情等概念時，所使用的字眼雖然相同，但這個字眼對他們的含意卻依他們的個性結構而完全不同。事實上，我們可以藉由針對「個人使用這些概念的方式」去進行正確的心理分析，以避免人們在進行智性探討時所遭遇到的混淆，因為若希望單純使用邏輯分類來解決這些混淆，必然是徒勞無功。

所有的「理念」背後皆有情感的根基，這項事實非常重要，因為這正是我們要去理解某種文化精神的關鍵所在。不同社會或同一社會中的不同階級，各自具有獨特的性格，並據以發展或壯大不同的理念。舉例來說，將「工作」與「成就」視為人生主要目標的，這項理念之所以對現代人具有強大的吸引力，是以現代人的孤獨與懷疑感為基礎的。但若對普韋布洛的印第安族或墨西哥人宣導不斷努力工作以追求成就的概念，絕對收不到成效，因為這些人具有完全不同的性格結構，即便他們瞭解對方的語言，也完全無法理解陳述此理念的人到底在說些什麼。同樣的，希特勒與部分具相同性格結構的德國群眾相當認真地認為，若有人以為戰爭能廢止，那麼他一定是徹底的笨蛋，否則就是在發表違心之論。基於他們共有的社會性格，缺乏痛苦與災難的人生，就好像平等與自由一樣難以理解。

有一種情況是，某些群體基於特有的社會性格，會有意識地接受某種理想，但該群體在實際上並未真正觸及那理想的真實意義，他們雖然有意識地堅信著那份理想（並依其內容而行動），卻未曾以批判性的態度去檢視該理想。納粹主義掌政時期的德國勞工運動便是最好的例證。在希特勒掌權之前，廣大的德國工人階級都將選票投給支持社會主義或共產主義的政黨[1]，並相信著政黨所抱有的理想；意即，這些理想在工人階級中具有廣大的普及程度。然而，這些理想在工人階級中所帶有的重要性卻與其普及程度不成比例。

納粹主義對德國百姓所發動的宣傳攻勢並沒有遭遇多少政治性的反抗，儘管絕大多數反對者原已準備好要為自己的理想奮鬥。其中有許多左派政黨的支持者，當他們支持的政黨依舊具有權威時，他們就相信該政黨的理想，但是當該政黨遭逢權力危機，這些人便甘願放棄理想。我們可以藉由對德國工人階級性格特質的仔細分析，來說明造成這種現象的原因（當然絕非唯一的原因）。這些人絕大多數都具有我們在前文描述為「權威性格」的多項特質，對既有權威抱持根深蒂固的尊敬與渴望。社會主義強調個人獨立對抗權威、團結對抗利己主義的孤立，然而，大多數的工人階級基於共有的性格結構，事實上並不喜歡這些理想。左派基進領導者所犯下的錯誤之一，在於評估自己的政黨實力時，僅基於其所提出的理想在社會大眾中所具有的普及程度，而忽視了那些理想在個人心中所占有的重要性。

對比於此，我們對新教與喀爾文教義所進行的分析，則顯示出這些教義所帶有的理想在新宗教的信徒之中具有強大力量，因為這些教義所訴諸的需求與焦慮，已經普遍存在於他們所針對的聽眾的性格結構之中。換句話說，**「理想」可以變成強大的力量，但得視它回應了多少特定社會性格中顯著的特殊需求而定**。

人所具有的性格結構不僅會影響其思想與感受，也會決定行為的內容。佛洛伊德的成就之一便在證成這項事實，儘管他的理論性參考架構並不全然正確。在神經官能症患者的例子中，我們明顯看出個人行為乃取決於他性格結構中的主要特質。我們可以毫不費力地理解，某人出現數算房子的窗戶或

1 譯註：兩者皆為希特勒的政敵。

人行道的石頭數量的強迫性行為，是一種來自強迫式性格中驅力的活動，但正常人的行為似乎只靠理性思考與現實需求來決定。

然而，有了心理分析提供的新式觀察工具，我們可以看出所謂的理性行為，大抵由行為者的性格結構來決定。這在我們探討「工作」對現代人所代表的意義時已經敘述過相關的例證。人們對不斷勞動的強烈渴望，乃根植於孤獨與焦慮感。這種強迫性的工作態度迥異於其他文化中對工作的態度。在其他文化中，人只為了現實需要而工作，而非受到性格結構中附加的力量所驅使。由於現代社會中的正常人多具有大致相同的工作衝動，而且若想生存，就必須具備這種強度狂熱的衝動，所以我們很容易忽視這種特質中所帶有的非理性成分。

現在我們必須問，什麼個性特質有助於個人，以及有助於社會。前者的答案並不難，如果個人性格多少符合社會性格，他人格中的主要驅力就會引導他做出特定文化、社會的條件下，必要又討喜的事情。除此之外，個性特質還有心理功能，也就是個人不但在實質上受益，心理也會連帶的產生滿足感。總而言之，正常人個性的主觀功能將引導他依照實際立場需求來行動，而且在心理上獲得行動目標的滿足。

如果要檢視「社會性格」在社會活動中的功能，我們必須從「社會性格」對「個人」所造成的影響著手：個人為了適應社會情境，必須發展出某些特性，使自己欲求著他所必須進行的那些事情。如果絕大多數人共有的性格（亦即社會性格）皆良好地適應於在社會中所必須執行的客觀任務，那麼人們的行動力將能被導引成社會運作所需要的生產力量。

我們再次以「工作」為例。現代人身處的工業體系要求人們將大部分行動力投注於工作之中。如果人們只是依據外在需求（而非行為者的內在需求）而工作，那麼，他在「應該去做」與「願意去做」之間將產生嚴重的分歧，進而降低生產效率。然而，藉由將個人性格動態適應於社會之要求，不僅可以避免分歧，更能將人們的行動力化為某種形式，成為依照特殊要求行動的誘因。因此，現代人不是因為外在的強迫才辛苦勞動，而是受到內在驅動力而努力工作；我們在前文已分析過這種現象所具有的心理意義。或者可以說，個人已經建立起某種內在權威（諸如良心與責任感等）以取代外在權威，這些內在權威比任何外在權威更能有效地控制個人的行為。換句話說，**「社會性格」內化了外在需求，從而利用人類的行動力，來從事特定經濟和社會制度的任務**。

我們已經看到，某些需求一旦發展成為個人性格結構的一部分，任何行為只要符合這些需求，將能同時帶來物質成就與心理上的滿足。一個社會只要提供個人這兩方面的滿足，人們的心理力量便會增強並鞏固社會結構。然而，遲早都會發生某種「落差」。當社會中發生新的經濟情境時，傳統的性格結構仍然存在，卻無法發揮作用。此時，人們依然會依據（舊有）性格特質行事，後果或許是這些行為會在實際上阻礙個人的經濟追求，也或許在社會中根本就不存在足夠的機會使人們能依其「本質」[2]而行事。我們可以以舊中產階級的個性結構為例，尤其是在具有嚴格的社會階層制度的國家裡，例如德國。舊中產階級的美德如樸素、節儉、謹慎、多疑等，相較於新的美德如進取心、願意冒險，以及勇敢犯難等，在當代商業活動中逐漸喪失價值。儘管傳統美德還是具有一定的價值，如同在小店主身上所展現的成功，但這類商業活動所擁有的成功機會正急速萎縮，使得只有極少數舊中產階級的後代，還能「利用」該性格特質在經濟活動中獲利。這些後代因教養過程而發展出適應其階級社會情境的性格特質，但經濟變遷的速度，卻遠大過個人性格發展的速度。當社會經濟與個人心理的演進產生落差，將導致個人的心理需求無法藉由有效的社會活動而獲得滿足。然而，這些需求依舊存在，必須透過其他方式獲得滿足。於是，我們原本在低階中產階級身上所見到追求自身利益的狹隘自利行為，逐漸從個人層面轉變到國家層面。

同樣的，原本被使用於私人性競爭活動的施虐式衝動，也有部分轉移到社會與政治領域之中，部分則因挫折而更加強化。於是，衝動脫離了限制的因素，在政治迫害與戰爭行為中尋求滿足。再者，摻雜著對社會整體的挫敗所感受到的怨恨，該階級者所具有的心理力量不僅無法鞏固現存的社會秩序，甚至變成被其他團體利用的武器，藉以摧毀民主社會在政治與經濟上的傳統架構。

至此，我們一直沒有談論到「教育」對社會性格的形成所扮演的角色。對許多心理學家來說，對成長中幼童所進行的早期教養以及後期的學校教育，似乎正是個人性格發展的成因。在此，我們來討論這項說法。首先，我們必須探究所謂「教育」究竟是什麼。儘管「教育」有諸多定義，但若從社會活動的角度檢視，大抵會得到這樣的內涵：教育所扮演的社會功能，是使個人能在他往後的社會角色中發揮功能；意即，去形塑個人的性格，使其接近社會性格，使個人的欲求符合他未來社會角色的需要。任何社會的教育體制（教育內容與教育形式）皆取決於這項功能；因此，我們不能以教育過程來解釋社會結構及其成員的性格；相反地，我們必須藉由特定社經結構所產生的需要，來解釋教育制度。教育方法具有絕對的重要性，因為它使個人能夠被形塑成社會所需的樣子。教育可以被視為某種工具，藉由這項工具，「社會要求」將被轉化為「個人特質」。然而，儘管教育技巧並非特殊社會性格的成因，卻是促成個性形成的機制之一。在這層意義下，若要去完整分析社會功能，勢必不可忽略對教育方式的研究。

以上論述內容亦可應用於整體教育活動中的另一個獨特處：家庭。佛洛伊德已經指出，兒童早期的經歷對於性格結構的形成有決定性的影響。如果此說法為真，那麼我們應該如何解釋尚未接觸到社會生活的兒童（至少在我們的文化中），他們的性格也是受到社會的影響？答案是，父母（除了某些個人化差異以外）對子女運用了他們所身處社會的教育模式，此外，父母的人格也代表了他們所處社會或階級的社會性格。因此，父母只要單純展現自己的性格，就能將所謂的心理氛圍或社會精神傳遞給子女，父母自身就是該種精神的代表者。**因此，家庭可以被視為整體社會的心理代理者**。

在說明社會性格取決於既有社會的生活方式之後，我希望提醒讀者第一章已談過的「動態適應」

2 譯註：作者在此應該是指舊有的性格特質。

的問題。雖然社會中的社經結構的確形塑著個人的性格，但個人性格並非具備毫無限制的可塑性。人們不僅有許多生理需求亟需滿足，也擁有某些心理性特質需要滿足，當這些需求受到阻礙，將會產生某些反應。

上述心理特質是什麼？其中最重要的似乎是個人對「成長」的欲求，人類在歷史演進中培養出發展與實現自身潛能的欲求，例如創造性與批判性思考能力、獲得多樣性的情感與感官體驗等。每一項潛能都具有自己的推動力，一旦在演進過程中獲得發展，就會希望能順利展現。外在世界可以壓抑或阻礙這些欲求，但壓抑行為會導致新的反應，尤其可能導致毀滅衝動與共生性的需求。這種普遍存在的成長欲求（此類心理欲求的重要性完全等同於生理欲求），會造成渴望自由與憎恨壓迫等特殊傾向，因為「自由」乃是所有成長的最重要前提。同樣的，這份對自由的渴望也會受到壓抑，可能從個人意識中消失；但即便如此，該份渴求卻從未停止作為一種潛能而持續存在著，並且會藉由針對該壓抑行為而展現出有意識或無意識的厭惡感，以標示著它自身存在的事實。

如同前文所述，我們同樣有理由去認定對正義與真理的追求是人類天性中的本能傾向，儘管這與對自由的渴求一樣，也可能遭受壓抑或濫用。然而，這個想法容易在理論上遭受攻擊。如果我們能依賴宗教或哲學上的說法，將上述性格傾向的存在解釋為人類被創造成與上帝具有相似性，或單以自然法則來解釋該性格傾向，那麼問題會變得簡單許多。然而，我們不能使用那些說法來支持我們的論證。依照我們的理論脈絡，若要說明人類的確具有對正義與真理等渴求，唯一的方法便是從社會整體以及從個人的角度去分析整體的人類歷史。如此，我們將會發現對於每個無權力者來說，為了爭取自身的自由與成長，正義與真理都是最重要的武器。

綜觀人類歷史，絕大多數的人都曾經捍衛自己，以抵抗更有權力者的壓抑與剝削。此外，每個人在幼童時期都曾經歷過一段無權力時期。對人類來說，這種無權力的狀態將使人發展出渴望真理與正義等性格特質，並且成為人類所普遍具有的潛能。因此，我們可以得出這項結論：**雖然基本的生活情況會形塑個性的發展，雖然人類在生物性上並不存在固定不變的本性，但人性所獨具的特殊動能，遂成為構成社會演進的積極要素**。即使我們現在還無法用心理學的詞彙清晰指出人類在這方面的動態發展所具有的真正本質，但我們必須承認它是真實的存在。在避免陷入生物學或形上學的概念錯誤的同時，我們也不能陷入另一個同樣嚴重的謬誤，亦即社會學上的相對主義。該理論將人類視為受到操控的木偶，其行為全然受制於外在社會環境。我們認為，人類具有自由與幸福等不可被剝奪的權利，這些權利乃內在於人性特質之中：人們對於生存、成長，以及表現各種潛能等渴求，皆在歷史演進的過程裡發展於人類本性之中。

在此，我們應重申本書所主張的心理學進路與佛洛伊德理論之間的重要差異。本書第一章已詳細說明第一項差異，在此我只簡單述及。我們將人類本性視為必然取決於歷史演進之過程，當然，我們不能忽略生物性要素所造成的影響，也不能以為可以單純藉由理解文化性與生物性的對立關係，就能正確地解決問題。再者，佛洛伊德理論的基本原則，是將個人視為一個封閉系統的整體，由大自然賦予人類某些生理性驅動力，並將個人性格的發展解釋為為了回應「這些驅動力所獲得的滿足與遭受到的挫敗」。而在我們的理論中，探索人類性格的最重要方式，在於探究人類與外在世界、他人、大自然以及與自我之間的關係。

我們相信人類在根本上是社會性生物，而非佛洛伊德所認定的自給自足的存在，只有在次要層次上才需要他人，以滿足自身的本能需求。因此，我認為個人心理學基本上就是社會心理學，或者借用蘇利文的說法，是一種人際關係心理學。心理學的關鍵問題在於個人與外在世界具有什麼樣的關聯，而非本能欲望的滿足或挫敗。關於個人在本能欲望的遭遇，應被理解為屬於「個人與外在世界之間的關係」這個整體性問題之中的一部分，而非全部。因此，依據我們的理論進路，以個人與他人之間的關係為核心而衍生出如厭惡、愛、親切與共生等需求與欲望，才是最重要的心理現象。而依據佛洛伊德的說法，這些現象只是個人在本能性需求上的滿足或挫敗所導致的後果，在心理學上僅有次要的重要性。

針對人類性格問題，佛洛伊德的生物性取向與我們所認為社會性取向之間存在的差異，在「性格學」的探討上有特殊的意義。佛洛伊德（以及繼續發展其理論的亞伯拉罕、瓊斯等其他學者）認為，兒童以所謂的「性快感區」[3]——即口腔與肛門——去體驗著享樂，這兩個器官與餵食及排泄活動有關；之後，由於過度刺激、挫敗或體質上較強的敏感程度等因素，使這些性快感區在個人長大之後還保有性欲的特質。但是在正常發展下，個人長大之後，生殖器應該取代上述器官而在個人性格中占據最主要的重要性。佛洛伊德認為，個人對於「前生殖器階段」的依戀，將導致昇華（sublimation）與反向（reaction-formation）等作用，繼而形塑個人的性格特質。例如，某人也許具有存錢或保存其他事物的性格傾向，這是因為他昇華了「保存排泄物」的無意識欲望；又或者，某人希望從他人身上獲得所有東西，而非透過自己的努力，則是因為他的行為受到某種無意識欲望——例如想得到餵食——的驅動，而這個欲望後來被昇華為想得到幫助或知識等。

佛洛伊德的觀察結果相當重要，但是他提出了錯誤的詮釋。他將「口腔式」與「肛門式」性格特質理解為與性欲有關的非理性本性。他認為這類欲望會滲透到人格的所有層面，瀰漫於個人的情感、智性與性生活之中，甚至影響個人的所有行為——這是正確的方向。但在「性快感區」與「性格特質」之間的因果關係上，佛洛伊德卻產生了錯誤的理解，完全顛倒了真實的情況。

在兒童性格中存在著想獲得希望保留的東西（如保護、知識、愛以及物質等）的欲望，他們會以被動的方式從外在來源發展出得到一切的欲望，以回應自己與他人的相處經驗。在這些相處過程中，兒童如果感覺自身力量因為恐懼感而有所減弱，如果自身的主動性與自信心受到癱瘓，如果在內心產生敵意又因此受到壓抑，如果他的父母以「兒童必須放棄自身權力」作為對他付出愛憐與關心的交換

3 譯註：原文為erogenous zone，可譯為性感區、激情地帶、欲帶、性敏感區、性區等。

條件……，那麼，這種情結就會導向一種放棄積極掌控的態度，他的所有行動力將會被導向符應於某種最終能滿足他所有渴望的外在根源。這種心態之所以會具備性欲的特質，是因為這是個人在該處境中唯一能夠滿足渴望的方式。具有這種成長經驗的人，之所以常常夢到或幻想著接受餵食或哺乳，都導因於比起其他器官，「口腔」是最適合用來表達這種被動式的接受心態。但與口腔有關的感受並非這種心態的產生原因，而只是行為人用身體語言去表達出對外在世界所抱持的態度。

同樣的情況也發生在尚處於「肛門期」的人。這類人基於特有的生活經驗，比起處於「口腔期」的人更加疏離於他人，藉由心理上的自給自足來獲得安全感，將「愛」與其他外向的心態視為會威脅到自身安全感的事物。在許多例子裡，我們的確發現這類性格的發展始於與餵食或排泄等相關活動——這些都是兒童早期的活動內容，也是父母展現關愛或壓抑、兒童展現出友善或反抗的主要場域。然而在這段時期，個人的性快感區所遭受到的過度刺激或挫折，並不會導致個人性格在往後持續出現依戀的態度。儘管兒童的確在餵食與排泄活動中感到愉悅，但這些愉悅感在個人性格的發展過程中，並不具有重要地位，除非這些生理上的愉悅感原本就根植於個人的整體性格特質之中。

如果幼兒原本就相當信賴於母親無條件的愛，哺乳過程中所發生的突發性中斷，也不會對個人的性格成嚴重的影響；而對母親的愛欠缺信賴感的幼兒，即便在哺乳過程中完全未遭遇干擾，將來還是有可能具有「口腔式」的性格特質。個人在長大後所產生的「口腔式」、「肛門式」幻想或其他生理感受，其意義並非來自於所代表的感官享樂，也不是某種神祕的昇華，而來自個人與外界所產生的具體關聯，這種關聯是上述感受的基礎。

唯有從這個觀點出發，佛洛伊德對個人性格演變的研究，才能對社會心理學產生重要的貢獻。例如，如果我們將肛門式性格（歐洲社會裡低階中產階級的典型性格）認定為導因於與排泄行為有關的個人早期經驗內容，便完全無法理解為何某個特定階級的人就會具有肛門式社會性格。相反的，如果我們將肛門式性格視為個人與他人之間的關聯形式之一，是奠基於個人的性格結構，並且是個人與外在世界接觸的結果，那我們就有一個線索去理解，為何中低階級人們整個生活模式中狹隘、孤立與敵意等因素，會形成這種性格的結構。[4]

第三項重要的差異與前兩項有所關聯。佛洛伊德的理論基於本能的性取向，以及強烈堅信人性中的邪惡層面，因此容易將人類所有「理想式」行為的動機認定為來自於某種邪惡的原因；例如佛洛伊德將「正義感」解釋為來自於個人在兒童時期對那些比自己擁有更多者的原始嫉妒感。如同前文所說的，我們相信著諸如真理、正義與自由等理想，這些理想儘管有時淪為人們的習慣用語或合理化說

4 亞力山卓（F. Alexander）曾試圖重新論述佛洛伊德在個人性格演變上的研究，其論點在某些方面相似於本書的詮釋內容。參見"The Influence of Psychological Factors upon Gastro-Intestinal Disturbances," *Psychoanalytic Quarterly*, Vol. XV, 1934。亞力山卓的觀點雖然進一步發展了佛洛伊德的理論，但他並未成功地克服該理論中最基礎的生物性取向之問題，也未周全地將「人際之間的互動關係」視為「前生殖器式」性格驅動力的基礎與本質。

詞，但也可以是真正的行為驅動力，若不將這類驅動力視為個人性格中的動態要素，都將會是錯誤的理論。這類理想來自人類生命中所實際遭遇到的處境，並可藉此進行分析，即使分析的過程中難免陷入形上學或理想主義式的概念。心理學作為一種經驗科學，任務便在於研究由理想衍生出的行為動機，以及與此相關的各種道德問題，進而使人的思考內容不再受限於形上學式或非經驗式的事物。

最後必須提及另一項差異的重點，就是關於「匱乏」與「豐裕」兩者之間心理現象的區別。原始人類的生存處於匱乏狀態，迫切地將物質滿足視為優先的順位。人類唯有當基本需求獲得滿足後，有了多餘的時間與精力，才會有文明的發展，以及隨之而來產生豐裕現象的各種驅力。自由的（或自動自發的）行為通常是豐裕的現象。佛洛伊德的心理學是匱乏現象的心理學，他將「享樂」定義為解除痛苦的緊張狀態後所得到的滿足，至於諸如愛與溫柔等豐裕的心理現象，事實上在佛洛伊德理論中完全不具重要性。他不僅遺漏了這類現象，同時對他傾注了許多心力所研究的現象——性——的瞭解也是有限的。根據佛洛伊德對享樂的整體定義，他發現性行為不過是心理性的衝動，並將性滿足視為從痛苦的緊張狀態中獲得釋放。我認為，性欲望是「豐裕」的心理現象，性歡愉是自發性（而非出自生理性強制的）的享樂，而享樂的本質絕非消極地解除緊張狀態。不過這種觀點在佛洛伊德的心理學中，也是不具分量的。

本書使用何種原則去理解社會文化中的人性基礎？在回答這個問題之前，我們應該回顧一下與本書採取不同詮釋方式的主要說法。

1.心理要素的理論進路。這是佛洛伊德理論的主要特徵，依據此種理論，文化現象根植於心理因素，而心理因素來自於本能的驅力，這些驅力本身唯有透過某種程度的壓迫，才會受到社會的影響。遵循著這種詮釋方式，佛洛伊德學派的學者們將資本主義解釋為導因於肛門式性本能的結果，並將早期基督教的發展視為來自於對父親意象的矛盾情結[5]。

2.經濟性要素的理論進路。例如某些誤用了馬克思歷史詮釋法的理論。依據這種觀點，個人主觀的經濟利益引發了諸如宗教與政治理念等文化現象。從這種「偽馬克思式」觀點出發[6]，或許會將新教徒主義單純理解為：為了回應當時布爾喬亞階級的某些經濟需求。

3.最後是理想主義式的理論進路。此方法以韋伯（Marx Weber）的理論：《新教倫理與資本主義精神》（*The Protestant Ethics and the Spirit of Capitalism*）一書為代表。他認為新的宗教理念是新的經濟行為與新文化精神發展的原因，雖然他也強調新的經濟行為絕對不會只是由宗教教義

---

5 關於這方面的探討，參見我的著作*The Dogma of Christ*, Holt, Rinehart and Winston, Inc., New York, 1964。

6 我將這種觀點稱為「偽馬克思式」觀點，因為它將馬克思理論詮釋為人類歷史乃取決於追求物質所得的經濟性動機，但這並不符合馬克思的本意。馬克思認為客觀性條件能造成不同的經濟態度，而追求物質財富的強烈欲望，只是這些經濟態度的其中之一，而非全貌。（本書在第一章中即指出這點）關於此問題的詳細論述，參見我的著作"Über Methode und Aufgabe einer analytischen Sozialpsychologie," *Zeitschrift für Sozialforschung*, Vol. I, 1932, P. 28 ff，以及Robert S. Lynd所著*Knowledge for What?*, Princeton University Press, Princeton, 1939, Chap. II。

就能決定的。

相對於上述三種解釋，我們確信，各種意識型態與社會文化通常都在社會性格中根深蒂固；而社會性格本身則取決於現存的社會模式；而且，現存社會中占主要地位的性格特質將成為生產的力量，進而形塑社會活動。關於新教精神與資本主義等問題，我曾試圖說明中世紀社會的瓦解對中產階級造成威脅，這份威脅導致人們深陷無力的孤立感與疑惑之中；這種心理改變回應了路德與喀爾文教義，這些教義強化了並穩固了性格的改變，如此一來所發展出來的性格特質，最終又成為資本主義發展的力量，而資本主義也同時導因於社會經濟與政治上的各項變動。

同樣的詮釋方式也可以應用在法西斯主義：中下層民眾對於當時社會上發生的經濟變革（例如壟斷者所擁有的漸增權力，以及戰後通貨膨脹）所產生的心理反應，就是增強了性格中的某些特質（此指施虐與受虐的性格傾向）；納粹式意識型態吸引並強化了這類特質，因此而出現的新性格特質又變成支持著德國帝國主義擴張的有效力量。在這兩個例子中，我們會發現，當社會中的某個階級受到新的經濟趨勢的威脅時，他們在心理與意識型態上會作出反應，而且，即便新的力量違背該階級自身的經濟利益，這些反應所導致的心理變化也將造成經濟力量朝向更深度的發展。

我們看到社會經濟、個人心理與意識型態等力量以這種方式運作著：人藉由改變性格來對外在社會的變動作出反應，而這些心理改變再度形塑了社會與經濟活動。經濟力量會有一定程度的影響力，但我們不能將之視為單純出自人類的心理動力，而是客觀的外在條件；心理力量也有一定的影響力，但同樣會受到社會歷史條件的影響；各種想法（意識型態）也具有影響力，但我們也必須了解它們根植於一個社會族群成員的整體性格結構。經濟、心理與意識型態等力量有相互依存的關係，然而也各自具有獨立性。這個現象在經濟發展中尤為明顯，經濟發展雖然必須依賴許多客觀因素，諸如自然生產力、技術與地理條件等，但也有自己運作的法則。

這個論點也可以應用在心理上的層面；人類生命的外在條件會形成心理力量，但該力量也有自己的動態發展歷程；也就是說，心理力量展現了人類的需求，這些需求雖然會受到影響，卻無法完全根除。另外，我們在意識型態中也發現了類似的自主性，根植於邏輯法則，以及人們在歷史演進中所獲得的大量傳統知識。

我們可以在此重申所謂「社會性格」的意義。社會性格來自於人性動態式地適應於外在的社會結構。社會條件的改變會造成社會性格的改變，也就是說，人們在心理上會出現新的需求與焦慮感，而新的需求會引發新的想法，繼而穩定並強化新的社會性格，以及決定人類的行為。換句話說，外在社會條件以個人性格作為媒介，進而影響意識型態的內容；另一方面，個人性格並非被動適應社會條件的結果，而是一種動態化的適應歷程，其所根據的要素或者來自於人性中的生物性特質，或者是歷史演進的自然結果。

逃避自由（修訂新版）
透視現代人最深的孤獨與恐懼
ESCAPE FROM FREEDOM

作　　者：埃里希・佛洛姆（Erich Fromm）
譯　　者：劉宗為

副 社 長：陳瀅如
責任編輯：李嘉琪（初版）、翁淑靜（二版）
校　　對：沈如瑩（二版）
封面設計：之一設計　鄭婷之
內頁排版：洪素貞
行銷企劃：陳雅雯、張詠晶

出　　版：木馬文化事業股份有限公司
發　　行：遠足文化事業股份有限公司（讀書共和國出版集團）
地　　址：231 新北市新店區民權路 108-4 號 8 樓
電　　話：(02) 2218-1417
傳　　真：(02) 2218-0727
電子信箱：service@bookrep.com.tw
郵撥帳號：19588272 木馬文化事業股份有限公司
客服專線：0800221029
法律顧問：華洋法律事務所 蘇文生律師
印　　刷：呈靖彩藝有限公司
初　　版：2015 年 12 月
二版 1 刷：2025 年 06 月
定　　價：420 元
I S B N：978-626-314-817-8（平裝）
978-626-314-816-1（EPUB）

特別聲明：書中言論不代表本社／集團之立場與意見，文責由作者自行承擔

國家圖書館出版品預行編目

逃避自由 : 透視現代人最深的孤獨與恐懼/埃里希.佛洛姆(Erich Fromm)著 ; 劉宗為譯. -- 二版. -- 新北市 : 木馬文化事業股份有限公司出版 : 遠足文化事業股份有限公司發行, 2025.06
面； 公分
譯自 : Escape from freedom
ISBN 978-626-314-817-8(平裝)

1.CST: 自由 2.CST: 社會心理學

571.94　　114003307